Música impopular

Música impopular

Júlio Medaglia

© Júlio Medaglia, 1988
2ª Edição, Global Editora, São Paulo 2003
1ª Reimpressão, 2009

Diretor Editorial
JEFFERSON L. ALVES

Assistente Editorial
RODNEI WILLIAN EUGÊNIO

Gerente de Produção
FLÁVIO SAMUEL

Revisão
MARIA APARECIDA SALMERON
SANDRA LIA FARAH

Capa
EDUARDO OKUNO
MAURICIO NEGRO

Editoração Eletrônica
PRE PRESS

Dados de Catalogação na Publicação (CIP) Internacional
(Câmara Brasileira do Livro, SP, Brasil)

M436m   Medaglia, Júlio, 1938-
       Música impopular / Júlio Medaglia. – 2. ed. – São Paulo : Global, 2003.

ISBN 85-260-0207-4

1. Compositores 2. Música – História e crítica – Século 20 3. Músicos I. Título. II. Série.

88-1449   CDD-780.904
                                        -780.92

Índices para catálogo sistemático:
1. Compositores : Vida e obra   780.92
2. Música : Século 20 : História e crítica   780.904
3. Músicos : Vida e obra   780.92
4. Século 20 : Música : História e crítica   780.904

Direitos Reservados

 GLOBAL EDITORA E DISTRIBUIDORA LTDA.

Rua Pirapitingui, 111 – Liberdade
CEP 01508-020 – São Paulo – SP
Tel.: (11) 3277-7999 – Fax: (11) 3277-8141
E.mail: global@globaleditora.com.br

Obra atualizada conforme o
Novo Acordo Ortográfico da Língua Portuguesa

Colabore com a produção científica e cultural.
Proibida a reprodução total ou parcial desta obra
sem a autorização do editor.

Nº DE CATÁLOGO: **1834**

Quand j'étais jeune on me disait:
"Vous verez quand vous aurez cinquante ans!"
J'ai cinquante ans.
J'n'ai rien vu.

Erik Satie

Some have written a book for money;
I have not.
Some for fame;
I have not.
Some for love;
I have not.
Some for kindling;
I have not.
In fact, I have not written a book at all.
I have merely cleaned house.
All that is left is out on the clothes line...

Charles Ives

Sumário

Júlio Battaglia Medaglia / Prefácio de Décio
   Pignatari 9
Prefácio à Segunda Edição 13
Claude Debussy / A Base 15
Igor Stravinsky / Le Massacre du Printemps 43
Arnold Schönberg / A Cosmo-Agonia de um Revolucionário. 54
Alban Berg / Escola de Viena 70
Anton Webern / Faca-só-Lâmina 77
Charles Ives / Proposta sem Resposta 81
Erik Satie / Só o Humor Constrói 102
Música Eletrônica 109
O Gosto e o Proposto / Da Crise a Cage 125
A Pulverização da Informação 136
Heitor Villa-Lobos / O Folclore sou Eu 141
O Milagre Musical do Barroco Mulato 151
Da Bossa Nova ao Tropicalismo 170
Astor Piazzola / O *Kitsch* na Vanguarda 184
Abaixo o Orgasmo, Viva a Ereção 192
Gunther Schuller, Jazz, "3ª Corrente"/ Um Excitante e Fértil
   Intercâmbio de Ideias entre Universos Culturais 199
Fora de Pauta 212
Trilha Sonora / A Música como (P)Arte da
   Narrativa 232
Rock: AIDS da Música Atual 264
Da Belle Époque à Belle Merde 272

Orquestra e câmaras da rádio e televisão de Baden-Baden descobrindo Villa-Lobos, sob a regência de Júlio Medaglia.

Júlio Battaglia Medaglia

Décio Pignatari

Num momento como este, quando a resposta esterilizante – "Não vale a pena" – parece substituir a pergunta criativa – "E agora, que fazer?" –, é bom de ver-se um maestro que escreve (e sabe escrever) batalhar pela cultura brasileira, a partir do nosso pobre horizonte musical.

Júlio Medaglia sempre soube que o terceiro-mundismo é uma realidade – mas sempre soube que é preciso resgatá-lo da garra fisiológica dos nacionaloides, que sempre defenderam a necessidade de uma subcultura para o subdesenvolvimento (alguns desses pregadores de ontem são, hoje, endinheirados assessores do poder). Júlio Medaglia sempre soube, também, que a luta, nestes países, tem de ir junto com o ensino – mas não o ensino baseado em pretensas autenticidades nacionais ("os nossos valores"), mas sim em padrões e repertórios internacionais.

O universo não é uma variedade ou modalidade brasileira: o Brasil é que é uma modalidade do universo. Primeiro, somos humanos; depois, brasileiros.

A elevação do repertório deixa os nacionaloides, tanto os sinistrofrênicos quanto os destrofrênicos, sem falar naquela maioria mediana que adora sentir-se encravada na geleia geral nacional, possessos. A elevação do repertório, em qualquer campo ou setor, desmascara a incompetência *ideológica* dos nacionaloides. Sim, porque eles costumam escudar-se atrás de uma suposta competência ou verdade ideológica para encobrir sua nulidade artística (que sempre acaba por confluir com um lumpesinato artístico de natureza populista e varguista, mesmo quando sindicalizado... por desconto em folha!).

Os nossos sociologoides e professoroides ainda não engoliram sequer a chamada arte moderna. O máximo que conseguem alcançar é Portinari, um certo Villa-Lobos, um certo Drummond, um certo João Cabral. Imagine falar-se de uma sensibilidade pós--moderna – a eles, que jamais ouviram uma peça de Boulez, Cage, Stockhausen ou Gilberto Mendes!

Pois aqui está o Júlio Medaglia batalhando e ensinando... modernidade (é preciso ir devagar, para não provocar traumas). O que temos aqui é uma mini-história crítica da música moderna, naquilo que ela teve de tecnologia de ponta – de Debussy ao *rock*. Este *rock* que, hoje, no Brasil, exerce o papel de bolerão dos anos 50, do qual só a Bossa Nova nos livrou – a "elitista", "alienada" e "alienígena" Bossa Nova!

É um percurso de décadas, teórico e prático. Medaglia regeu conjuntos e orquestras – pequenas, médias, grandes – em feiras, mercados, teatros municipais e auditórios de TV. Fez trilhas sonoras para filmes, peças de teatro e séries televisuais. E arranjos para os tropicalistas dos anos 60, sem falar nos primeiros arranjos para oralizações da poesia concreta. Formou-se maestro na Alemanha. Foi discípulo de *Sir* John Barbirolli. Vem tentando, durante todo esse tempo, extrair o melhor da simbiose entre baixos, médios e altos repertórios.

A música de alto repertório é a mais sofrida das artes, neste país, onde qualquer roqueiro pélvico ou cantora gatanhuda ganha mais e tem mais tempo e espaço nas mídias do que um oboísta, que precisa estudar oito anos para ser minimamente competente. Para que sobreviva, muita orquestra é obrigada a tocar arranjos sinfônicos de "Mamãe eu quero" em inaugurações oficiais!

E como é pobre a nossa bibliografia musical! Com esta sua *Música impopular*, o maestro Júlio Medaglia está ajudando a torná--la menos carente. Muitos sonhos murcharam nos desejos, nestes anos de luta. Mas o tom de Júlio Medaglia não é de desalento. Quanta música maravilhosa ainda não foi ouvida no Brasil!

Prefácio à segunda edição

Catorze anos após a publicação deste **Música impopular**, surge agora uma nova edição, revista e ampliada. Revista, pois alguns trabalhos estavam por demais ligados a acontecimentos momentâneos e por isso foram retirados, e ampliada, pois nesse período surgiram informações e acontecimentos no universo da música que não poderiam deixar de aqui constar. De qualquer forma, permanece a maioria dos artigos, frutos de publicações em jornais (*Folha de S. Paulo, Estadão, Pasquim* e outros), entrevistas, palestras e alguns especialmente escritos, todos retrabalhados, para fornecer uma visão crítica abrangente do que foram os tortuosos labirintos da invenção sonora em diversos repertórios no revolucionário século que recém-findou.

O artigo sobre o **Barroco Mulato** pega uma carona nestas páginas, pois seu reconhecimento recente não apenas foi precedido de um injusto esquecimento de quase duzentos anos, como seu renascimento, acompanhado de perto por mim, esteve envolvido em polêmicas, às vezes tão complicadoras como as que se depararam os autores que comparecem ao longo destas páginas.

Quero agradecer a colaboração de amigos que nos ajudaram em alguns momentos desta reelaboração – a dra. Leniza Castello Branco, os compositores Rodolfo Coelho de Souza e Lino de

Almeida – assim como o entusiasmo do grande escritor e crítico literário Leo Gilson Ribeiro, que durante todos estes anos circulou com este livro debaixo do braço, supervalorizando meu trabalho como autor, quando, na realidade, este escrivinhador nada mais quis que trazer informações e provocar debates sobre a dura tarefa de criar música numa época tão privilegiada como contraditória, caracterizada pelo domínio e fascínio da endemoniada tecnologia, diferente daquela onde este livro se inicia, impulsionada pelas coisas da arte e da cultura – apropriadamente chamada de Belle Époque.

Maestro Júlio Medaglia

Claude Debussy
A Base

Existem certas manifestações artísticas tão arraigadas a seus contextos de origem, que se torna, às vezes, difícil apreciá-las e, em alguns casos, compreendê-las sem se considerar, ou nelas identificar, toda uma cultura que as motivou. Wagner é tão alemão quanto Puccini é italiano; Ravi Shankar é tão hindu quanto Miles Davis americano. Mas, se alguns mestres foram criativos e atingiram a universalidade a partir de um conjunto de valores regionais, parece-nos que a estética e toda a postura intelectual de Claude Debussy, ao contrário, possuíam essa universalidade *a priori*. Todos que se ocupavam com música no fim do século XIX perceberam a crise que se instaurou no código da composição ocidental, o chamado "sistema tonal". Alguns não tiveram forças para reagir a essa crise, e tentaram reciclar antigas técnicas e concepções artísticas. Outros, como Schönberg, através de obras experimentais e dialéticas, realizaram um paciente e penoso labor que se resumia na substituição de peça por peça daquela mecânica composicional agonizante, edificando, assim, ao longo de várias décadas, uma gramática musical inteiramente nova. Debussy cedo detectou essa crise, mas se negou a penetrar em seus congestionados labirintos até encontrar uma saída para a sua concepção musical. Ao contrário, distanciou-se dela a fim de não envenenar o seu senso crítico que iria lhe apontar o caminho da música do futuro. E dessa posição não hesitou em lançar ouvidos a outros repertórios musicais não ocidentais que iriam arejar ainda mais sua intuição criadora. A participar daquele estado de coisas, Debussy preferiu, às vezes, como Mallarmé, o isolamento, a reflexão e a própria inatividade. Parecem suas as palavras do grande poeta: "A atitude do artista em uma época como esta, onde ele está em greve perante a sociedade, é pôr de lado todos os meios viciados que se possam oferecer a ele. Tudo o que se lhe pode propor é inferior à sua concepção e ao seu trabalho secreto". E, certa vez, ao participar como testemunha da solenidade de casamento de um amigo, ao preencher os documentos, onde dizia "profissão", Debussy escreveu: jardineiro.

Apesar de ter iniciado muito cedo o seu contato com a música – quando criança já cantava no coral da igreja de St. Gervais em Paris –, apenas aos 32 anos de idade é que ele faria detonar a sua primeira bomba revolucionária, tão silenciosa quão devastadora. E, se Debussy, após o lançamento de seu "L'après-midi d'un faune", como Rimbaud, tivesse abandonado a vida artística, os destinos do pensamento musical do século XX já teriam sido alterados substancialmente.

Para a melhor compreensão do significado da obra desse mestre, parece interessante perseguir um pouco a sua biografia, pois ela nos revela dados de uma época muito especial (os últimos anos do século XIX e os primeiros do XX), onde mudanças radicais se processavam na própria base da arquitetura musical do Ocidente. Se Mozart fosse o objeto deste trabalho, isto não seria necessário, pois, aos nove anos de idade este "Debussy-rococó" já tinha pronta, amadurecida e executada a sua primeira sinfonia... Aos nove anos, também, a vida de Claude-Achille ganha novos rumos. Madame de Fleurville, conhecida personalidade da vida cultural parisiense, sogra de Verlaine e pianista famosa, sobretudo por ter sido aluna de Chopin, descobre o talento invulgar do adolescente e convence seus pais a deixá-lo estudar música seriamente. E ela não apenas lhe dá aulas gratuitamente, mas transfere ao aluno os ensinamentos herdados de seu mestre, cuja técnica se baseava numa articulação precisa e num *toucher* macio e "aveludado". "É preciso esquecer-se que o piano é um instrumento de martelos", como queria Chopin. E quem conhece a obra de Debussy sabe avaliar a importância que teve essa conceituação. Dois anos mais tarde Debussy é aceito na "classe superior" do Conservatoire de Paris. A despeito da façanha que isso representava, por sua pouca idade, inicia-se aí um longo calvário na vida do jovem músico. Sua visão precocemente crítica do processo composicional vigente e suas primeiras tentativas criadoras fazem nascer entre Debussy e os "imortais" da academia uma insuperável barreira. Até mesmo a oportunidade de estudar composição lhe foi vedada. Por fim, um parágrafo do estatuto do conservatório, que permitia o acesso ao estudo dessa matéria a todo o aluno que vencesse uma competição interna, proporcionou-lhe essa chance – ele vence um concurso para "piano de acompanhamento". "Isto mais parece uma competição esportiva do que a busca de novos talentos..." – dizia. E, mais tarde, ao iniciar seus estudos de composição: "No Conservatório não se aprende a desenvolver a criatividade, mas, a entrar numa camisa de força".

Debussy havia percebido, também, a distância que separava seus mestres – famosos compositores da época – da própria tradição musical francesa, seduzidos e divididos que estavam entre a densidade harmônico-contrapontística, orquestral e dramática do wagnerianismo, e o verismo melódico-sentimental bel-cantista italiano. Já no período de aprendizado ele tentava "descontrair" a narrativa musical, desenvolvendo encadeamentos harmônicos e melódicos que não se baseavam nos códigos de tensão × afrouxamento (dissonância × consonância) e nas reações em cadeia do discurso musical linear tradicional. Cedo ele descobriu a harmonia--cor e experimentou sequências de blocos sonoros independentes e emancipados do determinismo da lógica tonal.

"Por que razão se pergunta sempre o 'nome' de cada acorde? Por que se precisa saber de onde ele vem e para onde vai? Ouçam--se estas harmonias. Não são belas?

— Sim — dizia o mestre — mas, teoricamente erradas.
— Se elas me agradam, me servem! Se me dão prazer, as usarei. Aliás, o prazer é a lei."

Como uma forma de escapar ao jugo do Conservatório, Debussy candidata-se ao "Prix de Rome". Essa distinção permitia ao vencedor uma estada de três anos na capital italiana financiada pelo governo. E representava, também, na volta, a melhor credencial para o início da vida profissional. Mas, como vencer um concurso com obras veementemente refutadas pelos digníssimos da academia? Debussy competiu vários anos, mas sempre sem sucesso. Finalmente, a perspectiva de viver três anos sem preocupações financeiras — seu pai era um modesto funcionário público numa estrada de ferro — o levou a fazer concessões e a compor a cantata solicitada pelo Conservatório, de características próximas aos parâmetros artísticos daqueles canastrões: "L'enfant prodigue" (mais tarde ele faria uma revisão dessa obra). Assim mesmo, seu trabalho foi muito questionado. Não fosse o entusiasmo de alguns pintores, poetas e escultores que faziam parte de um júri de 28 pessoas, o prêmio lhe teria sido negado mais uma vez.

"Uma cantata! Que fazer com uma cantata? Será que eles não perceberam que essas formas clássicas já eram? Beethoven já levou a forma da sinfonia às últimas consequências; o próprio Wagner, que eles tanto amam, já deixou claras novas perspectivas formais — e ainda dizem que Beethoven era o surdo..."

Roma, porém, torna-se para Claude Debussy mais um pesadelo do que uma boa oportunidade para trabalho e reflexão. A vida musical italiana se apresenta para ele não menos reacionária, as competições canoras daquele operismo lhe atacam os nervos e todo o gigantismo, "aquela orgia arquitetônica de São Pedro e dos jardins do Vaticano são para mim muito teatrais, me dão a ideia de um histérico misticismo e mesmo de uma grande farsa". Ele preferia frequentar a pequena igreja de Sant'Anima, numa estreita rua de bairro e lá ouvir música renascentista *a-capella*. "Aqui — dizia ele por carta a um amigo — "tanto a arquitetura do pequeno templo como a música que se ouve, são de uma pureza e simplicidade estilísticas, que, com elas, conseguiria viver o resto de minha vida."

E em vez de frequentar o Coliseu ou penetrar na mística daqueles tempos e vigorosas colunas representativas do suntuoso Império Romano, Debussy prefere visitar lojas de antiguidades e admirar a delicadeza de pequenas peças de porcelana oriental.

Livre de problemas financeiros, sim, mas não do Conservatório. Regularmente, o aluno precisava enviar obras a seus mestres de Paris e ele sabia que suas composições não obteriam boa repercussão. Tendo inúmeras obras vetadas ou duramente criticadas, ele escreve uma fantasia para piano e orquestra "bem ao gosto de M. d'Indy" – famoso compositor da época e diretor do Conservatório. Indignado com todos esses acontecimentos, Debussy apressa seu retorno a Paris. Como era costume, o Conservatório organiza um conserto com suas obras, verdadeira cerimônia da qual participavam mestres, alunos, críticos, editores, empresários e altas personalidades da vida artística. Esse concerto deveria representar o início de uma carreira de compositor. Tendo uma obra proibida pela direção do Conservatório – "Printemps" – e execrando a tal fantasia "a la manière de...", Debussy resolve, no último minuto, mandar tudo às favas fugindo do teatro com as partituras debaixo do braço. Impedindo a realização do concerto, rompe definitivamente com a plutocracia musical francesa.

Dando aulas e acompanhando solistas, Debussy obtém recursos para manter um padrão de vida modesto, porém, independente – pessoal e artisticamente. Distante de tudo e de todos, ele passa a levar uma vida solitária e boêmia, frequentando, diariamente, os cabarés de Montmartre, fervilhante ponto de encontro da marginália artística de Paris do *fin de siècle*.

Paris, nessa época, era a própria vanguarda, a capital espiritual do mundo. Os efeitos e traumas da guerra franco-prussiana já estavam esquecidos. A moda por ela ditada era considerada "padrão internacional" de elegância. A *promenade* no Bois-de--Boulogne era o sonho de qualquer mortal deste planeta. Os pintores impressionistas já eram menos "discutíveis" e tinham campo livre e não poucas motivações para a sua criatividade. Era também a cidade na nova poesia, esta mais polêmica, mas não menos considerada. E o símbolo da França moderna era erguido: a Torre Eiffel. Em comemoração ao centenário da Revolução Francesa, a cidade organiza uma grande exposição internacional. Com isso, a vida cultural parisiense é intensificada, inclusive com a vinda de um grande número de artistas estrangeiros. Debussy passa a frequentar, regularmente, os espetáculos artísticos da exposição. A ele pouco interessam os concertos de música europeia e as "atuações do Sr. Rimsky-Korsakov, com suas sinfonias repletas de folclore original, que mais parecem os pôsteres de publicidade turística da 'Cook & Son' que qualquer outra coisa...". Os espetáculos, com música e teatro da China, Índia, Indochina, Indonésia e outros países daquela região do mundo, o seduziam muito mais. Debussy, que há muito se interessava pela cultura do Oriente, lá permanecia dias inteiros. Apreciava aquelas formas de execução extremamente delicadas, a técnica sutil de seus frágeis instrumentos, a música fluente e etérea daquelas práticas milenares, cuja exemplar transparência e economia de recursos conseguia envolver e quase hipnotizar inteiramente artistas e espectadores numa densa atmosfera espiritual de reflexão e êxtase contido. Não menos significativo para ele era a graça das coreografias. Tão leves e descontraídas elas eram, que um simples piscar de olhos, uma singela movimentação dos dedos ou os passos lentos e macios dos dançarinos davam ideia da própria superação da lei da gravidade. "Assistindo ontem a um espetáculo teatral da Indochina" – comentava ele por carta a um amigo – "encontrei uma curiosa analogia com o drama do 'Anel dos Nibelungos', de Wagner. Só que no espetáculo havia muito mais deuses que inúteis decorações! Aliás, comparando-se a maneira como esses 'primitivos' manipulam seus delicados instrumentos de bambu, pequenos sinos e tambores com as nossas manifestações artísticas, chego à triste conclusão que, no Ocidente, nada mais se ouve do que um bárbaro ruído circense..." Mais adiante: "... e o contraponto rítmico que tive oportunidade de ouvir, se comparado ao de Palestrina, este parecerá uma ingênua brincadeira infantil".

As experiências vividas por Debussy nessa exposição internacional permaneceram presentes e atuantes em seu pensamento e em seu trabalho durante toda a sua existência. Não que ele achasse que o Ocidente deveria orientalizar-se, assim como não pretendia abandonar Paris e se integrar à meditação transcendental dos monges do Tibete ou se tornar budista. Os ensinamentos que ele colheu vivenciando outros repertórios culturais, porém, propiciaram-lhe uma considerável dilatação de seu horizonte artístico e apontaram inúmeras soluções oportunas e incomuns, sobretudo naquele período de alta saturação do código centenário da tonalidade.

No início da década de 1890, numa de suas andanças noturnas pelos becos de Montmartre, Debussy vai ao cabaré "Chat Noir" e surpreende-se com a figura do pianista local: nada mais nada menos do que o precursor do impressionismo Erik Satie. Compositor já conhecido, essa rebelde e sarcástica figura da música francesa marginal, seria, inclusive nesse aspecto, no do rompimento com a "legião de honra", um precursor de Debussy. Aí nasce uma amizade que se tornaria a mais fiel e duradoura cultivada por esse homem de poucos amigos em sua existência – quase três décadas. Os detratores falavam num relacionamento homossexual entre ambos. Satie passava dias inteiros em casa de Debussy, compondo e usando o seu piano, pois, na espelunca onde morava em Arcueil, bairro pobre, distante 16 km de Paris, de onde vinha a pé diariamente à cidade, nem sequer um instrumento existia. Satie exerceu uma saudável influência sobre a personalidade e as ideias de Debussy. Além de ter chegado há mais tempo a várias soluções estruturais que estariam mais tarde na base do impressionismo musical e que colocaria à disposição do amigo, Satie, com seu espírito irreverente e revolucionário por excelência, contribuiu fortemente para sacudir os princípios e o talento do jovem compositor, encorajando-o a impor suas ideias. Lembre-se que, nesse período, Debussy ainda viajava

21

anualmente a Bayreuth e se comovia às lágrimas ao ouvir as toneladas sinfônicas wagnerianas. Ao voltar, Satie mostrava-lhe a partitura de uma antiga composição sua, a delicada e cristalina "Gymnopédie" – que Debussy, mais tarde, orquestraria e regeria em homenagem ao amigo – e dizia-lhe, em tom de blague: "Precisamos fazer uma música ao sabor de chucrute!" – ironizando a verdadeira "praga" wagneriana que se abatia por toda a França na segunda metade do século XIX. Satie chama a atenção de Debussy para a importância dos pintores impressionistas, apresentando-lhe vários deles, entre os quais Monet, Cézanne e Toulouse-Lautrec. O mesmo aconteceu em relação à poesia da época, o simbolismo, cujo auge se deu no início dos anos 90. Nessa época, como único músico, Debussy passa a frequentar as reuniões semanais realizadas na casa de Mallarmé, onde os mais representativos autores desse estilo se encontravam para troca de ideias e ouvir as mensagens desse grande mestre. Debussy exerce forte influência na conceituação musical daqueles autores, que, até então, acreditavam, também, no wagnerianismo como única solução musical para seus propósitos literários. Impregnado que estava daquelas ideias, o próprio compositor escreve uma série de textos para depois musicá-los. Com as suas "Proses Lyriques" Debussy revelou o claro isomorfismo que havia entre sua concepção musical e aquele gênero poético. Em 1892, Mallarmé oferece a Debussy o seu poema "L'après-midi d'un faune" para musicar. Após as experiências vividas ao longo de seus trinta anos de existência – intempestiva formação técnica e artística, tomada de uma posição contestatória diante do pensamento musical francês da época, vivência de outras formas e concepções sonoras e dramáticas na Exposição Internacional de 1889, contato com artistas de outras áreas e uma excitante convivência dialética com Satie – Debussy havia reunido suficientes elementos para implantar, de obra a obra, a sua concepção estética, base de um novo pensamento musical. É curioso notar que alguns gênios criadores provocaram alterações radicais na evolução do processo artístico no início de suas carreiras, mas, com o passar do tempo, suas obras vão apresentando um saldo renovador cada vez menor e redundante. Este não foi o caso de Debussy que, após fincar o seu primeiro marco revolucionário, desencadeou uma avalancha renovadora cujo ápice foi atingido, praticamente, no final da sua vida com composição de sua mais arrojada partitura, o balé "Jeux". E esse processo só foi interrompido em consequência de uma terrível enfermidade que lhe subtraiu as melhores energias físicas e mentais nos últimos cinco anos de vida.

Dois anos após a tomada de contato com o texto de Mallarmé – dezembro de 1894 – "L'après-midi" é ouvida pela primeira vez. Apesar de alguns problemas com os músicos, que se sentiam perdidos em meio àquela tessitura musical rarefeita e com algumas alterações que o autor ainda fazia no decorrer do ensaio – como se dois anos de trabalho tivessem sido pouco para criar e lapidar aquela preciosidade de 10 minutos de duração (dez anos não levou o próprio poeta para concluí-la?) – a obra obteve um grande sucesso de público, chegando a ser bisada. Mallarmé declara que aqueles sons não haviam "desafinado" o seu poema, mas, ao contrário, conferido a ele uma nova dimensão, "transplantando-o para outras esferas" por ele inimaginadas.

Praticamente todos os elementos da revolução musical debussyana já estavam presentes nessa peça. Sua estrutura formal é bastante livre e não se baseia naquele princípio tradicional de "exposição × desenvolvimento". O material temático básico, o toque do fauno, que surge logo de início, executado pela flauta solista, nos dá mais a ideia de um motivo, uma "chamada", do que uma melodia constituída para posteriores desenvolvimentos. Esse motivo vai-se repetindo inúmeras vezes – dez, para ser preciso – sempre com harmonizações e tratamentos orquestrais diferentes, sugerindo uma contínua improvisação. Despojando as sequências harmônicas de seus pontos de apoio, do conflito tonal constante e motor da "tensão × afrouxamento" (dissonância × consonância), dos impulsos emotivos românticos, elas passam a fluir livres e descontraidamente, numa flutuação estática. Em sua música, nem a dissonância é "agressiva", nem a consonância é "pura", repouso (esta característica é comum na música oriental).

Paul Dukas viu bem: "Debussy possui o imcomparável talento de, apenas fazendo o uso da fantasia, construir um todo lógico e autossuficiente. É evidente que essa obra não se enquadra em nenhum esquema composicional clássico. Debussy descobre uma ideia e esta lhe dá o sentido formal". Outra obra, imediatamente posterior a "L'après-midi" que merece alguns comentários é a suíte sinfônica "Noturno", para orquestra e coral feminino. Aqui, ele revela sua mais ampla maturidade e versatilidade no tratamento da cor orquestral e do material temático, numa obra inspirada em elementos da natureza: "Nuvens", "Festas" e "Sereias". "A palavra 'noturno' tem aqui um sentido amplo e decorativo, em nada se relacionando com a conhecida forma musical romântica. São impressões imaginárias de efeitos naturais luminosos. 'Nuvens': É a visão da imobilidade celeste, sob a qual, lenta e melancolicamente, deslizam imensos blocos de nuvens cinzas, deixando transparecer, no percurso, longas e iluminadas tiras brancas. 'Festas': É o movimento dançante dos ritmos da atmosfera em meio a brilhantes fachos luminosos. É a impressão visionária de um ofuscante episódio, onde um cenário, de formas fantásticas e gigantescas que surgem e desaparecem, movimenta-se como uma verdadeira festa. 'Sereias': É o ritmo da eterna movimentação dos mares. Sobre as ondas, prateadas pela luz da lua, ouve-se o som, o sorriso e o silêncio do misterioso canto das sereias."

Convém dedicar aqui algumas palavras, de uma vez por todas, a respeito desse íntimo relacionamento de Debussy com a natureza, que tão equivocadas interpretações tem provocado. Alguns o interpretam como aspecto de um resíduo romântico da personalidade do compositor, da mesma forma que o seu culto pela arte oriental, uma tentativa de "fuga" para o exótico em meio à decadência de um ciclo cultural europeu. Quanto a isto, quem analisar com cuidado a obra do mestre, vai perceber, facilmente, que seu relacionamento com a arte oriental não foi meramente epidérmico e sim estrutural, e nem o resultado um simples "pôster turístico" sonoro daqueles países. Da mesma forma como ele não pretendeu envolver o ouvinte em "sonhos exóticos" de culturas longínquas, não quis copiar, descrever ou fixar fragmentos pictóricos da natureza, como ocorria com os pintores seus contemporâneos. Suas composições não tinham "enredo" como a música programática dos românticos. Certa vez, chegou a pedir ao editor que colocasse o título de uma série de obras não no início, mas no fim de cada composição, como que sugerindo ao executante que tomasse contato, antes de mais nada, com as próprias notas, delas extraindo a sua interpretação, em vez de partir de uma informação verbal para compreendê-las. Assim como a pesquisa de outras linguagens musicais significava para ele um distanciamento daquelas técnicas composicionais comuns e a tentativa de conhecer e experimentar novos universos sonoros, o comportamento e a evolução de certos fenômenos naturais, igualmente o motivaram a novas soluções formais distantes daquelas a que todos, em seu tempo, invariavelmente, se apegavam. Ele acreditava, isto sim, que como a natureza tinha a capacidade de exercer influências e provocar sensações no espírito humano, subjetivas e dificilmente decifráveis, a música, com sua linguagem abstrata, possuía o mesmo poder. Por essa razão, ele a considerava a arte mais próxima da natureza. E, seguindo esse raciocínio do abstrato em música, ele revelou em sua arte, como o grande mestre da baixa definição através dos sons, a proposta de seu idolatrado Mallarmé: "On ne dit pas, on suggère".

Do ponto de vista técnico, a importância de seus "Noturnos" não reside em sua estrutura harmônica, esta já bastante dilatada e liberta do dualismo tonal. Aqui, tal como um *maître de chai* francês, que, com uma habilidade única na mistura de diversos vinhos, consegue os mais inigualáveis buquês, ou, um "chefe perfumista", que chega a mesclar até quarenta delicadas essências na composição de uma sofisticada fragrância, Debussy passa a operar com a cor instrumental num nível de sutileza, versatilidade e amplitude, até então desconhecidos na música ocidental. Desrespeitando os princípios de orquestração das chamadas "famílias instrumentais", por afinidade de timbres, ele, praticamente, cria uma nova sintaxe sinfônica. Da mesma forma que a cor, o elemento melódico também se emancipa. Aqui, ele deixa de ter as características e as proporções do fraseado convencional e nem se constitui "matéria-prima" para posteriores desenvolvimentos. Esses fragmentos melódicos surgem, desaparecem, se bastam. Aliás, esse tratamento do som puro revela uma nítida afinidade precursora desse mestre com a cristalina obra de Anton Webern. Com "Noturnos", não apenas o nome, mas, também, as ideias de Debussy se tornaram conhecidos e respeitados internacionalmente.

Um gênero musical pelo qual Debussy cultivava verdadeira aversão era o drama lírico. E isto, por várias razões. Em primeiro lugar, porque o texto possui uma forte capacidade de definição e uma lógica discursiva linear, exatamente os elementos que ele tentava afastar de sua linguagem composicional. Por outro lado, o formalismo, os maneirismos e vícios que a ópera havia assimilado naqueles últimos cem anos, que se transformaram quase em sinônimo desse gênero, chegavam, para Debussy, às raias do ridículo. E não por último, pelo fato de o compositor operístico que mais o interessava, pelo seu talento criador, embora fizesse uma música de características diametralmente opostas à sua, Richard Wagner, exercer uma influência quase neutralizadora sobre a evolução do pensamento musical de seu país. Entrar no terreno da composição operística significava para Debussy, portanto, uma aventura muito arrojada, pois, para ter sentido, ela teria de abranger uma reformulação quase total nas técnicas e conceitos que orientavam a criação desse gênero tão popular da época, em toda a Europa. Nada menos de dez anos de intenso labor criativo, progressos e retrocessos, dúvidas atrozes, tentativas de abandono da ideia e polêmicas acirradas, separaram o primeiro contato de Debussy com o texto escolhido em 1893 e a *première* mundial, na Ópera-Comique de Paris, de "Pelléas et Mélisande". Debussy tomou contato com esse texto do então desconhecido Maeterlinck numa representação de um grupo num pequeno teatro marginal parisiense, La Maison de l'Oeuvre, e que se dedicava à exibição de obras de caráter experimental e sobretudo distantes dos efeitismos dramáticos do teatro convencional francês da época. Em conversa com um amigo, Debussy revela sua identidade com aquele texto e representação, sobretudo porque aqui o conteúdo é exteriorizado através de uma linguagem extremamente sutil e quase inteiramente implícita no comportamento de cada personagem. Nele não existe o *pathos* romântico e nem fortes explosões dramáticas, e sim a poesia das nuanças e de uma comunicação quase hipnótica. A composição da "Pelléas" foi para Debussy o mais penoso de todos os seus trabalhos – "foram dez anos de noites de insônia". Às vezes, ele tinha uma ideia que lhe parecia interessante, mas, ao desenvolvê-la, sentia que, aos poucos, o fantasma de Wagner ia-se apossando de seus atos, já que até bem pouco tempo esse mestre alemão era para ele um verdadeiro deus. Debussy rasgava a partitura e começava tudo de novo. Mesmo porque havia um elemento da composição operística wagneriana do qual Debussy não iria escapar, embora manipulando-o à sua maneira. Era o desenvolvimento musical contínuo, sem compartimentos separados, sem árias, e, até mesmo a troca de cenários, ele pretendia resolver sem interrupção da fluência dramática. Esse desenrolar como um todo era uma séria preocupação de Debussy. Em uma entrevista, declarou: "Eu pretendi criar um desenvolvimento ininterrupto da ação, sem momentos de decréscimo de interesse ou tensão. Para isso eliminei todas as frases musicais 'parasitas'. No que se tem visto ultimamente, o ouvinte é obrigado a assimilar duas diferentes coisas, uma atrás da outra – de um lado a música, de outro a representação. Eu procurei integrar o mais possível esses dois elementos e fazê-los render ao máximo como uma só coisa. A minha melodia é antilírica. Eu também nunca permiti que qualquer elemento da natureza técnica ou maneirismo do gênero perturbasse a natural expansão do comportamento de algum personagem. Não raro, a música se coloca num segundo plano, caso isso permita ao ator maior liberdade expressiva. Aliás, nesse trabalho descobri um elemento musical da maior importância – por favor não riam!: o silêncio! Wagner também o usou mas sempre para atingir o clímax dramático. No meu caso não. Aqui, música e não música passam a fazer parte de uma mesma forma de narrativa". Este é, sem dúvida, mais um dado que Debussy legou às futuras gerações, ou seja, o silêncio como elemento estrutural da composição (lembre-se do "branco da página" no "poema--estrutura" de Mallarmé "Um lance de dados").

Outro elemento igualmente herdado de Wagner e de que Debussy faria uso, de uma forma muito peculiar, é o *leitmotiv* (motivo condutor). Debussy criticou muito o tratamento que o mestre de "Tristão e Isolda" dera a esse elemento construtor e, numa de suas fúrias antiwagnerianas, chegou a declarar: "Deus meu! Imaginem como deve ser cansativo aturar, já no segundo ato, a chegada desses heróis com seus elmos e trajes de pele animal... É só eles colocarem a cara no palco e já se ouve o maldito *leitmotiv*... E alguns inclusive o cantam! Isso resulta tão insípido e idiota, como uma pessoa que te dá um cartão de visita e ainda declama o texto nele contido...". E, em outra oportunidade: "Além do mais, essas fotografias sonoras que perseguem os personagens eram, às vezes, tão carregadas de efeitos sinfônicos, que o resultado chegava a contradizer o próprio conflito moral ou o contexto dramático no qual ele se encontrava. Mais um formalismo exagerado, portanto...".

No caso Wagner, o *leitmotiv* representa um forte elemento construtor – melódico-rítmico-harmônico – que conferia ao discurso operístico uma unidade formal básica. Debussy desvincula o *leitmotiv* desse seu compromisso construtor, manipulando-o com maior liberdade e riqueza, e de uma maneira mais sutil e oportuna, não raro lançando mão apenas de um de seus elementos. É claro que o *leitmotiv* em "Pelléas" se liga também a pessoas e a situações, mas ele pode comparecer, por exemplo, em momentos onde o seu personagem correspondente está ausente, como mera lembrança deste, resultando num diálogo entre a ação dramática e a sonora. Debussy sempre foi muito cuidadoso na manipulação dos signos musicais. E foi exatamente esse rigor na manipulação do material sonoro, que evitava qualquer espécie de efeito supérfluo, que conferia às suas partituras o máximo de rendimento e densidade expressiva. Para ele a inteligibilidade do texto literário e a fidelidade à sua estrutura dramática, por exemplo, eram mais importantes do que qualquer pirueta vocal ou "demagogia" sinfônica. Por isso, ele evitava longos desenvolvimentos melódicos, virtuosismos vocais ou mudanças bruscas de intensidade que perturbassem o tom coloquial e a unidade da narrativa.

Com essa ópera, Debussy não apenas atingiu seus propósitos de reformulação do drama lírico, mas deixou claras as novas possibilidades de composição nesse gênero, que Alban Berg tão bem saberia usar e desenvolver século XX adentro. E, na composição dessa obra, Debussy chega a fazer uma proposta que seria concretizada décadas depois: "Como atingir a flexibilidade da psicologia humana e da ação dramática com os recursos que possuímos hoje? A música ocidental tem de se libertar o mais depressa possível do dó-ré-mi-fá-sol-lá-si!". Depressa era a sua imaginação, pois, cinquenta anos ainda, a escala temperada iria ser matéria-prima única para a composição deste lado do mundo.

Seria desnecessário dizer que o despojamento do drama lírico de seus elementos "circenses" – seu atletismo canoro, aberturas sinfônicas bombásticas, mil coxas de bailarinas expostas logo no primeiro ato (lembre-se que nem Wagner escapou de escrever um balé para Tannhäuser a fim de ganhar uma *première* em Paris...) – fechavam as portas da *Ópera* para "Pelléas". "Mas era de se esperar" – dizia Debussy – "pois o público que ali vai é digno da música que lá se faz e se enquadra muito bem naquela arquitetura, que por fora parece uma estação de estrada de ferro e por dentro uma casa de banhos turcos..."

Apesar das dimensões reduzidas, Debussy queria mesmo é ver "Pelléas" levada à cena no pequeno teatro Maison de l'Oeuvre, onde ele havia travado contato com aquele texto e cuja representação ainda pairava em sua memória. Nesse meio tempo, um grande amigo e admirador seu, o regente André Messager, a quem Debussy dedicaria a obra, assume a direção da Ópera Comique e, nesse palco, a 27 de abril de 1902, "Pelléas e Mélisande" é ouvida pela primeira vez. A primeira reação foi de perplexidade, mas, à medida que a ópera ia se repetindo, ela conquistava o público parisiense, constituindo-se, por fim, um enorme sucesso. Seu caráter revolucionário aliado ao sucesso obtido conferem, definitivamente, ao autor, o reconhecimento geral como a grande figura da vanguarda musical francesa e europeia da virada do século. A virada se dá também na vida profissional e pessoal de Claude Debussy. O editor Durand assina com ela um satisfatório contrato de exclusividade, o Conservatório o convida para dar aulas e conferências, assim como a integrar o júri do Prix de Rome; forma-se, em torno dele, uma verdadeira legião de admiradores – os "debussystas" – e até mesmo os habitantes da pequena vila onde ele passava suas férias o convidam para ser prefeito. Aos quarenta anos, Debussy atinge o auge da fama e do sucesso profissional e artístico.

Paralelamente aos bons resultados que sua carreira vinha obtendo, Debussy assume a direção da publicação mensal sobre música de vanguarda, a *Revue Blanche*. Aqui, parodiando o "Monsieur Teste", personagem fictício criado por Paul Valéry, que não poupava ataques e ironias a respeito dos aspectos decadentes da vida cultural parisiense da época, Debussy inicia a publicação de uma série de artigos sob o pseudônimo de "Monsieur Croche" (já o nome encerrava um sutil trocadilho, pois *croche* em francês, ao mesmo tempo que significa fração rítmica colcheia, quer dizer também "torto", "fora da linha"). Numa linguagem charmosa, às vezes irônica e outras fortemente sarcástica, ele coloca seu ponto de vista sobre as reais possibilidades de criação musical na época, de um lado, e de outro assesta suas baterias contra tudo que lhe parecia reacionário, decadente e desonesto naquele ambiente musical. Respaldado pelo sucesso e reconhecimento recém-conquistados,

M. Croche não deixa pedra sobre pedra no edifício da música oficial francesa. Arrasa com os críticos, aconselha a todo interessado em criação musical a fugir do Conservatório, ridiculariza as "reuniões sociais" da Ópera de Paris, onde a burguesia se encontrava para exibicionismo e fofocas e consumir a música mais retrógrada possível; liquida com o Prix de Rome, com o "fã-clube" francês da sinfonia; exalta a personalidade de Bach que, "apesar de ter sido um dos maiores engenheiros e legisladores" da história da composição, agiu com liberdade e fantasia criadora, tornando-se o oposto de todos os academismos e formalismos artísticos; ironiza o aspecto circense do virtuosismo instrumental e vocal que levava as pessoas ao delírio fácil e não à música; analisa as nefastas consequências que o arremedo wagneriano provocou na música de seu país e demonstrava claramente que o mestre de "Tristão e Isolda" havia encerrado, há vinte anos, um ciclo da história da música e que o importante era superá-lo e não copiá-lo; não poupa do massacre, também, a forte onda folclorista que se abatia por toda a Europa: "É insuportável a maneira arrogante com que certos mandarins da 'cultura superior' tratam a invenção popular. Eles pinçam aqui ou ali ingênuas melodias da boca de um simples camponês, as trituram com suas complicadas máquinas contrapontísticas e sinfônicas que, se este pobre homem fosse convidado a ouvi-las numa sala de consertos, tudo teria para esquecer sua cultura e região de origem! Existem povos" – prossegue M. Croche – "que não conhecem conservatórios, mas aprendem música como a respirar. O seu compêndio de composição é o ritmo eterno do movimento dos mares, do vento, das folhas; o canto dos pássaros e os milhares de ruídos que a natureza coloca à sua disposição...".

Em meados de 1903, para mais um idílio com a sua querida natureza, Debussy retira-se para a pequena vila de Bichain e de lá, poucos dias depois, envia a seu editor o título de mais um projeto composicional: "De l'aube à midi sur la mer", "Jeux de vagues" e

"Dialogue du vent avec la mer". Dois anos mais tarde foi concluída e executada a maior e mais famosa obra sinfônica do mestre: "La Mer" (*Trois esquisses symphoniques*). Todas as severas críticas e mordazes ironias que ele vinha desfechando sobre o sinfonismo europeu do fim do século XIX, excessivamente dependente de modelos clássicos, ganham, de estalo, um profundo sentido quando Debussy demonstra na prática, com a composição dessa grande obra, as reais e modernas possibilidades da criação orquestral. "La Mer" nada tem a ver com a estrutura da sinfonia, mas possui toda a grandiosidade e o impacto dos mais expressivos exemplares desse gênero. Nela, Debussy não hesitou em lançar mão de nenhum recurso que a evolução sinfônica havia conquistado e até em superá-los: dos mais delicados e transparentes "pianíssimos" aos mais carregados "fortíssimos", do mais singelo fraseado à mais complicada polifonia rítmica; do mais puro lirismo à mais intensa dramaticidade.

Com "La Mer" Debussy enfrenta e resolve definitivamente um dilema que se havia instaurado um século antes na área da composição sinfônica: o da forma. Beethoven que, inicialmente, compôs sinfonias haydnianas, dilatou seu esquema formal e apontou novas soluções para o seu desenvolvimento, as quais a maioria dos compositores românticos simplesmente ignorara, preferindo apoiar-se na solidez daquela forma acabada. A ideia básica da sinfonia clássica é a da "exposição × desenvolvimento". Em "La Mer", Debussy consegue elaborar um discurso sinfônico onde esses dois elementos caminham paralelamente, autoalimentando-se e livres dos suportes básicos da estrutura formal tradicional. "La Mer" desrespeita não apenas a simetria formal, mas também a regularidade do andamento, a constante métrica. Aqui vão algumas anotações da partitura de "Jogo das ondas" no decorrer de alguns poucos compassos: *Allegro (dans um rythme très souple); Animé; Assez animé; Cédez un peu; au Mouvement; Cédez; Animé; En serrant; En animant beaucoup; Très animé* etc.

As primeiras execuções de "La Mer" (1905) desapontaram profundamente o autor. Insatisfeito com as "embrulhadas" que faziam os regentes da época, não acostumados com aquela liberdade formal e flexibilidade narrativa, o próprio Debussy empunha a batuta – algo que ele nunca pretendeu fazer – a fim de demonstrar àqueles "toureiros" da música a sua verdadeira concepção. Particularmente, a extrema complexidade polirrítmica do "Diálogo do vento e o mar" se diluíam na indefinida interpretação dos regentes ainda não versados nesse tipo de linguagem. Aquela intrincada estrutura rítmica seria compreendida e devidamente valorizada quando, pouco tempo depois, a interpretou um dos mais brilhantes e fanáticos do rigor e precisão de toda a história da regência sinfônica, Arturo Toscanini.

Com "La Mer", Debussy renega a música programática que, com seu roteiro descritivo, mais se aproxima de uma materialização pictórica da natureza do que de uma concepção subjetiva. Com sua obra seguinte, "Images", onde lança mão de elementos folclóricos franceses e espanhóis, ele contesta, sobretudo, os russos, que veem na utilização de motivos populares um verdadeiro sentido "filosófico" (algo como, politicamente, o "realismo socialista" veio nos mostrar anos mais tarde).

Esse distanciamento que Debussy conseguiu manter ao operar com o material folclórico, onde esses elementos surgem e desaparecem como verdadeiras sugestões ou evocações de um contexto pictórico ou humano, foi mal-entendido pelos críticos, que achavam que Debussy copiava seus próprios seguidores (Ravel) ou teria regredido em relação às suas próprias afirmações anteriores. Nessa obra, porém, o mais importante é o verdadeiro "exercício" rítmico que realiza, indo bem mais adiante das experiências do final de "La Mer" – sobretudo com superposição de diversos modelos rítmicos – se preparando, assim, para a composição de sua mais arrojada obra, o balé "Jeux".

Nessa primeira década do século, os franceses e os russos cultivavam um excelente relacionamento político, o que motivava, também, um vasto intercâmbio cultural entre ambos os países.

Bem mais atualizados e tecnicamente desenvolvidos que os franceses, os bailarinos russos causam verdadeira sensação nos palcos parisienses a partir de 1907. Por outro lado, as ideias avançadas do grande empresário, músico e mentor espiritual do "Balé Russo", Sergei Diaghlev, que eram recebidas com reservas na corte czarista de São Petersburgo, encontram, na Paris da época, campo aberto para seus altos voos criativos. Os bailarinos Nijinski, Karsavina e Pavlova, o coreógrafo Fokine e o cenógrafo Bakst, deslumbram os franceses pelo brilhantismo e alto nível técnico de suas apresentações e também por revelarem uma nova concepção coreográfica onde a música não servia apenas de plataforma para as piruetas e vedetismos das *etoiles*, mas formava com a dança um todo orgânico e compacto. Completando a trupe, Diaghlev descobre e agrega ao Balé Russo um filho de São Petersburgo que, com três obras consecutivas, "Pássaro de Fogo" (1910), "Petruska" (1911) e "Sagração da Primavera" (1913) se transforma no maior compositor desse gênero no século XX: Igor Stravinsky.

Com grande atuação em Paris, Diaghlev não poderia deixar de relacionar-se com os músicos locais e muito menos com Debussy, a mais expressiva figura da composição francesa da época. Depois de apresentar um projeto que não chega a entusiasmar o compositor, Diaghlev, para iniciar um relacionamento profissional com Debussy, encena "L'après-midi" com Nijinski no papel de Fauno (1911). Esse trabalho foi da maior importância para o Balé Russo, pois a leveza cristalina da música de Debussy sugeria outro tratamento cênico onde não se enquadrava o virtuosismo e a frenética desenvoltura coreográfica que o grupo vinha demonstrando. E Diaghlev soube, não apenas desarmar os espíritos em função de uma concepção mais sutil e introspectiva, como encomendou a Debussy uma nova obra, esta sim, baseada na estética musical do autor e numa ideia simples e despojada do próprio Nijinski: "Jeux".

"Uma bola de tênis cai no palco. Um jovem de raquete em punho adentra a cena como se a estivesse procurando e desaparece em seguida. Depois, entram duas jovens à procura de um

Balé puro?

lugar tranquilo para conversar. Primeiro uma, depois outra, começa lentamente a dançar. De repente, ambas param ao contemplar uma folha de árvore que cai. Ao fundo, vê-se novamente o rapaz, que as observa a distância. Querem sair, mas ele as traz, delicadamente, de volta à cena. Começa a dançar com uma delas e chega a beijá--la. A outra, enciumada, dança só e muito graciosamente. Ele a convida para dançarem juntos e começam a rodopiar cada vez mais intensamente, chegando ao êxtase. De repente, saltando bem alto, cai no palco mais uma bola perdida. Os três param, a observam e saem correndo atrás dela." "Isto é tudo", acrescentou o redator do programa, quando "Jogos" foi apresentado, no ano seguinte à sua *première*, em forma de concerto. "Pouco" ou "quase nada" aparentava oferecer àqueles que, perplexos e sem saber como reagir, assistiram a ele, coreografado, a 15 de março de 1913 – duas semanas antes da escandalosa *première* da "Sagração", no mesmo Teatro dos Campos Elísios. "Uma nova realidade eu pretendo criar e não isso que os idiotas por aí chamam de 'impressionismo'."

"A música de 'Jeux' não é uma mera cortina sonora indefinida que envolve o balé, e muito menos pretexto para exibicionismos sinfônicos ou coreográficos" – dizia Debussy. E a ideia tão propagada de Nijinski de fazer um "balé realista" que fosse uma "apologia autêntica do ser humano de 1913" vinha a se coadunar inteiramente com as de Debussy – ao contrário do que pensavam alguns, que interpretavam "Jeux" como uma forma de "balé puro".

De fato, a ação e a música perfazem, nesse balé, um todo rigorosamente indissolúvel e absolutamente claro em suas pretensões. E o tema era tão inusitado (esportistas como figuras de balé), como atual: a ginástica rítmica de Jaques Dalcroze fazia muito sucesso na época. Mais do que isso, porém, nessa obra, Debussy leva às últimas consequências todos os elementos que compunham a sua alquimia revolucionária. A ideia de "forma aberta" ou da não escravização da música a esquemas, atinge aqui o seu superlativo – chegava-se a falar numa "ritmização do tempo". Forma e conteúdo perfazem um só todo e a noção de um constante improviso ou variação se realiza aqui plenamente. Vinte e três diferentes fragmentos ou motivos surgem e desaparecem sem ser "desenvolvidos", sem nenhum parentesco entre si e sem retornarem no decorrer da obra – com exceção do primeiro que comparece várias vezes, mas por questões puramente coreográficas e não estruturais. Eles não se constituem "polos atrativos" como na composição tradicional. Não existem pontos característicos de "partida" ou "chegada" – a fluência é absoluta e motivada pelo entrecho. Essa flexibilidade formal e fluência constante se refletem também na maleabilidade dos andamentos, que, extraindo-se uma média, conclui-se que a cada 8 segundos existe uma alteração no andamento. Quanto à dinâmica (intensidades) ela possui a mesma flexibilidade. Em primeiro lugar, ela é mais "instrumentada" do que expressa através de indicações de "f" (*forte*) ou "p" (*piano*). É igualmente variada, pois não chega a durar quatro compassos a execução de uma mesma indicação de intensidade, não criando sequências ou regularidades.

"Jeux" foi escrito para uma sinfônica convencional (cem músicos aproximadamente), mas em nenhum momento o "*tutti*" orquestral está presente, podendo-se afirmar que se trata da obra mais transparente desse autor. Os efeitos musicais brotam dos mais diversos pontos da orquestra em verdadeiras "ondas sonoras", cuja agregação instrumental não obedece aos códigos da instrumentação tradicional. É o timbre puro, livre e fluente. A harmonia é bastante dilatada e, embora não seja "atonal", em nada se relaciona com os processos tradicionais de agrupamentos sonoros. Ela sugere a "atonalidade" e chega à "politonalidade", tão usada por seus sucessores na França (Milhaud principalmente). Como resultado dessa harmonia livre, os tipos de encadeamentos melódicos resultantes são os mais diversos e bem mais próximos do "modo" da música oriental que do dó-ré-mi-fá-sol do Ocidente. Veja-se a escala pentatônica que serve de apoio a um momento da composição: si, dó-sustenido, mi, fá-sustenido e lá. A estrutura rítmica da obra é igualmente livre de sequências ou regularidades motóricas, tão característicos do balé e da dança em geral. Os agrupamentos rítmicos mais diversos inclusive se superpõem, chegando a uma plasticidade que lembra a "música aleatória" de décadas depois. Um dado extremamente curioso dessa obra é que a delicadeza e a sutileza do relacionamento entre os personagens da história sugeriram a Debussy a composição de uma música igualmente serena, introspectiva e quase "silenciosa", 79% da partitura são escritos em "p" (*piano*) e "pp" (*pianíssimo*). Apenas 0,3% em "ff" (*fortíssimo*) e 9% em "f" (*forte*) – o restante em dinâmicas mistas. Aliás, essa introversão extremada da linguagem debussyana tão ligada àquelas experiências por ele vividas com a música oriental, revelava também a sua maneira de contestar as formas de expressão individualistas e quase patológicas, típicas do romantismo já agonizante da virada do século. E, se Debussy é o artista da sutileza, da música do silêncio, da "baixa definição", entende-se completamente a sua identidade e verdadeira fixação pelo argumento de "A queda da casa dos Ushers" de Edgar Allan Poe, o qual permaneceu em sua mente como o mais ambicioso projeto operístico dos últimos dez anos de sua vida – "esse poeta exerce uma verdadeira tirania sobre mim".

Vítima de câncer no intestino, porém, os seus últimos anos, após a composição de "Jeux", foram tortuosos e poucas energias lhe restavam para enfrentar o projeto Usher, embora tivesse já preparado o roteiro para a composição e elaborado alguns esboços. Nesse período, o máximo que conseguiu fazer foi algumas peças curtas para piano, os 12 estudos, que, como os de Chopin, pretendiam colocar o pianista em contato com as últimas conquistas técnicas do instrumento. Escreveu algumas sonatas e canções, mas nenhuma obra de fôlego ou inovadora. "Tudo que escrevo agora me soa como algo de ontem e não de amanhã." E, mais adiante: "Sinto-me como um verdadeiro habitante da casa dos Ushers, o que não é de todo ruim, pois o diálogo entre as pedras do velho castelo abandonado me interessa muito mais do que o da maioria das pessoas que andam por aí...".

Magoado com a incompreensão e indiferença com que foram recebidas suas últimas obras, traumatizado com a queda de bombas alemãs sobre Paris e seminarcotizado pelos efeitos da morfina que era obrigado a tomar, a fim de poder suportar as dores causadas por sua enfermidade, Debussy viveu angustiadamente os últimos momentos de sua existência. "Se a morta-viva, irmã de Roderick Usher, penetrasse em meu quarto eu não me surpreenderia e iniciaria com ela um sereno diálogo..." A 25 de março de 1918, no momento em que corre em Paris a notícia da destruição da igreja de St. Gervais, local onde o menino cantor Claude Achille havia despertado o seu interesse pela música, desfila, de um extremo a outro da cidade vazia, a pé, e com pouco mais de dez pessoas, o cortejo fúnebre daquele que foi a mais importante personalidade da música europeia na virada do século.

Observando a obra de Debussy como um todo, poderíamos afirmar, em certo sentido, que ele foi o "menos revolucionário" entre os grandes revolucionários e principais arquitetos da história da música ocidental. Debussy não foi "atonal" como Arnold Schönberg (que era também muito mais jovem), mas questionou e subverteu toda a mecânica tonal, tornando-a quase ilusória e obsoleta. Debussy não chegou a criar um novo conceito rítmico, mas relegou todos os esquemas que serviam à composição ocidental naqueles últimos trezentos/quatrocentos anos. Ele não operou com os timbres como Webern, que compunha como um criador de mosaicos abstratos, que lança mão de pedras coloridas e as coloca aleatoriamente aqui ou ali até chegar a formar uma nova lógica colorística e composicional. Isto não. Mas Debussy desmembrou todas as famílias instrumentais e associações timbrísticas consolidadas em séculos de composição musical e deu um tratamento tão livre e rico à cor sonora que Webern o considerava o seu grande mestre. Quanto à sua concepção formal, se usarmos os métodos da análise tradicional, é mais fácil dizer como ela "não é" do que como ela "é". *Grosso modo*, poderíamos dizer que Debussy não substituiu as peças do jogo composicional da música do Ocidente, mas destruiu rigorosamente todas as que eram usadas. Ele não "semeou" novas ideias, mas limpou o campo e o preparou minuciosamente, entregando também, de bandeja, as ferramentas certas para o trabalho da nova geração de criadores que o seguiu. A música de Stravinsky, para dar um exemplo, possui características radicalmente opostas à sua, mas o mestre do "Sacre" não hesitava em afirmar, inclusive em suas "Memórias", que Debussy foi o músico mais importante de sua vida. E, para a geração posterior de compositores, a obra de Debussy possui uma importância fundamental. Mais que isso. Apenas com os recursos e com o vocabulário da análise estrutural dos dias de hoje é que se pode compreender e codificar devidamente aquilo que na forma de Debussy, anteriormente, aparentava "não ser". Por essa razão, todos os compositores de hoje não deixam de esmiuçar aos últimos detalhes o seu trabalho e afirmam, unanimemente, que "Jeux" foi a obra que deu o real ponto de partida no século XX musical. Dessa maneira, ele assume a posição do primeiro compositor moderno.

No período entre as duas guerras uma onda de nostalgia que se abateu pela Europa muito contribuiu para afastar a música de Debussy dos programas de concertos na França. E a incompreensão de seu trabalho por parte de alguns críticos, levava-os até mesmo a afirmar que Claude Debussy não seria mais que um "Richard Strauss francês". O sentido universalista da sua música, porém, soube motivar artistas em todas as partes do mundo a executarem suas obras e, nesse período, as mais corretas abordagens de seu trabalho foram feitas fora da França, mais precisamente por dois teóricos alemães: H. Strobel e H. H. Stuckenschmidt. Alemão, igualmente, foi o seu maior intérprete pianístico, Walter Giesiking.

Debussy é o músico mais importante para mim – Igor Stravinsky.

Depois da Segunda Guerra, quando a nova geração de músicos franceses, prostrada diante de suas partituras, com lupas e esquadros tentava entender o sentido de cada semifusa gravada pelo mestre; quando Boulez declarava que "a música de Claude Debussy irradia forças arrebatadoras de misteriosa e encantadora magia" e que "sua posição no panorama sonoro contemporâneo se assemelha à de uma flecha que, solitária e vigorosa caminha para o alto", o governo francês fez erigir em sua homenagem um vultoso monumento no Bois-de-Boulogne, próximo à residência do compositor, com a seguinte inscrição: "*Claude Debussy – musicien français*". Aí era tarde. A obra do *Monsieur Croche* já era patrimônio universal.

Igor Stravinsky
Le Massacre du Printemps

Oitenta e quatro anos, passos lentos e medidos, apoiado em uma bengala, adentra mais uma vez o Palco do Royal Festival Hall um dos maiores revolucionários da arte musical do século XX. A plateia que superlota a principal casa de espetáculos londrina levanta-se à entrada da veneranda figura e uma longa ovação acompanha-a em sua caminhada até o pódio de regência. Igor Stravinsky realizara uma viagem transatlântica para mostrar ao ouvinte europeu sua mais recente criação. Como que contradizendo energicamente a lenda medieval do *Doktor Faustus*, o mestre, na plena e humana assunção de sua velhice vigorosa e criadora, faz questão de, em pessoa, levar ao público sua última obra, marcada de um caráter agudamente experimental.

Não é, portanto, tão somente o esforço físico que impressiona o observador. A "Variações em memória de Aldous Huxley", executada em primeira audição europeia pela New Philarmonic Orchestra sob a regência do autor, na noite de 14 de setembro de 1965, revelam a mesma disposição experimental e renovadora que moveu esse mestre em toda a sua vida artística. Nessa "Variações", Stravinsky emprega as mais novas e discutidas técnicas composicionais, não titubeando também em fazer declarações polêmicas à imprensa, vazadas em vocabulário atualizado, o mesmo que emprega a mais jovem geração de pesquisadores.

Como que tentando mostrar que o ponto de partida e aquele a que chegava fazem parte de um mesmo universo criador; como se a música tornasse possível trazer seis décadas àquela noite, precedendo o evento central do concerto, Stravinsky rege a sua fantasia sinfônica "Fogos de artifício". Esta obra, escrita em 1908, em homenagem às bodas da filha de Rimsky-Korsakov, seu único mestre, é também uma das mais estimadas pelo autor. Embora ela não tivesse provocado o impacto inovador do "Sacre", foi através de uma única audição dessa partitura que Sergei Diaghlev, esta notável personalidade da cultura russa e empresário, identificou no jovem compositor o colaborador ideal para o seu "Ballet Russe", oferecendo-lhe, assim, condições para o início de sua carreira.

Diaghlev foi o mais interessante "animador cultural" que o início do século europeu veio a conhecer. Já em São Petersburgo ele organizava concertos de música moderna, promovia exposições de pintores impressionistas, editava revistas polêmicas e era, de modo geral, responsável pelo denso fogo cruzado de ideias, nem sempre bem aceitas pela corte imperial. Paris lhe oferece as condições materiais e espirituais para o desenvolvimento de sua energia criadora. E é através dos seus projetos para o Balé Russo que a música nova encontra o seu veículo ideal de expressão. E não apenas esta, pois sua concepção artística de balé era um misto de coreografia, histrionismo, música e pintura, todos esses componentes com igualdade de importância. Por essa razão, todos os artistas verdadeiramente criativos de outras áreas participavam ativamente de sua aventura revolucionária.

Os trabalhos de Stravinsky anteriores a "Fogos de artifício" revelam a influência dos autores russos do fim do século passado, assim como de Wagner e Richard Strauss. Via Moussorgsky e Skriabin, os mais progressivos autores russos da época, ele chega a Debussy e, através deste, liberta-se do romantismo.

Bakst, Diaghlev, Stravinsky e Prokofief (quem diria que tais almofadinhas...).

A provocação de Diaghlev, porém, representou um verdadeiro curto-circuito na mente do jovem autor, desencadeando assim sua trajetória inovadora. "Pássaro de fogo", sua primeira obra escrita para o Balé Russo, mostra nitidamente essa transição. Se, de um lado, ela demonstra fortes resíduos românticos e impressionistas, na seção "Dança infernal dos súditos do mágico Kastchei" revela um potencial rítmico até então desconhecido na música de concerto ocidental, oriundo, segundo o autor, das formas de dança da "Rússia primitiva". Convém dedicar algumas palavras ao procedimento de Stravinsky ao fazer uso de materiais folclóricos. Ele não objetivava, com isso, adotar uma posição "filosófica" ou paternalista com relação à criatividade popular, como era costume na época, onde alguns autores pretendiam como que "levar a sério" ou conferir "*status* artístico" ou "cultural" às manifestações autênticas da "verdadeira alma do povo". Toda a vasta matéria-prima que ele colheu das mais variadas formas da dança de estirpes perdidas nas estepes da Rússia Central, transportava para o mundo da fantasia. Sua impetuosidade criadora imaginava rituais dantescos, nos quais tribos primitivas da "Rússia pagã" se exorcizavam através da música e da excitação física, ou, como no caso da "Sagração", em que uma virgem era sacrificada, dançando até a morte, a fim de homenagear os deuses que traziam de volta a tão esperada primavera. Essa concepção algo demoníaca da primavera, inteiramente oposta à interpretação romântica ou impressionista dos fenômenos naturais como elementos de inspiração musical, era conscientemente usada por Stravinsky como forma de agressão ao universo sonoro da época.

Com "Petrusca", a história de uma boneca de marionete que ganha vida própria dançando cada vez mais freneticamente e levando ao delírio todos os integrantes do espetáculo, até despedaçar-se por completo, Stravinsky liberta-se de influências externas e molda seu próprio estilo pessoal, repleto de experimentações rítmicas e colorísticas. A "Sagração da primavera" é uma obra--marco do século XX. Seria difícil apontar uma outra criação artís-

Diaghlev – Stravinsky (a chama e o talento).

tica em nosso tempo que poderia ser, com tanta propriedade, assim caracterizada. Não só pelo que representa plástica, histriônica, coreográfica, mas, sobretudo, musicalmente, ela pode ser comparada a obras como *Fausto* de Goethe, à *Capela Sistina* de Michelangelo, a *Romeu e Julieta* de Shakespeare, à *Divina comédia* de Dante, ou à *Ilíada* de Homero. O "bárbaro primitivismo" dessas "cenas da Rússia pagã" é expresso através de uma selvagem cacofonia politonal/atonal, de uma superposição extremamente densa de complicadas estruturas rítmicas, de uma constante mudança de compassos que chega a sugerir a mais rebelde anarquia e de uma organização formal que contesta tudo que se conhecia até então. Sua escandalosa *première*, em 29 de março de 1913, foi o despertar de nossa era musical. Depois do "Sacre" tudo o que era novo passou a ter vida. Não só a carreira de Stravinsky, após essa obra divisória de águas, estava consolidada, mas também o relacionamento com Diaghlev, que se estendeu até 1929, com a morte deste, e do qual resultaram ainda as seguintes obras: "Chante du Rossignol", "Les Noces", "Pulcinella", "Mavra" (ópera bufa), "Apollon Musagète", "Le baisir de la fés" e "Oedipu-Rex".

Ao assistir aquela apresentação no Royal Festival Hall de Londres em setembro de 1965 e ver o mestre ser efusivamente aplaudido exatamente pelo fato de ousar em música aos 84 anos, pude refletir, extasiado diante da emotiva cena, sobre as reviravoltas a que foram submetidos a movimentação cultural e seus agentes, naquele excitante século XX. Nesse momento vieram à mente os fatos a mim narrados pelo maestro Pierre Monteux três anos antes, ele que foi o regente da *première* da *Sagração*. Quando estudante de música numa universidade alemã soube que o grande maestro francês iria reger um concerto em Stuttgart. Dirigi-me àquela cidade e consegui penetrar na sala onde ele ensaiava a sinfônica local. Ao término, persegui sorrateiramente o casal Monteux e quando surgiu uma chance, me aproximei e fiz uma pergunta à queima-roupa: "Maestro, conte-me como foi aquela noite de 29 de março de 1913 no Champs-Élysées". Surpreso com a intempestiva indagação, após uma pausa e um discreto sorriso, deslanchou uma longa e descontraída narrativa, enquanto o carro, já de portas abertas, o esperava: "O mundo vinha, literalmente, abaixo. Caíam ininterruptamente coisas sobre a orquestra e o palco. Os apupos mal permitiam ouvir a execução, que eu, bravamente, levava adiante. De diversos pontos da orquestra, músicos, que também não acreditavam na obra, tocavam, mesclando com os sons do 'Sacre'; a Marselhesa, Frère Jaques e coisas assim. Ao término da apresentação, com receio de sermos linchados, Stravinsky, Diaghlev, Nijinsky e eu, ao som dos ruidosos gritos de protestos, escapamos por uma saída subterrânea. A primeira sensação era a de fugitivos que acabaram de cometer um crime. Pouco tempo depois, numa rua escura e deserta, já distante do teatro, paramos e nos entreolhamos. Num dado momento, sem dizer uma só palavra, sentimos uma corrente vibratória que nos fornecia uma segura sensação de autoconfiança que nos revelava: 'Era aquilo mesmo que queríamos'. E mais: acreditamos ter 'cometido' um ato histórico! Em segundos, nossos semblantes se descontraíram e nos abraçamos aos gritos e beijos. Em seguida, entramos num bar, compramos todo o estoque de vodka, pegamos um táxi e circulamos, às gargalhadas, por Paris a noite toda – até esvaziarmos a última garrafa...".

Após o "Sacre", Stravinsky reduz o aparato instrumental de suas composições. "Les Noces" já foi escrita para quatro pianos, percussão e coros, e a "História do soldado", apenas para sete músicos. Ele se integra naquilo que os alemães chamavam de "neue Sachlichkeit" (nova objetividade), uma postura que propunha um maior rigor e consciência composicional por se tratar de uma época de transição e revisão de valores, em consequência da diluição da centenária tonalidade, que se caracterizava pelo antirromantismo, antissubjetivismo e pela busca de novas linguagens composicionais. Abandonando em parte a utilização de materiais de origem folclórica, ele realiza, através de suas obras posteriores a 1920, um curioso "diálogo" com elementos extraídos da tradição. "A tradição" – dizia ele – "não é um compartimento fechado, morto e sim uma conquista do pensamento universal que ensina e estimula a criatividade."

Nesse período, que foi chamado de "neoclássico", ele trata os elementos da música ocidental com a mesma sabedoria e irreverência com que tratou o material folclórico. Realizando uma curiosa simbiose estilística extremamente fantasiosa, cheia de humor e não dogmática, ele chega a um resultado moderno e criativo onde estilos e personagens da tradição distante e alguns já consolidados deste século comparecem como verdadeiros "fantasmas" em sua alquimia musical. Assim aconteceu com Pergolesi em "Pulcinella", Glinka em "Mavra", Tschaikowsky em "Le baisir de la fée", Weber em "Capriccio", Bach no "Concerto para violino", a escala diatônica tradicional em "Apollon Musagète", a música circense em "Circus-polca", a revista musical americana em "Cenas de balé" em 11 partes para a Broadway, o *jazz* em "Ebony Concert" para a *big-band* de Woody Herman e, em 1957, no balé "Agon", a música serial e pointlista de Schönberg e Webern, para a grande surpresa geral. O perfil de sua obra foi, portanto, extremamente irregular, tendo, inclusive, provocado as mais controvertidas reações por parte dos observadores. Ele foi taxado de romântico e de antirromântico, de impressionista e de expressionista, de tonal, politonal e de atonal, de primitivista, telúrico e de refinado, intelectual, universalista, de caótico e de frio calculista, de hipermoderno e de arcaísta ou eclético classicista. Num único aspecto de sua personalidade artística todos foram unânimes: a rica, intrincada e explosiva estrutura rítmica de suas obras foi básica e representa a mais importante contribuição de seu trabalho à técnica e ao pensamento musical do século XX. E essa versatilidade na trajetória artística de Stravinsky foi consciente e a forma por ele encontrada para "evitar a rotina", fixando o desenvolvimento de seu trabalho sempre numa mesma direção. Para ele, cada composição deveria representar, como dizia a seu amigo Picasso, "um salto mortal no desconhecido". De fato, se analisarmos "Petrusca", "L'histoire du soldat", "Apollon Musagète", "Trois pièces pur quatuor à cordes", "Sinfonia" em dó e a

"Missa", teremos a nítida impressão de que se trata de obras de seis diferentes compositores. E a "Variações em memória de Aldous Huxley" nos revela ainda um novo Stravinsky, mais racional e preciosista. Essa peça, que lhe trouxe de novo ao Velho Continente para, na cidade natal do grande escritor por ela homenageado, realizar a primeira audição pública, tem pouco mais que 5 minutos de duração. E nessa joia sucinta de rigorosa lapidação, o mestre trabalhou nada menos de um ano e meio. "Variações" foi estruturalmente baseada numa série dodecafônica. Segundo suas próprias palavras, "numa sequência de doze diferentes sons que para mim possuem o sentido de uma melodia. Após escrevê-la, fui descobrindo as inúmeras possibilidades de variação. A série foi dividida em dois grupos iguais e, no decorrer da elaboração, foi invertida, retrogradada e espelhada. O vocabulário da composição foi abundante... Com a ausência de variações harmônicas ou melódicas no sentido tradicional, outros recursos contrastantes foram empregados, tais como a *Klangfarbenmelodie* (melodia de timbres). Na primeira variação, por exemplo, os violinos, violas, violoncelos e contrabaixos são subdivididos, individualmente, por estantes. O desenrolar das figuras musicais se desloca, de maneira alternada, de estante em estante, formando uma "melodia" timbristicamente variada e provocando, ao mesmo tempo, um curioso efeito estereofônico. Este é um dos aspectos mais interessantes dessa variação. "Nas variações seguintes" – continua Stravinsky – "existe praticamente uma 'disputa' entre blocos colorísticos sonoros que se entrechocam. Noutra, eu opero com o ritmo de uma forma absoluta. Um ritmo que chamaria de 'sintético', pois não propõe nenhum agrupamento reconhecível ou regularidades. Dessa maneira, a estrutura rítmica é extremamente variada, fornecendo a ideia de um andamento flexível, que vai de um extremo a outro sem quebrar a narrativa e nem criar pontos de apoio. Aliás, eu tenho usado muito o processo de *Veränderungen* (modificações) – expressão usada por Bach em suas 'Variações Goldberg'. No meu caso, as 'modificações' vão bem mais

51

adiante do sentido bachiano, a ponto de se tornar irreconhecível o material-ponto de partida. A minha matéria-prima é uma série, é um alicerce sobre o qual eu edifico a minha obra e não um motivo melódico-harmônico cujos elementos devem ser percebidos durante toda a obra". E assim por diante, segue Stravinsky analisando o seu engenho quase geométrico, ao dar uma entrevista a jornalistas londrinos.

Seria interessante recordar aqui um curioso fato ligado à vida e à evolução da obra e aos diversos "saltos mortais no desconhecido" do procedimento artístico desse polêmico autor. Como se sabe, Arnold Schönberg, o criador do dodecafonismo, emigrou para os EUA em consequência da perseguição nazista nos anos 30, fixando residência na Califórnia. Por coincidência, dois dos mais importantes polos da criação musical de século XX – Schönberg e Stravinsky – viveram durante anos na mesma cidade. A inimizade artística, porém – uma inimizade que perdurou até a morte do autor de "Pierrô Lunar" –, fez que ambos jamais se visitassem. Hoje em dia, como consequência de uma entre as muitas metamorfoses estéticas que se sucederam e na própria intimidade da obra do autor do "Sacre", vemos o velho Stravinsky conciliar com suas ideias a linguagem dodecafônica, assim como toda uma conceituação serial que lhe é correlata, o que parecia, em época não muito remota, inimaginável. Na segunda metade do século XX, quando a polêmica que se instaurou na composição musical do Ocidente em consequência do esfacelamento do reinado absolutista da tonalidade havia sido superada e substituída por novas técnicas composicionais; no momento em que a nova geração, sucessora de Schönberg e Webern se esmerava num controle quase total do acaso, num rigor construtivo geométrico, o octogenário músico ainda encontra energias e condições espirituais suficientes para reformular sua atitude perante a criação artística.

"Sonhei com um grande ritual pagão! Tive uma soberba visão repleta dos mais inusitados efeitos sonoros indefiníveis..." O Stravinsky que assim se referia à criação da "Sagração da Primavera", parece não ser o mesmo que, na era da cibernética, visita a capital inglesa. "Estrutura", "série", "equilíbrio", "inversão", "retrogradação", *Klangfarbenmelodie* weberniana, "unidade na variedade" e outros conceitos racionais e construtivistas orientam o seu atual critério estético. Se sua escrita serial mais se aproxima de Boulez ou de Schönberg; se mais se achega de Webern ou de Alban Berg; se é mais ou menos rigorosa na sua obediência aos cânones da Escola de Viena, isto não é o que nos preocupa. A irreverência desse espírito perenemente jovem, a força de sua imaginação que não sucumbe à ação do calendário, a presença dessa figura exponencial no vivo da polêmica da criação musical, ativa, sessenta anos depois de ter, ela própria, modificado profundamente o curso da história da música – este é o complexo de fatores que nos atrai e nos move a admiração maior. Stravinsky é, por excelência, o anti-Fausto de nossa época! Ou, como o exprime *Sir* Herbert Read: "Houve certos artistas que, pela força de sua universalidade, caracterizaram-se como representantes de sua época. Dante, Shakespeare, Michelangelo, Goethe. O artista mais representativo do século XX não é um poeta nem um pintor. É Igor Stravinsky."

Arnold Schönberg
A Cosmo-Agonia de um Revolucionário

É comum as pessoas caracterizarem o gênio criador como um ser humano incompatível com sua época, seus semelhantes, como "maldito", mártir ou fora do âmbito dos mortais, por ser compreendido tardiamente em consequência de sua capacidade precursora. A grande poetisa norte-americana Gertrud Stein, porém, possui, em relação a estas afirmativas, uma outra opinião. Segundo ela, o gênio é aquele que consegue entender e atuar em sua época, correta e criativamente, antes dos outros. A visão de conjunto da evolução artística que nos oferece o distanciamento histórico, permite dar a ela inteira razão. Se analisarmos os principais e mais "revolucionários" acontecimentos artísticos do século XX, tão convulsionado culturalmente pela rápida e excessiva sucessão de valores, vamos observar que nele nada aconteceu fora do local e do momento histórico adequados.

A simples constatação deste fato, porém, jamais facilitou a vida daqueles que, ainda que absolutamente convictos de suas posições, tenham questionado com vigor os valores correntes de seu tempo e, não raro, a incompreensão de seus contemporâneos tem levado artistas criadores a sérios atritos com intérpretes, editores, promotores de espetáculo, críticos e público em geral. O passar do tempo e o espaço de uma vida humana, porém, têm sido suficientes para colocar os fatos nos devidos lugares e, com raras exceções, os grandes inventores acabaram por experimentar o devido reconhecimento e a admiração geral. Se, pelo ritmo da mudança, essa rejeição pelo novo tem sido mais comum em nossos dias, convém lembrar que o responsável pelo mais famoso "escândalo musical" do século XX, Igor Stravinsky, com o lançamento em Paris de sua "Sagração da Primavera" em 1913, viveu boa parte de sua vida coberto de glórias e honrarias e morreu milionário numa bela mansão em Beverly Hills, na ensolarada Califórnia.

Este não foi o caso da controvertida e angustiada figura de Arnold Schönberg, seja pela própria natureza de seu projeto artístico como por sua origem judaica, fato este que o obrigou a abandonar a Europa Central em consequência da perseguição nazista quando se encontrava no auge de sua maturidade criadora. Quando operava e inventava conceitos e recursos sonoros abstratos, formas puras, técnicas composicionais autossuficientes e despojadas de qualquer engajamento não estritamente musical na busca de uma nova gramática criadora, vinha em sua mente uma incontrolável necessidade de expressar, através de sua arte, o drama vivido por seus concidadãos, vítimas da mais bárbara chacina de que se tem notícia nestes 6 mil anos de história registrada.

Outro conflito vivido por Schönberg era de natureza estética. Tendo nascido em Viena no ano de 1874, sua formação deu-se em pleno apogeu do romantismo alemão, período em que o sangue wagneriano circulava livre e impetuosamente, ocupando praticamente todas as artérias do pensamento musical centro-europeu e não apenas deste. A fim de romper com esse envolvente universo, o qual representava também o clímax de um código composicional instaurado a partir da Renascença, e rumar para a descoberta de uma nova semântica musical, Schönberg teve que se "autoviolentar" e angariar inusitadas energias criadoras, não detectadas pela quase totalidade de seus contemporâneos, exceto por aqueles que, como ele, desviaram o curso da história das artes. Quem souber apreciar a cristalina, abstrata e rigorosa arquitetura dodecafônica, quase geométrica, de sua "Suíte para piano" *opus* 25 ou de seu "Quinteto de sopros", jamais poderá imaginar que a frase que se segue foi dita por Arnold Schönberg: "Aquele que não possuir o romantismo em seu coração, é um ser humano decrépito".

Na análise da dura trajetória entre esses dois extremos da personalidade de Schönberg é que reside o material deste trabalho.

Dentre as tendências renovadoras que se delineavam na música do início do século XX, aquela que Schönberg representava era, sem dúvida, a mais polêmica. Ela pretendia estilhaçar a própria estrutura tonal, ou seja, o código de entrelaçamento sonoro que vigorava, há séculos, quase como um sinônimo da própria música ocidental. Sejamos um pouco didáticos: desde a Grécia antiga, o ser humano deste lado do mundo se havia habituado a ouvir melodias, a "pensar" linear, horizontalmente, em música. Do fim da Idade Média em diante, ele passou a ouvir também harmonias, acordes, a "pensar" também verticalmente. Do relacionamento desses dois "pensamentos" surgiu um terceiro: a tonalidade. O tom (o dó maior, fá sustenido menor etc.) era um polo imantado de onde partia e onde chegava a composição. A narrativa passou a ter uma lógica, um fraseado, uma estrutura. Até então, a melodia, ou as melodias, fluíam descomprometidamente. Se estancássemos um canto gregoriano num ponto qualquer o ouvinte não saberia distinguir se aquele seria ou não o verdadeiro final. A partir da tonalidade, a audição musical adquiriu pontos de referência e baseava-se em princípios como "início-meio-e-fim", tensão × afrouxamento, consonância × dissonância. A narrativa musical ganhava forma, tanto quanto a literária, a partir da instauração do soneto com Petrarca. O advento da tonalidade coincide com o da perspectiva na pintura figurativa ocidental da Renascença.

Esse sistema tonal de composição, que chegou ao aprimoramento absoluto a partir de Bach, atingiu na obra de Wagner o seu ponto máximo de dilatação – cita-se, em geral, o Prelúdio da ópera "Tristão e Isolda" como símbolo desse estágio, pois nele o autor consegue "ludibriar" a tal ponto o ouvinte que, tendo como "polo", como "ponto de referência" a tonalidade de lá menor, esta nunca comparece na obra. Aqui era dada, portanto, a senha sutil e precisa para a subversão do império tonal e o simbólico ponto de partida de um novo caminho para a organização sonora.

Mas, não compor em "dó maior" seria o mesmo que tentar trocar o idioma de um país para depois mostrar-lhe uma nova literatura. E, de fato, a partir dessa "senha" wagneriana, mais de sessenta anos seriam necessários, ou seja, o espaço de tempo de uma geração, para que o artista ocidental chegasse a compor efetivamente com uma nova linguagem. Além dessa mudança do código composicional propriamente dito, havia também o aspecto estilístico. No fim daquele século, o romantismo havia atingido o seu ponto máximo de saturação. Mas grande era a quantidade de autores, inclusive os que faziam música de "boa qualidade", como Richard Strauss ou Mahler, que pretendiam arrastá-lo para dentro de nosso século, ainda que tachados, com certa ironia, de *Spätromantiker* – românticos tardios.

Schönberg soube entender e mesmo exercitar muito bem o *pathos* wagneriano, mas, em vez de tentar espichá-lo ou "modernizá-lo", como o fez Richard Strauss, ele provocou a sua implosão. Ao contrário de Debussy, que assumiu um radical distanciamento daquele estilo e técnicas composicionais, tecendo por fora e lentamente a sua contribuição renovadora, Schönberg provocou um envenenamento na engrenagem das formas, levando-as ao superlativo da expressividade, ao conflito, a uma neurótica e impulsiva subjetividade onde o indivíduo situava-se como centro absoluto, intérprete e juiz do universo. A evolução desse comportamento espiritual, que veio desembocar em nosso século no expressionismo; que contou com figuras como Nolde, Kokoschka, Kandinsky, Chagal e Roualt na pintura; Wedekind, Werfel e Kafka na literatura; Wiene, Lang, Pabst, Dreyer e Murnau, no cinema, teve, em música, na obra de Arnold Schönberg, o seu carro-chefe.

A atividade artística do chamado "Mestre de Viena" se deu, inicialmente, não apenas através da música, mas também da pintura e literatura. Certa vez, ao visitar em Viena a exposição de obras de dois "malditos" da época, Klimt e Kokoschka, Schönberg sentiu um incrível desejo de expressar também pictoricamente seu conturbado mundo interior – suas angústias, suas visões. Em muito pouco tempo ele adquiriu a técnica da pintura e realizou inúmeros quadros, alguns figurativos – paisagens, retratos – e outros abstratos, que foram muito admirados por seus contemporâneos, particularmente por Kandinsky. Sua ligação com a literatura já vinha de algum tempo. Ele foi o autor do argumento de várias de suas composições e o desejo de escrever texto e música havia herdado também de Wagner. Essa identidade de Schönberg com a literatura lhe foi muito importante, chegando a declarar que texto e música formam uma "unidade mística". Embora nem sempre seus textos tivessem o valor artístico de sua música ou da melhor literatura da época, eles enquadravam-se perfeitamente dentro de seus propósitos expressivos. Composições como "Die Glückliche Hand" (A mão feliz), "Erwartung" (Expectativa) ou "Von Heute auf Morgen" (De hoje para amanhã), todas com argumentos de sua autoria e vazadas numa linguagem exacerbadamente expressionista, plena de alucinações, angústia e pessimismo, formariam a base estética do drama musical moderno que atingiu com Alban Berg, seu aluno, seu ponto mais elevado.

Artisticamente, um dos momentos mais dramáticos da carreira de Schönberg foi aquele em que se deu conta de que seria necessária a criação de um novo código composicional, seja para a expansão de suas ideias como do próprio repertório da música ocidental. Nesse momento, ele percebe que isso representaria uma ruptura em seu trabalho, que significava não apenas um rompimento belicoso com a legião de seguidores da tradição tonal, mas a adoção de uma postura intelectual hiperconstrutivista, fria e objetiva, ligada à própria raiz da linguagem sonora e bem distante da convivência com os fantasmas que populavam sua alma e excitavam

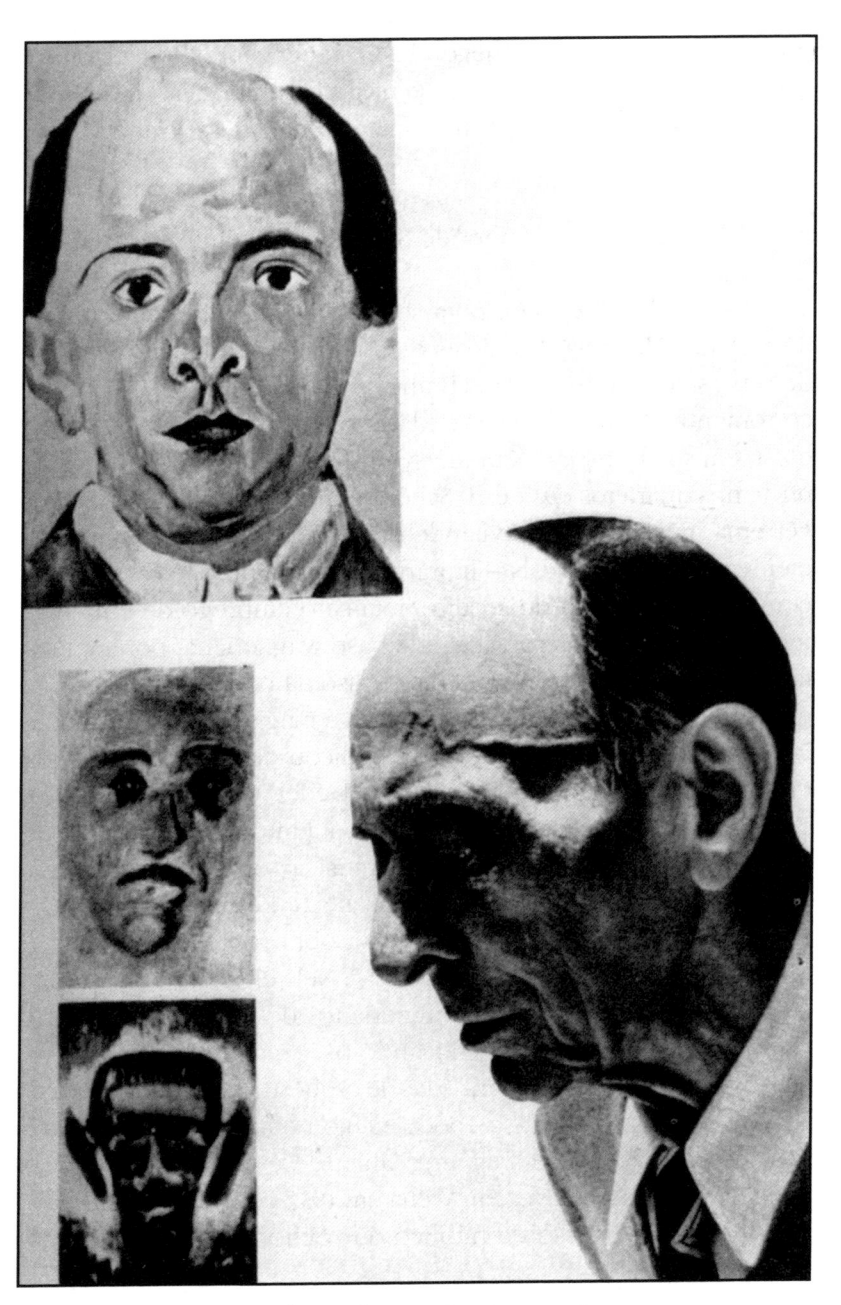

Schönberg, autorretrato e duas máscaras pintadas por ele mesmo.

sua imaginação. Mas ele chegou lá. O seu engenho dodecafônico constituiu-se a mais compacta técnica de composição moderna, com milhares de seguidores nos quatro cantos deste planeta.

Em linhas gerais, a obra de Schönberg evoluiu da seguinte maneira: No *primeiro período*, nota-se, nas obras mais importantes, uma clara influência das ideias e da técnica de Brahms – menos de seu estilo, propriamente (Brahms foi um arquiteto, um clássico-romântico). No sexteto "Verklärte Nacht"(Noite transfigurada) *op.* 4, em sua primeira "Kammersymphonie" (Sinfonia de câmara) *op.* 9, nos quartetos *op.* 7 e 10 Schönberg revela o desejo de escrever uma música "pura", evitando deliberadamente a presença de elementos extramusicais – literários ou pictóricos. Nessas obras compostas na virada do século, nota-se o emprego de uma harmonia densa e supercromática, de base wagneriana, porém, bastante mais evoluída tecnicamente. O uso da polifonia é constante e a manipulação da escrita camerística é magistral. Paralelamente à criação dessas obras, Schönberg dedicou dez anos de sua vida (1900 a 1910) à composição das "Gurre Lieder" (Canções de Gurre). Essa obra foi composta para o maior conjunto vocal-sinfônico de que se tem notícia na história da música (outra forma, talvez, encontrada por Schönberg para ironizar a febre supersinfônica tão comum naquele fim de século). Essa obra representava para o autor uma espécie de "terapia estética". Nela ele extravasava todos os resíduos românticos-pós-wagnerianos de seu temperamento, ora homenageando-os ora criticando-os.

Essas canções, acompanhadas de orquestra mamute, que sacudiam o ideário "oficial" da época e cujo perímetro era composto por uma amálgama de Wagner, Mahler e César Franck, foi apresentada pela primeira vez em Viena em 1913 com enorme sucesso, aliás, o único sucesso de público que Schönberg vivenciou em sua existência.

Um *segundo período* iniciou-se na obra de Schönberg a partir da composição das suas "3 peças para piano", *Op.* 11 (1908). Aqui nota-se claramente a efetiva ruptura com a tonalidade clássica e sua estrutura correspondente. Ao compor essas três pequenas peças, Schönberg já estava "exorcizado" do pós-wagneriano--romantismo e das técnicas oitocentistas, e iniciava, com alguma objetividade, a construção de uma nova e despojada linguagem composicional. Neste "marco zero" do atonalismo inicia-se também o longo calvário de atritos e angústias, derivado da incompreensão da crítica e público em geral. Nos termos seguintes expressou-se o mais importante periódico musical berlinense a propósito da primeira audição dessas três minúsculas obras para piano: "Schönberg é hoje (1910) o mais radical entre os compositores modernos. Essas peças para piano representam uma sistemática negação de todos os conceitos musicais válidos. Negação da sintaxe musical e do próprio sistema tonal. Nelas a gente percebe apenas uma sequência de sons, distante de qualquer organização. Schönberg mata o discurso convencional. A construção sonora é ininteligível. Debussy apenas ameaça. Schönberg executa. Seus sons pairam anarquicamente na atmosfera. Sua obra nos deixa atônitos. Elas são o resultado do mais evidente equívoco". Como se vê, o crítico ouviu certo, mas entendeu errado. Consultado a respeito desse parecer, Schönberg retrucou, aqui numa tradução livre: "O momento de virar a mesa é este. As pessoas não percebem ou não têm coragem de fazê-lo. Deixem comigo essa tarefa...".

A reviravolta proposta pelo Mestre de Viena neste segundo período, chamado de "atonal", incluiu a transformação do conceito de melodia. Esta deixava de ser simétrica e cadencial. Os motivos melódicos eram curtos e não se repetiam. Os melismas fluíam livremente, incluíam grandes saltos e a inexistência de pontos de apoio, iniciais ou finais. Havia também mudanças bruscas de entoação e intensidades – vocal ou instrumental. As sequências rítmicas perdiam a regularidade e a harmonia não se baseava mais no acorde de três sons, o qual, tradicionalmente, formava os "campos imantados" nos quais se apoiava o discurso tonal. O agrupamento de notas passou a ser livre, e mesmo comum a superposição de blocos sonoros. Nas obras dessa fase, Schönberg consegue superar uma série de procedimentos básicos da estrutura tradicional tais como: a formação de temas, o princípio da consonância × dissonância, os pivôs harmônicos referenciais, a orquestração por associações ou afinidade de timbres, as chamadas "famílias" instrumentais, a preponderância da escrita polifônica, assim como o culto do virtuosismo da execução. Com a queda desses princípios tradicionais, de uma outra forma também sugeridos por Debussy, Schönberg passa a compor durante bom tempo baseado apenas na intuição e livre expressão. Por cautela e para não cometer "pecados tonais", ele passa a escrever peças pequenas e para conjuntos menores. A impressão que se tinha, como bem observou o crítico berlinense, era de se presenciar uma constante improvisação. "Erwartung" é uma importante obra desse período. Nesse monograma ele narra a história de uma jovem que busca, noite adentro, seu amado numa floresta, encontrando-o, por fim, morto na soleira da porta de uma rival. Aqui, o manuseio livre e sem arestas do material sonoro e o uso da instrumentação como elemento puramente timbrístico fornecem o colorido necessário para externar o conteúdo dramático da narrativa.

Representativa dessa fase é também a sua *op*. 16, as "Fünf Orchesterstücke" (5 peças para orquestra). Numa delas, Schönberg estabelece um bloco de notas sem sentido tonal. Esse cacho é executado ininterruptamente por toda a obra, variando apenas a instrumentação, o colorido das notas. A transformação lenta dos timbres oferece-nos a ideia da movimentação sutil de um caleidoscópio sonoro. Eis as notas desse *cluster*:

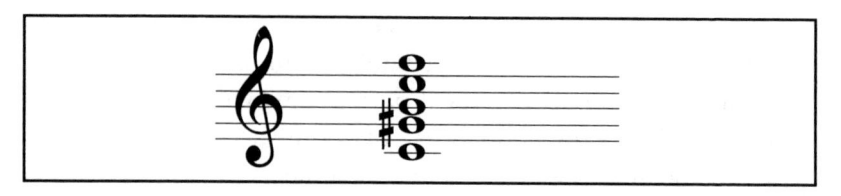

Essa composição revelava também o início de uma técnica que se tornou muito comum na obra de Schönberg, que se resumia na metamorfose da cor sonora, pura e simples, e que ele mais tarde chamou de *Klangfarbenmelodie* (melodia de timbres). De grande significado histórico, pela maturidade e força expressiva daquelas ideias, por representar um ponto culminante de uma tentativa de levar as pessoas à "alucinação sonora", como diziam, assim como o grande impacto causado, foi o melodrama "Pierrot Lunaire" (1913) – considerado por muitos a obra mais importante desse compositor. Nela Schönberg solidifica a técnica do *Sprechgesang* (canto falado), uma forma de interpretação onde o solista vocal se expressa através de um misto de canto e fala. A partir de suas "Fünf Klavierstücke" (5 peças para piano) *op.* 23 (1923), inicia-se no raciocínio de Schönberg um processo de busca de uma "organização" composicional, de uma sistemática. O empirismo começa a ceder lugar a uma consciência estrutural, e a livre expressão a ganhar disciplina, um código. Após quinhentos anos de imperialismo absoluto do sistema tonal, iniciam-se, aqui, as bases de um novo idioma musical. A partir desse estágio chamado de "atonal organizado" revela-se na personalidade de Schönberg um agudo senso lógico, estrutural, cartesiano, característica aparentemente inexistente naquele ser humano recém-egresso do mais impulsivo subjetivismo, de um expressionismo sem parâmetros.

No decorrer dos anos 20, Schönberg trabalha integradamente com seus dois ex-alunos, Anton Webern e Alban Berg, estes também já famosos. Os três e o grupo de pessoas a eles ligado, eram conhecidos como Escola de Viena.

Particularmente, na quinta peça da sua *op.* 23, na "Serenata" para barítono e 7 instrumentos, *op.* 24 e na "Suíte para piano" *op.* 25, nota-se claramente o acabamento final da nova escrita dodecafônica, dado, inclusive, o acentuado rigor formal adotado nessas composições, e a presença integral da série de doze sons. A partir de 1924, com a composição de seu "Quinteto para sopros" inicia-se um *terceiro período* na obra de Schönberg, caracterizado pelo amadurecimento pleno de sua linguagem dodecafônica. O princípio básico dessa técnica é o de elaborar inicialmente uma sequência de 12 diferentes sons, evitando que se crie entre eles um campo "magnético" tonal. A ideia é da atomização absoluta das notas. As relações entre as notas dessa "série" servirão de base para toda a composição. A série dodecafônica era aplicada horizontalmente, em forma de melodia, ou verticalmente, em acordes de 2, 3, 4 ou 6 notas. Cada composição partia de um encadeamento de notas diferentes, obtendo, assim, uma relação de intervalos melódicos e harmônicos próprios.

Uma nota não era repetida, enquanto a série não fosse inteiramente exposta.

Notas musicais

Série dodecafônica utilizada nas 6 peças da "Suíte para Piano" *op.* 25.

Início do "Prelúdio" onde a série é exposta melodicamente.

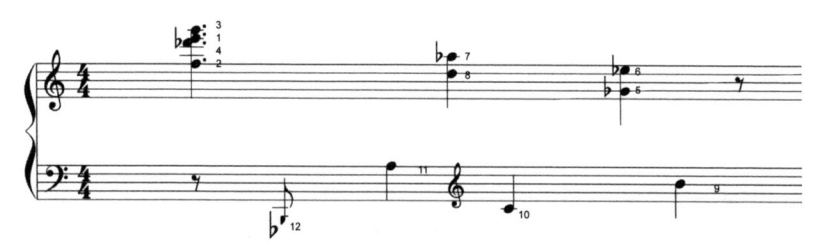

As notas da série são agrupadas em acordes (fragmento da "Giga").

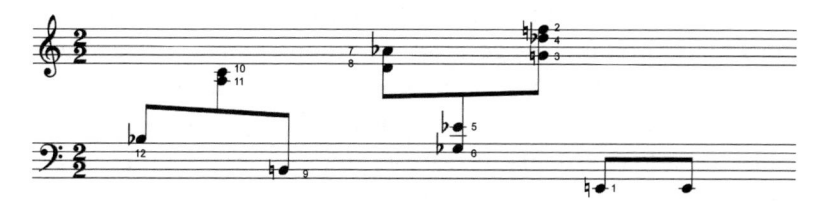

Neste outro compasso da "Giga" a série é "arpeggiada" e usada de trás para diante.

A partir desse momento, o grupo de Viena passava a escrever "música pura", absoluta, abstrata e liberta dos conteudismos extra-musicais da fase expressionista. Se compor música, ao contrário do que pensam alguns, é um ato de intrincada "engenharia sonora", raramente em sua história ela foi fruto de um rigor construtivista tão acentuado como nesse período. E pode-se dizer, também, que só chegaram a fazer boa música, a partir dessa linguagem, aqueles que conseguiram transpor a barreira do sentimental em arte. Do seu "Quinteto para sopros" op. 26 ao "Quarteto de cordas" op. 37 (1936), notava-se uma manipulação cada vez mais soberana dessa técnica, assim como um grande desenvolvimento dos critérios formais. Nesse quarteto op. 37, considerado o ponto alto da obra dodecafônica de Schönberg, percebe-se que ele manipula a série de doze sons com a mesma espontaneidade e maestria com que Bach compunha um prelúdio com a escala de dó maior.

Desde 1933 Schönberg vivia nos Estados Unidos. Embora o grande público não lhe tivesse dado o devido reconhecimento, nem acompanhado o desenvolvimento de sua experimentação sonora, já era grande o número de seus admiradores, alunos e seguidores. Webern, particularmente, que possuía uma outra estrutura humana, a de um "ourives musical" por excelência, e que, por outro lado, não tivera de se digladiar com os fantasmas do apocalipse de uma cultura rica e sedimentada, conseguiu operar com os valores daquela linguagem com absoluta serenidade. Os sons que compunham o seu universo musical eram inteiramente límpidos, cristalinos, quase desmaterializados. Daí um relacionamento mais próximo da geração de compositores do segundo pós-guerra com sua obra do que com a de seu mestre. No final dos anos 30, com a eclosão da Segunda Guerra e o conflito armado em sua pátria distante, anexada ao poderio nazista, e com o extermínio em massa de judeus, Schönberg, já aos 65 anos, sente-se profundamente abalado. Ele, que soubera encontrar energias e a estreita saída para se distanciar do sucesso fácil da legião de saudosos do romantismo, optando pela invenção e pela marginalidade; ele que, em meio à parafernália de ideias que se entrechocavam no início do século, soubera destilar, longa e pacientemente, o delicado fio condutor de um pensamento musical efetivamente novo; ele que, em meio a uma hostilidade generalizada conseguiu elaborar cada vocábulo de um novo código de comunicação através dos sons; ele, que atingira os limites máximos de um rigor composicional quase científico e sem precedentes até então, chegava ao fim de suas forças. Aquele pessimismo imaginário, as alucinações fantasmagóricas, o trato com o irreal como única face possível da realidade e que estavam nos alicerces vitais do seu expressionismo; esses elementos que funcionavam como excitadores de sua imaginação criadora, voltam a fazer parte de sua obra. Desta vez, porém, inspirados em dados verdadeiros. As informações que chegavam da brutalidade generalizada que dominava o continente agiam sobre ele não como elementos vitalizantes de sua criação, mas como castradores de seu potencial artístico e humano. Nessa época, Schönberg aceita a encomenda para compor uma obra em torno de "Kol Nidrei", tema musical tradicional da liturgia judaica, e, nela ele abandona o procedimento e a evolução composicional que vinha desenvolvendo. Essa peça, que foi escrita para narrador, coro misto e pequena orquestra, era repleta de conteúdos extramusicais, emotivos e plenos de profissão de fé religiosa e étnica. Com tais características surgiam outras composições, como a incompleta ópera "Moisés e Aarão", que marcaram o *quarto e último período* de sua obra. Em composições dessa fase, como "Ode a Napoleão" – um libelo antifascista – e "Um sobrevivente de Varsóvia", onde ele relata a sina de um grupo de judeus naquele gueto pouco antes do total extermínio, Schönberg retoma as características melodramáticas e expressionistas de "Erwartung" e "Pierrot Lunaire". Nesse período, sua obra apresenta uma espécie de síntese de todo o seu trabalho, onde elementos tonais tradicionais se misturam com os atonais e dodecafônicos.

Se fizéssemos um levantamento crítico do trabalho de Schönberg, objetivando a apuração do conjunto de obras que representaram uma atuação mais participante e uma contribuição mais efetiva ao cenário da música do século XX, poderíamos dizer que a sua atividade composicional dos *segundo e terceiro períodos* foi a mais importante, ainda que fora dela existam verdadeiras preciosidades. Não podemos esquecer também sua importante contribuição como teórico, autor de vários livros e como pedagogo.

Um aspecto digno de nota, por ser único na história da música, é o fato de um mesmo autor liderar o surgimento de dois estilos e estes de características diametralmente opostas, antagônicas. Um deles baseava-se na livre expressão e absoluta liberdade formal, no subjetivismo exacerbado, no "delírio sonoro", na desintegração de estruturas e o outro num construtivismo geométrico, no controle do acaso, na edificação de uma nova gramática para a criação sonora. Essa dupla "indigestão artística" provocada por Schönberg na música, levou décadas para ser assimilada. Apenas no fim da Segunda Guerra é que seu trabalho foi compreendido e o seu engenho dodecafônico reconhecido como uma autêntica técnica de composição. Em todos os países do mundo ela passou a ser ensinada em conservatórios, formaram-se núcleos de dodecafonistas, alguns dos quais chegando ao fanatismo dogmático, apontando essa técnica como a única possibilidade de se fazer música criativamente após a desintegração tonal, algo repudiado por Schönberg, aliás, como todo o tipo de ortodoxia. Congressos, debates, festivais eram organizados, livros eram escritos e até mesmo Igor Stravinsky, outra coluna mestra da música do século XX, que morou muitos anos próximo à casa de

Schönberg nos Estados Unidos e nunca o visitou por rejeitar radicalmente suas ideias, preocupou-se seriamente com a escrita de doze sons nos últimos vinte anos de sua vida, compondo inúmeras e importantes obras baseadas nessa técnica. As lideranças da criação musical no segundo pós-guerra expandiram ainda mais o princípio serial, estendendo essa técnica à organização rítmica e às intensidades. No próximo exemplo vemos uma série de doze sons. Em seguida a mesma série com os intervalos invertidos, isto é: meio tom descendente (mi bemol – ré), um tom e meio ascendente (ré – fá), meio tom descendente (fá – mi) etc. Na inversão: meio tom ascendente (mi bemol – mi), um tom e meio descendente (mi – ré bemol), meio tom ascendente (ré bemol – ré) etc. Segue-se a retrogradação ou a leitura da série original de trás para diante – também chamada de "espelho".

Vemos depois uma sequência de doze intensidades e de 12 durações ou figuras rítmicas. No pequeno trio que fizemos para flauta, clarineta e fagote o leitor identificará todos esses componentes ali distribuídos.

Notas musicais

série flauta

inversão clarineta

retrogradação fagote

intensidades

ritmos

Trio: flauta-clarineta-fagote

Moderato = 112

O início desse verdadeiro *boom* dodecafonista ou "pan-serialista", Schönberg chegou a vislumbrar quando vivia modestamente em Los Angeles à custa de uma minguada aposentadoria e de ministrar ensinamentos a um grupo restrito de alunos. Mas, como todo aquele que empenha suas energias em projetos de transformação efetiva da própria raiz da linguagem dificilmente chega a conquistar um lugar ao sol, a 13 de julho de 1951 uma parada cardíaca pôs fim à sua trajetória neste mundo que ele ajudou a transformar.

Alban Berg
Escola de Viena

"*... com o tempo a situação tornava-se insustentável. Misturavam-se risos, apupos e aplausos e a confusão acabou gerando uma violenta briga na plateia. A polícia foi chamada, mas o único guarda que restara nas dependências preocupava-se exclusivamente em atirar, galeria abaixo, um espectador que fazia enorme barulho com um apito. Por fim, os músicos levantaram-se em suas estantes e iniciaram uma acalorada discussão com o público. Num momento em que, em meio ao debate, o desrespeito atingiu proporções inusitadas, o presidente da associação organizadora do concerto perdeu inteiramente as estribeiras e desfechou consistente bordoada num irado assistente. A noitada artística que se iniciara na mais bela casa de música da cidade, acabava numa delegacia de polícia. Um médico presente esclarecia que aquela música atacava de tal maneira o sistema nervoso que o descontrole generalizado que se constatou era facilmente compreensível.*"

O crítico norte-americano que enviou essa descrição para um jornal nova-iorquino relatava um episódio ocorrido, não em uma primitiva aldeia dos confins do mundo, mas na Viena que mergulhava fundo no estudo da alma humana via Freud, que surpreendia a arquitetura do início do século com as construções funcionais e despojadas de Adolf Loos, que prestigiava revolucionários como

Kokoschka, Kandinsky e Klimt – na cidade, enfim, de onde partiram tantos impulsos motivadores da formação do pensamento contemporâneo.

Os glissandos agudos dos violinos, os arcos que raspavam os cavaletes dos violoncelos e violas, e, às vezes, batiam com a madeira sobre as cordas; os trompetes que eram soprados com um estranho movimento vibratório de língua, as varas dos trombones que deslizavam num frenético vaivém no momento em que instrumentos de metal tocavam com extrema surdina e uma cantora murmurava: "Você não está ouvindo fortes trovões na floresta?..." integravam, nada mais nada menos, que uma proposta de um jovem músico que, levado pela mão do mestre, expunha publicamente, pela primeira vez, um trabalho em sua cidade natal: Alban Maria Johannes Berg.

E o século XX mal havia começado. Esse escândalo, que marcou época na capital austríaca, antecedera em alguns poucos meses a absoluta perplexidade que tomou conta do público francês diante de *première* do balé "Jeux" de Claude Debussy, o mesmo público que foi à forra, semanas depois, empastelando o Champs-Élysées ao sentir-se "agredido" pela execução da "Sagração da Primavera" de Igor Stravinsky. Isto no momento em que, numa capital europeia não menos importante – Berlim – a audiência solicitava, aos berros, a abertura das janelas do recinto, empesteado com os antimusicais timbres e arrotos (o canto-falado) do "Pierrot Lunaire" de Arnold Schönberg.

Assim foi o ano de 1913 na música, o marco zero de nossa era, um período de tão rápidas e drásticas mutações que tornavam o espírito humano incapacitado de acompanhá-las.

A mesma Viena, porém, que esbofeteava ou atirava pelas galerias os espectadores inconformados, iria emprestar seu nome a uma das mais férteis células renovadoras da música do século XX. A Escola de Viena, liderada pelo mestre Arnold Schönberg

71

(1874-1951) e seus dois alunos Berg (1885-1935) e Webern (1883--1945), foi buscar na liderança wagneriana do fim do século XIX o fio condutor de uma reformulação técnica e estética cujos terminais se estenderiam até o término da Segunda Guerra, servindo de base, por fim, às ideias que se formaram e desenvolveram na segunda metade dos novecentos.

Do pugilato ao humorismo, da perseguição racial ao desprezo, da execração pública à mistificação, da riqueza à miséria, do espasmo emocional ultrassubjetivo à frieza geométrica de criação, das mastodônticas modulações sonoras ao meticuloso trabalho articulado a pinça e a lupa, de obras que duram horas de angustiante inquietação a outras que se resolvem em meia dúzia de delicados timbres num espaço de tempo de quinze segundos – de extremos a outros, sempre os mais inconcebíveis, movimentou-se o repertório de ideias dessa geração que, no momento em que o centenário de nascimento de seus integrantes se vai completando, posiciona-se, também, como uma das poucas colunas-mestras da cultura do século XX, recebendo as homenagens que seus autores não conheceram em vida.

O líder da Escola de Viena, Arnold Schönberg, portador, provavelmente, do mais trágico destino entre seus integrantes – seja do ponto de vista pessoal como do artístico – talvez tenha sido o que mais vasculhou os labirintos daquele projeto musical que envolvia o "romantismo tardio", o expressionismo e o atonalismo/ dodecafonismo. Do ponto de vista pessoal sobejamente conhecida sua trajetória, em que, à rejeição pública de seu trabalho revolucionário, associou-se a perseguição antissemita que transformou sua vida numa constante peregrinação em busca de uma espaço vital. Mas, do ponto de vista artístico, o drama schönberguiano não foi menos problemático. Seu projeto musical – caso único na história das artes – provocou duas "indigestões" de características opostas no pensamento musical contemporâneo. Chega a ser difícil acreditar que o expressionismo de "Erwartung" e "Pierrot

Lunaire" e as transparentes composições dodecafônicas da terceira década deste século sejam oriundos da mesma mente.

Os dez anos a mais de vida e atividades que separavam Schönberg de seus dois alunos, porém, conferiram-lhe, nessa trinca, a incômoda função de "Bahnbrecher", de "devastador de caminhos" e permitiram a Berg e Webern, em inteira sintonia pessoal e artística com o mestre, um *approach* mais sereno e aprofundado das duas e opostas vertentes abertas por ele, o expressionismo e o atonal/dodecafonismo.

Webern, em muito pouco tempo, recolheu-se ao seu casulo – como comentava-se na época – e, praticando um lento e paciente trabalho de ourivesaria musical, iniciou a filtragem do som, despojando-o de todas as cargas acumuladas ao longo de sua trajetória pelos diversos estilos da composição ocidental. Levando às últimas consequências a ideia da atomização do som, propostas pelo dodecafonismo, Webern foi formando seu transparente e delicado universo de timbres, cuja extensão total não ultrapassaria a duração de um único concerto, se assim o quiséssemos.

Berg, ao contrário de seu companheiro, identificou no rompimento com a "tonalidade" – com as convenções dos encadeamentos harmônicos tradicionais –, na agressão da dissonância, enfim, o elemento musical ideal para refletir as contradições e angústias da alma humana. Além do mais, o universo atonal, sem pontos de apoio, sem fraseados preconcebidos, sem qualquer lógica discursiva, transformava-se num excelente material de livre desenvolvimento sonoro, terreno fértil para a ação do fantástico. Comumente associado a elementos literários e pictóricos, o expressionismo musical desaguou com facilidade e brilho no drama lírico e aqui, excetuando-se "Pelléas et Mélisande" de Debussy, com "Wozzek" e "Lulu", Alban Berg nos deixou os mais preciosos exemplos do gênero no século XX.

Berg contempla a Viena do futuro. Schönberg o retrata dentro dele.

Conservando uma forte relação com componentes formais oriundos da tradição não apenas operística, Alban Berg manipulava a matéria-prima musical e literária com tal maestria e atualidade que, seja do ponto de vista técnico – referente à integração texto-música –, seja expressivo – a saturação dramática que envolve a alucinação de seus personagens –, o resultado artístico sempre atingiu um equilíbrio composicional raramente visto, sobretudo em trabalhos de tão elevado teor experimental. "Do momento em que a cortina se abre até ela se fechar pela última vez não haverá uma única pessoa no público que perceberá qualquer artifício formal – uma *passacaglia*, uma fuga, uma variação, seja lá o que for. A única coisa que deverá impregnar o público presente será o trágico destino de 'Wozzek'. Creio ter conseguido esse efeito", dizia Berg em 1925, tempos depois da *première* dessa ópera em Berlim dirigida por Erich Kleiber, após 137 exaustivos ensaios. Tomando como ponto de partida o argumento de Georg Büchner, este expressionista com oitenta anos de antecedência, Alban Berg fazia um uso inteiramente particular dos recursos técnicos disponíveis na época, passando por soluções harmônicas tonais e atonais e chegando aos dodecafônicos, sempre em função de sua subjetividade criadora e desejos expressivos. Esse jogo consciente com o elemento harmônico consonante e dissonante funcionava como artifício de aproximação e distanciamento do real. Seria comparável ao trabalho de um pintor que operasse com o figurativismo, com a deformação da figura e com imagens abstratas de acordo com as conveniências expressivas momentâneas.

Por toda a obra de Berg da fase posterior à de seus estudos com Schönberg (1906-1910), paira essa característica lírico-dramática que conduz o espectador à constante busca de justificativa ou associação extramusical, subjetivamente concebida. Isso acontece, até mesmo, em obras mais avançadas de sua criação como a "Suíte Lírica", onde, apesar do emprego mais rigoroso da técnica dodecafônica que, em alguns momentos, faz sentir-se com maturidade, tem-se a impressão constante de tratar-se de um roteiro musical de uma ação dramática não explicitada. Até mesmo o seu famoso "Concerto para Violino e Orquestra", considerado "música pura" ao lado de outras criações como a "Sonata para Piano", seus quartetos ou o "Concerto para Piano, Violino e Treze Instrumentos de Sopro", não se isentou de uma motivação exterior. Encomendado por um violinista amigo, ele começa a esboçar-se no momento em que Berg sente-se profundamente atingido com o falecimento da jovem e bela Manon, filha de seus amigos Alma Mahler e do arquiteto Walter Gropius. "Dedicado à memória de uma anjo", esse concerto tornou-se uma de suas mais famosas obras ao lado de "Wozzek". A trágica motivação que o levara à criação dessa obra-prima transformava-se, porém, em seu próprio réquiem, talvez pressentido, já que um fragmento melódico de um coral de Bach, que ele sutilmente aplicara no último movimento, assim dizia: "Estou cansado da vida, Senhor". Pouco tempo após o término de sua composição, um envenenamento sanguíneo põe fim a seus dias em plena noite de Natal na mesma Viena que assistira, cinquenta anos antes, sua chegada ao mundo.

Anton Webern
Faca-só-Lâmina

Nada igual na história da música – das artes. Cinco décadas de intenso labor criativo e um total de duas horas e quarenta minutos de produção musical.

Quase tudo música de câmara, quase tudo "pianíssimo", quase tudo em 18, 23, 60 segundos de duração.

Arnold Schönberg, seu único mestre, digladiou-se com a teia de valores em crise que congestionava o panorama artístico da virada do século e inibia a ação daqueles que pretendiam conduzir a criação musical para novos horizontes. Não conseguiu superar inteiramente os traumas dessa fase, mas apontou o caminho certo da atomização do som.

A postura de Webern foi outra – única.

Como um seguro e meticuloso alquimista que controla inteiramente a evolução de um embrião, e com a absoluta consciência de que ele, em vida, iria inaugurar uma nova espécie, afastou e protegeu sua criação daquele fogo cruzado.

Como ninguém em seu tempo, tratou de filtrar o som – de esterilizá-lo, de desconteudizá-lo, praticamente, desmaterializá-lo.

Agiu com a sabedoria de um mestre, com o inusitado de um mágico, com a paciência de um monge.

Como se tivesse nas mãos uma pinça, fisgou e manipulou cuidadosa e refletidamente o timbre puro, tecendo o mais fino e delicado mosaico auditivo da história. Nele, o som paira – livre, leve, lírico. Imagine-se um céu transparente. Em pontos diversos, momentos diferentes, com durações alternadas, acendem-se e apagam-se estrelas coloridas, formando um quase estático espetáculo onírico, destinado a atingir apenas os mais profundos e límpidos recantos da sensibilidade do observador.

Assim é a música de Webern – uma constelação, um ideograma sonoro.

Em meio a dezenas de "ismos" que rapidamente se sucediam na música daquela primeira metade do século XX – mais "ismos" em cinquenta anos do que nos quinhentos anteriores! – o trabalho de Webern se desenvolveu – secretamente.

(Poxa, se ao menos as pessoas tomassem algum conhecimento de minha obra...)

O desastre da Segunda Guerra chega ao fim. Parece que o descrédito das pessoas em relação às suas atitudes, teorias e alaridos as leva a ouvir menos suas próprias vozes e a atentar para aqueles que sussurravam verdades homéricas.

Uma verdadeiramente nova e gestaltiana possibilidade de se compor com os sons (nível de poluição 0, de expressão 1.000; nível de redundância 0, de informação 1.000) já existia e era então percebida – sem a presença do inventor.

Em 1945, ao sair à porta de sua casa para respirar um pouco de ar puro e fumar um charuto, foi notado por um soldado americano das forças de ocupação acantonadas no interior da Áustria que, ao vê-lo colocar a mão no bolso – "temendo uma agressão" – desfechou contra Webern um tiro mortal.

Como se vê, até o último momento de sua existência o mundo fez questão de não entendê-lo.

Como uma verdadeira legião de romeiros que se dirige ao altar de um salvador, porém, toda a geração de autores do segundo pós-guerra foi a Webern. Seu templo sonoro localizava-se numa encruzilhada de passagem obrigatória. Contrariando, portanto, o Velho Guerreiro, o Augusto de Campos é quem tem razão: "Quem não se comunica, dá a dica". E essa dica silenciosa, rara e clara, faca-só-lâmina da música ocidental da era moderna chegou a perturbar até mesmo aquele que muitos consideram um "Dante", um "Michelangelo", um "Shakespeare" do século XX: Igor Stravinsky. Já em idade avançada o escandaloso gênio do "Sacre" se dera conta da injustiça cometida, ignorando sistematicamente aquela meia dúzia de decibéis lapidados por Webern. Stravinsky toma um avião e vai a Mittersill à procura do túmulo de seu novo amigo.

Ao encontrá-lo num cemitério de subúrbio, em estado de semi-abandono, faz erigir em seu lugar um digno mausoléu, com a seguinte inscrição:

"Nós devemos não apenas homenagear este grande compositor, mas elegê-lo à categoria de herói. Condenado ao insucesso pela surdez de um mundo inconsciente e insensível, permanecia ele incansável a lapidar seus diamantes, seus preciosos diamantes, cuja mina tão bem – e só ele – conhecia".

Pouco antes de morrer, coberto de glórias, dólares e honrarias, Stravinsky ainda declara: "Através da música de Webern o nosso século será lembrado".

Ninguém melhor do que Schönberg, porém, definiu o espírito de sua música:

"Num único olhar, um poema.
Numa só frase, um romance.
Num suspiro, toda uma felicidade".

Berg – Webern/Webern por Kokoschka.
"Às vezes, me pergunto se Webern tinha consciência de quem era Webern," (Stravinsky)

Charles Ives
Proposta sem Resposta

"O artista nunca faz o que os outros acham bonito, mas, sim, aquilo que ele considera necessário", pois, *"o público não tem gosto. Quem faz o gosto do público é o artista"*.

Essas duas frases aqui conjugadas e ditas, respectivamente, por Schönberg e Stravinsky, podem ser tidas hoje, no mínimo, como coerentes, sobretudo quando se conhece os resultados da atuação de ambos, nem sempre coberta de aplausos, no percurso musical do século XX. Em vez de fazer média com os padrões estéticos estabelecidos, aplicaram duros golpes na própria estrutura básica do idioma musical europeu, cujas raízes se encontravam na Renascença, permitindo a implantação de um repertório de ideias inteiramente novo.

Além da oportunidade histórica de suas contribuições mais importantes, existe um aspecto de natureza geográfica nada desprezível. Stravinsky estreou suas obras mais revolucionárias em Paris na segunda década do século XX, época em que essa cidade poderia ser considerada a capital cultural daquele continente. Schönberg atingiu a plena maturidade, definição e vigor de sua investida revolucionária no decorrer dos anos 20 em Berlim, período em que a antiga capital alemã absorvia e irradiava os principais fluxos renovadores europeus em todas as artes. Essa conjugação talento/época/

local, presente na ação desses dois mestres foi muito comum e mesmo responsável por inúmeros fenômenos ou movimentos artísticos de importância em toda a história da cultura ocidental, como pode nos demonstrar uma consulta à mais simples das enciclopédias.

Incomum, para não dizer único, foi o fato de um compositor dez, vinte, trinta e, em alguns casos, até setenta anos antes do tempo fazer uso de recursos que viriam a representar mudanças radicais na música de nossa era como ocorreu com Charles Ives. Ele foi precursor de música bitonal, politonal, atonal, dodecafônica, serial, microtonal (em 1/4 de tom), polirrítmica, arrítmica, com superposição de andamentos, sem regularidade métrica. Fez uso precoce de *clusters* (cachos sonoros sem sentido harmônico), *Sprechgesang* (canto-falado), aleatorismos, colagens, *pop art*, estereofonia, metalinguagem etc.

Assim como esse estranho profeta agiu fora do tempo, antecipando o século XX, ele não foi fruto, igualmente, de nenhuma "capital cultural" ou núcleo efervescente de ideias da época. Sua origem é a de um modesto organista de igreja protestante de uma cidadezinha do interior de Connecticut – um dos menores e mais pobres estados norte-americanos.

"Deve ser muito difícil para vocês fazer música nova na América, já que estão tão distantes dos centros de tradição", dizia um músico holandês a John Cage. "Deve ser muito difícil para vocês fazer música na Europa, já que estão tão próximos aos centros de tradição", respondia o genial compositor norte-americano. E talvez tenha sido essa distância dos meios, mitos e maneirismos da vasta e, às vezes, opressora tradição europeia que tenha permitido o surgimento de um compositor como Ives, de capacidade precursora ímpar na história da música ocidental. Seria possível compreendê-lo se traçarmos um paralelo de sua personalidade com o espírito desbravador do americano do fim do século XIX, que, em cinquenta anos – do final da Guerra da Secessão à Primeira Guerra Mundial – construiu uma poderosa nação. Sua postura muito se assemelha à de um construtor de estradas de ferro da época, esse misto de engenheiro e aventureiro que, impetuoso e destemido, abria novos horizontes à nação em meio a flechadas de todos os lados e enfrentando, com soluções inusitadas, o absoluto desconhecido pela frente. Mas não é apenas o ímpeto desbravador que caracteriza o gênio ivesiano. Ele foi um multiinventor tão bem-dotado como Thomas Edson, Samuel Morse, Graham Bell e tantos outros. E esse talento já vinha da infância. Ele permanecia dias inteiros no fundo do quintal de sua casa construindo um aparelho cujas finas hastes colocadas entre as teclas do piano acionavam um mecanismo que o fazia emitir sons em quartos de tom, notas essas intermediárias às doze centenariamente conhecidas pela música do Ocidente. Mais do que isso. Intuindo a própria transformação dos códigos sonoros, ele se dirigia ao interior de uma gigantesca caixa-d'água abandonada, portando um sem--número de objetos, tais como latas, vidros, barbantes e pedras e, com esse material, improvisava instrumentos insólitos. Fazendo-os soar naquele ambiente e jogando com o próprio eco resultante, ele produzia estranhas sinfonias de sons inusitados. Como uma espécie de "filósofo da música", ele acreditava que sua arte deveria revelar as preocupações de seu tempo e de sua realidade. Tentar criar um gosto musical inteiramente diferente e em função das características do Novo Mundo foi o que Ives achou *necessário* fazer. Preocupações dessa natureza o levaram também a se identificar com as ideias dos "transcendentalistas de Concord". Estes tinham uma apurada e humanista visão crítica dos acontecimentos, do progresso técnico acelerado do momento e alertavam para o perigo do enriquecimento espiritual em consequência da avalancha capitalista e materialista que já contaminava as mentes.

    Sua preocupação com a criação de um pensamento musical novo, suas ideias filosóficas e esse seu curioso espírito anarquista no que se refere ao tratamento do material sonoro, não era produto de uma ignorância do tradicional. Seguindo a indicação de seu pai, ele acreditava que "só se cria depois de conhecer tudo que foi feito".

Desenvolvendo uma carreira onde o aprendizado e o experimentalismo caminhavam paralelamente, onde a assimilação da tradição a partir de uma visão crítica de seus valores se coadunava com o trabalho de fino rastreamento das diversas formas de expressão musical da alma americana, Ives conclui seus estudos na universidade de Yale e, em 1898, transfere-se para Nova York. Semelhante ao que fizera Erik Satie, o outro *enfant terrible* da música do século XX, Ives tirou o diploma na Universidade apenas para não ser tachado de incompetente, de pessoa que faz uma música "sem sentido" por não conhecer o "correto". Mesmo durante o seu período de estudo, sob a orientação de Horacio Parker, famoso compositor da época, Ives tentou pôr em prática algumas de suas ideias, as quais foram totalmente rechaçadas. Ao compor uma sinfonia provocou a indignação de seu mestre, pois o primeiro motivo da obra passava por oito diferentes tonalidades. Parker obriga-o a refazer de acordo com as regras acadêmicas a fim de que ela pudesse ser apresentada com a orquestra da escola.

Querido no meio estudantil por ser um excelente jogador de beisebol, líder da equipe da universidade, como músico ele havia ganho vários apelidos que muito bem revelavam a imagem que os colegas dele faziam: Dasher, um tipo arrojado que adora provocar susto nas pessoas, Quigg, uma figura quixotesca ou Sam, um cultor bem-humorado de paradoxos.

E nem poderia ser diferente. Paralelamente às suas obrigações curriculares, em 1896 Ives compõe uma série de salmos religiosos nos quais realiza experiências harmônicas melódicas e rítmicas que precediam o que foi feito na música europeia em duas ou três décadas. Quase vinte anos antes de Stravinsky, que horrorizava a culta plateia do teatro Champs Élysées, ao usar, num fragmento de "Petrusca", duas tonalidades superpostas, Ives compõe os salmos n°s 67 e 135 nos quais as vozes masculinas cantavam num tom e as femininas em outro. No salmo n° 100 ele faz uso exclusivo de tons inteiros, algo que passaria a ser uma das características básicas da música impressionista no século XX. No salmo n° 14, Ives interfere no próprio vocabulário básico da música ocidental, alterando a centenária afinação da "escala temperada" de doze notas ao compor em quartos de tom, e isto mais de trinta anos antes de Alois Haba provocar tumultos em Berlim ao fazer as primeiras tentativas nesse sentido. No salmo nº 90 ele construía blocos sonoros sem nenhum sentido harmônico, os chamados *clusters* e durante sequências inteiras deixava o ouvinte sem o menor apoio tonal. Isso vinte anos antes da chamada Escola de Viena enveredar mais efetivamente no terreno da atonalidade em meio à mais negativa reação da crítica e do público europeu. O mesmo acontece quando ele, trinta anos antes de Schönberg e Webern, utiliza-se de uma série dodecafônica na composição do salmo nº 25. A mesma liberdade que demonstra no tratamento das harmonias ele a tem em relação ao ritmo, como é o caso da composição da série "Harvest Home Corale" onde cada grupo vocal canta uma estrutura rítmica diferente e independente. Para se entender um fenômeno como o jovem Ives, que entra na universidade, não apenas para assimilar ensinamentos, mas para propor ideias consideradas estapafúrdias, é preciso que se fale de seu pai, George Ives, um regente da banda militar que participou da Guerra de Secessão. George, ao perceber o talento do filho tratou de oferecer-lhe uma formação técnica elevada fazendo-o participar desde cedo da vida musical da cidade. Aos sete anos, Charles tocava caixa na corporação musical que seu pai regia e aos doze já fazia arranjos para banda além de atuar como organista da igreja matriz.

    Ao mesmo tempo que George Ives empenhava-se na formação tradicional do filho, transferia a ele um curioso distanciamento, um senso crítico até mesmo anárquico desses mesmos valores. Ao mesmo tempo que o obrigava a conhecer todo o passado musical, construía com ele uma infinidade de novos instrumentos que executariam uma música inexistente. Conta-se que, certa vez, fabricaram uma espécie de harpa com 24 cordas de violino, as quais perfaziam uma escala de 1/4 de tom. Em outra oportunidade inventaram um "humanofone", instrumento onde cada nota musical era entoada por um grupo de pessoas. Reagindo às indicações do regente, como se este pressionasse a tecla de um instrumento, cada grupo emitia sua nota específica e, seguindo de um grupo para outro, formava-se a melodia. Mesmo em nível da técnica clássica, George Ives gostava de fazer experimentos com o filho. Deixava-o, por exemplo, cantar uma melodia num determinado tom e o acompanhava em outro, a fim de nele desenvolver uma audição politonal. Aliás, perguntaram certa vez ao velho Ives por que razão ele não compunha. Sua resposta foi lapidar: "Considero o universo sonoro à disposição de nossos ouvidos infinitamente mais rico que essa meia dúzia de timbres que o ser humano selecionou para fazer a sua música".

A concepção lúdica do fenômeno musical, que herdara do pai, Charles nunca abandonou em sua atividade composicional, tendo sido ela responsável por boa parte de suas surpreendentes invenções.

O desejo de Ives de fazer uma música cuja forma e conteúdo fossem extraídos do cotidiano de seu país, o levava a dar ouvidos à música não sofisticada, distinguindo como ninguém os elementos idiossincráticos da alma musical americana. Ele detectou e analisou todos os tipos de música que se fazia na sua região, tais como salmos, hinos, canções de piquenique, *spirituals*, música dos cantadores ambulantes, das rebecas, das danças campestres, coros religiosos das aldeias, canções patrióticas, *ragtime*, música circense e dos teatros populares, música de salão, de bandas etc. Conta-se, que, certa vez, Ives foi convidado por amigos para assistir a um recital de importante quarteto de cordas europeu que executaria obras de Mozart. Ele se negou a aceitar o convite alegando que "aquilo" era música "bonitinha" e "arrumadinha" demais para o seu gosto. Preferiu viajar ao interior da Nova Inglaterra para, numa pequena igreja de aldeia, ouvir a negra Tia Sarah cantar. "Ela cuida de oito crianças órfãs, trabalha 14 horas por dia, no fim do qual anda mais de 5 milhas para chegar ao culto. A mim interessa ouvir a música que resulta dessa experiência humana", dizia Ives. Ele pretendia que os componentes da experiência musical americana e espiritual, em geral, engendrassem uma nova realidade sonora em vez de a expressão popular ou folclórica de seu país – como ocorria na Europa no mais das vezes – se submetesse às técnicas e aos maneirismos da música de concerto existente. Ives extraía de uma forma de expressão popular todos os componentes que dela faziam parte, chegando a mínimos detalhes. Quando, em meio a um sofisticado desenvolvimento sinfônico, ele pretendia fazer ouvir sons de uma bandinha do interior, o grupo de instrumentos da orquestra, que deveria tocar o fragmento, recebia informações detalhadíssimas quanto à maneira de executá-lo. Que tipo de timbre o instrumentista deveria provocar, às vezes estridente ou distorcido, que "pronúncia" o fraseado deveria ter, quais seriam as intensidades adequadas e deveria tocar errado ou cometer pequenas desafinações. Imagine-se, para falarmos em termos europeus, se em meio à execução de uma obra beethoveniana pela sofisticada Filarmônica de Berlim, surgissem sons de uma primitiva bandinha de rua da Floresta Negra, cujos motivos folclóricos teriam inspirado o compositor. Um disparate dessa natureza, que hoje chamaríamos de "happening", Ives ousou fazer ao acenderem as luzes do multicolorido século XX musical.

    Como um cronista preciosista e fiel de seu país, ele descobriu e revelou a América musical para os americanos. Sua visão ampla dos fenômenos musicais conseguia mesclar de maneira sensível e criativa a cultura natural e informal com a técnica formal e importada como nenhum outro de sua geração.

    Os problemas que Ives enfrentou tanto na universidade como nas primeiras tentativas de iniciar uma vida profissional como músico, logo fizeram-no chegar à conclusão de que seria impossível viver de sua criação artística. Por essa razão, associou-se a um amigo e montou uma pequena agência de seguros que representava, em Nova York, os interesses da "Washington Insurance". Pouco tempo depois eles se tornaram independentes e a firma "Ives & Myrick" transformou-se numa empresa pioneira do seguro moderno. Nesse setor, Ives revolucionou os métodos de trabalho, criou estatutos da profissão, codificou sistemas, e é considerado hoje o "pai" do seguro moderno. Existe uma "Tabela Ives" de avaliação de bens seguráveis que ainda é usada, em todo o mundo. Quando um músico francês em conversa com um banqueiro, certa vez, disse que havia passado uma tarde papeando com Ives, foi imediatamente desacreditado e mesmo, ridicularizado. Segundo esse profissional de finanças, cada minuto de atividade de Mr. Ives corresponderia a uma importância em dinheiro tão elevada que não haveria quem pudesse pagar por uma tarde inteira de sua atenção. Na verdade, se a sua atividade artística aparentava a seus contemporâneos uma figura delirante ou excêntrica, a bem-sucedida e criativa carreira empresarial veio provar que se tratava de um homem realista. Um dado, porém, não deixa de ser pitoresco. Se, por um lado, como homem de negócios assegurava às pessoas uma sobrevivência estável e serena, com sua música ele perturbava e tornava inseguras suas mentes. E tão *clever* foi esse *Mr*. Ives que, ao se aposentar, por motivos de saúde, no final dos anos 20, sua empresa possuía um patrimônio líquido de aproximadamente US$ 450.000.000, a maior do país.

A criação musical de Charles Edward Ives inclui cinco sinfonias, duas *orchestral sets*, suítes orquestrais para os mais heterogêneos grupos de instrumentos, mais de vinte peças para grupos de câmara de diversos tamanhos e com as mais variadas formações, dois quartetos de cordas, um trio, três sonatas para piano, dezenas de peças para piano solista, quatro sonatas para violino e piano, peças para órgão, dezenas de corais religiosos e profanos e mais de mil canções para canto e piano.

O período mais fértil e maduro da criação ivesiana é considerado aquele que vai de 1896 a 1916, ano em que ele encerrou suas atividades composicionais em consequência de um infarto. A partir daí fez música esporadicamente, escreveu alguns ensaios e, com a ajuda de alguns amigos, que colocaram em ordem seus manuscritos, iniciou a edição de várias obras à própria custa, pois

jamais um editor, como os músicos e as instituições artísticas em geral, se interessaram por seu trabalho. A única atividade que ele desenvolveu em Nova York foi a de organista da catedral de S. Patrick. Mas as tentativas que havia feito para integrar-se à vida musical da cidade ou de ouvir suas obras sinfônicas executadas pela Filarmônica, foram veementemente rechaçadas. "Além de notas erradas" – diziam – "essa música não tem sentido". Alguns instrumentistas que tiveram em mãos suas partituras comentavam: "Não se pode gostar de Brahms e 'disso'"; "não é possível apreciar as belezas da natureza e ouvir essa música"; "não dá para tocar, é muito complexo"; "nem tomando óleo de rícino...", e coisas assim. "Para se criar música" – dizia Ives – "é preciso fugir dos músicos".
Mas, o que havia de tão estranho na música de Ives? Basta ouvir a produção musical de concertos composta nos Estados Unidos no fim do século XIX e na primeira metade do século XX para se ter uma ideia de que entre ambas não havia nada em comum. Ao contrário do que aconteceu com outras atividades não artísticas daquele país, o músico americano – devidamente acolhido pela opinião da época – pretendia como que "inventar" uma tradição norte-americana a curto prazo, baseada em modelos europeus. Ou seja, a América deveria ser, antes de mais nada, uma sub-Europa para depois ter suas próprias ideias. Seria a mesma coisa que, no terreno cinematográfico, os Thalbergs, L. B. Mayers, Sennets, Griffths, Warners e Selznicks fossem primeiro aprender a filmar direitinho Shakespeare para depois edificar Hollywood. Isso fica bem claro quando se conhece a música dessa geração que parodiava os modernismos europeus da época que não eram, sequer, os mais recentes. Esses autores foram, na verdade, vítimas das ideias e da estética de Nadia Boulanger – a maior parte deles foram, inclusive, seus alunos – que os induziu a compor no estilo " neoclássico" – como na Europa – apesar de os EUA não terem tido um passado clássico musical. Ouça-se Aaron Copland, Virgil Thompson, Haward Hanson, Roy Harris, Samuel Barber, William Schuman, Gian-Carlo Menotti, Paul

Creston, Norman Dello Joio, David Diamond, Quincy Porter, Roger Session, Walter Piston, Randal Thompson e outros. Com raríssimas e preciosas exceções, como Henry Cowell, George Antheil, Varese ou Cage, poderia dizer-se que a música feita por quase anônimos para as trilhas sonoras de filmes de Hollywood era infinitamente mais viva e criativa do que a produção desses autores cuja obra pretendia carregar a aura de "artística" e "cultural". Ao contrário destes, Ives, sem escrúpulos ou inibições, movimentou dialeticamente sua ação entre o não dogmático e o lúdico, entre o sofisticado e o vulgar, o imperfeito, entre o *know-how* composicional importado e a matéria-prima nacional, entre a seriedade e o humor, o espontâneo e a rigidez formal, entre a "5ª de Beethoven" e o "Oh, Susana!", o singelo e o extremamente complexo, o preciso e o aleatório, a religiosidade e o deboche, o som e o ruído, a técnica pura e a antitécnica, entre o micro e o macrocosmos, entre o incomum e o lugar-comum, entre o profundo *approach* filosófico e o comentário rastaquera, entre a música e a antimúsica. Utilizando e transformando qualquer tipo de material sonoro, seja qual for a origem, Ives desconhece limitações. Assim é que, no toque de alvorada que encerra a sua segunda sinfonia ouve-se o famoso motivo de "Colúmbia, a pérola do oceano", misturado com fragmentos de Bach e Brahms. Nessa mesma obra há uma citação discreta e distante das famosas quatro "pancadas do destino" da 5ª Sinfonia de Beethoven, seguida de outros trechos de Wagner, Bruckner, Dvorak, todas, porém, com tratamento diverso de seus originais e mescladas com temas folclóricos americanos, tais como "America, the beautifull turkey in the straw", hinos religiosos ou canções estudantis. Mas, assim como em meio a um desenvolvimento sinfônico, como por encanto, surgiam frases esparsas de grandes obras clássicas, elas poderiam também ser interrompidas abruptamente pelo toque de uma bandinha de metais, daquelas que animavam as festas de rua no interior da Nova Inglaterra. Mais que isso, Ives faz presente em sua obra uma das mais interessantes experiências que sua memória havia registrado de seu tempo de infância. Na pequena praça de

Danbury, em dia de festa, reuniam-se três bandas de música, cada uma oriunda de um ponto da cidade. Ives gostava muito de ver quando elas se encontravam, cada qual tocando uma música, um tom, um ritmo e um andamento diferentes. Quando se aproximavam umas das outras, a cacofonia era total e os sons ficavam cada vez mais estridentes e distorcidos, pois cada uma pretendia aparecer mais que a outra. Essa experiência de diversos sons pairando na praça e se fundindo no mais deslumbrante caos, ele aplica em algumas de suas obras construindo essa movimentação sonora dentro do espaço orquestral. Citações e situações mais contraditórias e feitas com elevado senso de humor podem lembrar uma cena dos irmãos Marx, mas podem ser interpretadas como uma antevisão da técnica de colagem que muitos anos depois Braque e Picasso tornaram conhecida na área das artes plásticas ou da chamada metalinguagem, que no terreno musical veio a ocorrer nos anos 60. A superposição de materiais diversos que comparece em inúmeras composições de Ives nem sempre é arquitetada pelo cruzamento de motivos folclóricos ou clássicos e nem sempre ele pretende chegar à cacofonia. Às vezes, ele elabora diferentes estruturas rítmicas, melódicas e harmônicas e as superpõem objetivando a criação de um verdadeiro contraponto de blocos independentes que fazem um todo uniforme. Essa independência chega a ser tal que torna-se necessária, às vezes, a participação simultânea de dois ou três regentes. Este é o caso do último movimento de sua 4ª Sinfonia onde ele faz uso de um bloco independente de músicos que tocam fora do palco, os quais tocam, até mesmo, em andamentos diversos. Essa independência absoluta dos componentes chega a sugerir a própria arritmia e o aleatorismo. Imaginando uma música sem pontos de apoio ou pulsação regular, algo inédito nos padrões ocidentais, chegou, em algumas composições, a abolir a barra de compasso. Alguns autores no início do século também deixaram de usar a barra de compasso, mas mais como uma sugestão óptica, propondo certa flexibilidade na execução, na realidade, feita de valores rítmicos simétricos. Ives pretendia, na verdade, a absoluta negação da regularidade métrica e a abolição das células de compasso (2/4, 3/4, 6/8, 4/4 etc.), uma música, enfim, que fluísse inteiramente livre. Em alguns casos ele deixava para o intérprete a escolha do andamento e sugeria plena liberdade na forma de execução das notas colocadas na partitura. Aliás, Ives chegou a declarar que "a regularidade afrouxa a atividade espiritual".

A liberdade que Ives revela no tratamento da organização rítmica ele a demonstra também em relação a outros elementos composicionais. A propósito do uso da melodia na composição ele, certa vez, expressou-se da seguinte maneira: "A melodia pode ser simples ou complexa. O importante é saber o que fazer com ela". Para ele o material melódico não era um simples elemento para ser envolvido pelas diversas formas do acompanhamento, mas um ponto de partida estrutural. A partir de qualquer fragmento melódico que pudesse ter sido criado ou aproveitado de suas pesquisas, construía verdadeiros aparatos formais. Aproveitando sugestões da própria melodia ele estabelecia diferentes encadeamentos harmônicos distantes do original criando, não raro, uma relação politonal. Às vezes, estilhaçava a sequência melódica, colocando cada nota numa oitava diferente, ou cada uma para ser executada por outro instrumento. Assim como ele envolvia a melodia num contexto harmônico estranho, fazia o mesmo com o elemento rítmico. Construía uma estrutura rítmica de base que nada tinha a ver com a melodia, estabelecendo entre ela e o acompanhamento um verdadeiro contraponto. Ives gostava de tratar a melodia como se fosse uma "série" semelhante ao que fizeram os dodecafonistas muitos anos mais tarde. Às vezes ele dilatava uma melodia, outras ele a compactava, costumava também retrogradá-la ("a verdade de trás para diante"), seguir a sequência melódica no sentido inverso do caminho dos intervalos e assim por diante. Aliás, já que falamos em dodecafonismo seria interessante citar "Tone roads" onde ele já comparece bem desenvolvido, isto no ano de 1911.

Eis a série na qual a obra se baseia:

carrinhão

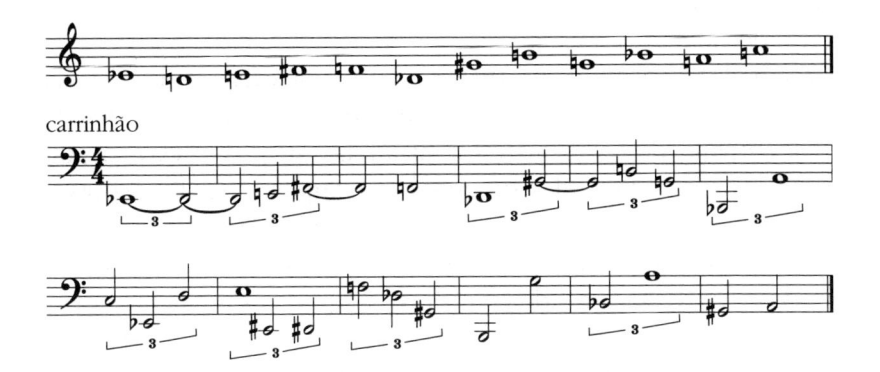

Notas musicais:
Essa experiência precoce com a técnica de doze sons que encerra um raciocínio estrutural e constelar, foi transportado por Ives também para a organização rítmica. Ele construía verdadeiras estruturas rítmicas básicas as quais manipulava como se fosse uma "série", compactando-as, dilatando-as, invertendo-as e retrogradando-as e assim por diante. Essa transferência de sentido de "série" para outros parâmetros da composição só veio a ser usada pelos "panserialistas", particularmente a partir de Boulez com suas "Estruturas" para pianos no final dos anos 50/início dos 60. É evidente que em suas obras nem sempre ele chegou ao extremo do tratamento harmônico dodecafônico. O princípio básico, porém, da harmonia tradicional, onde determinados acordes atraíam outros, fruto da "tensão × afrouxamento", era para ele inteiramente supérfluo.

A respeito das experiências politonais de Ives é preciso que se diga que elas foram muito mais radicais que as realizadas pelos autores europeus muitos anos depois. Darius Milhaud, por exemplo, ficou famoso por suas composições bitonais no fim da segunda década do século XX. No seu caso uma coisa ficava bastante clara: quando desenvolvia um discurso bitonal havia uma preponderância nítida de um tom, sobre o qual surgiam outros elementos em tons diferentes. Na realidade, as outras tonalidades que surgiam tinham um sentido quase ornamental. Nas experiências de Ives notava-se uma igualdade de peso harmônico nos diferentes tons não se destacando nenhum deles, perfazendo, portanto, um efetivo discurso politonal. Em "Hallowen", uma peça para quarteto e piano, cada um dos instrumentos de corda executa sua parte composta em uma única tonalidade perfeitamente constituída e armada na clave, resultando quatro tonalidades superpostas. Como se isso não bastasse – talvez para o ouvinte não se fixar em nenhuma delas – o piano interfere com uma série de *clusters* sem nenhum sentido harmônico (esses ataques são tocados em "fortíssimo" e em momentos mais imprevisíveis, sugerindo intervenções aleatórias como se fossem verdadeiras explosões de fogos de artifício tão comuns naquela festa infantil americana). "Hallowen" foi composta em 1907.

A propósito do uso da "atonalidade" em Schönberg e em Ives seria interessante ainda acrescentar o seguinte: as peças atonais de Schönberg compostas na segunda e terceira décadas do século XX revelam, de fato, uma harmonia não tonal. Os outros parâmetros de sua composição, porém, como o ritmo, o fraseado melódico, a forma e a própria linguagem pianística são absolutamente tradicionais. Suas peças soam, em última análise, como uma sonata de Schubert com notas falsas, isto é, dissonante. No caso de Ives isso não ocorre. Ele joga, em alguns casos, com todos os elementos da composição com tal liberdade, como se nunca tivesse existido o código da linguagem tonal.

Do ponto de vista da forma, Ives não foi menos original, repudiando os padrões clássicos ainda vigentes como a sinfonia, a sonata ou o concerto. Cada composição sua possuía um modelo formal único, cada obra era uma ideia isolada. Em sua 4ª Sinfonia cada movimento possui uma história diferente. A primeira parte possui um tema bastante cromático, movimentado, enquanto a terceira é diatônica e melódica, grave e religiosa. A segunda parte é ritmicamente complexa com inúmeras citações de música popular e de dança, sempre com um tratamento bem-humorado. A 4ª parte apresenta uma milagrosa síntese dos três movimentos anteriores.

Uma das mais importantes obras de Ives, composta em 1904, é a sua segunda sonata para piano, que leva o subtítulo de "Concord, Mass, 1840/1860". Nela ele homenageia os quatro filósofos transcendentalistas dessa cidade desse período – Emerson, Hawthorne, Alcott e Thoreau – aos quais dedica cada um dos quatro movimentos. É interessante que se diga que a sonata clássica era uma das poucas formas tradicionais pelas quais Ives se interessou. Não que ele a tivesse reproduzido, mas a ideia básica dessa forma que era a de dois temas diferentes, que se contrastavam no desenvolvimento da peça, o seduzia. "São dois *approachs* de uma mesma verdade e isso me agrada, pois a verdade absoluta não existe", dizia. "Concord" é uma obra impressionista, mas não descritiva. Ela reflete as impressões que as ideias desses intelectuais americanos registraram na memória de Ives. Baseado em motivos variadíssimos que circulavam em sua mente, extraídos da proposta daqueles humanistas, chegou a soluções musicais surpreendentes, algumas consideradas inexecutáveis. Aliás, somente quarenta anos após a sua criação é que ela foi devidamente compreendida, bem executada e gravada, chegando a ser um *best-seller* durante algum período – isto em 1948. Na tentativa de torná-la compreensível, Ives escreveu um ensaio "para quem detesta minha música e uma música para quem detesta ensaios". Entre as inúmeras curiosidades dessa obra, num dado momento, ele apenas fornece as notas e aconselha ao intérprete executá-las à sua vontade, como um livre recitativo, "de acordo com o seu estado de espírito momentâneo". Em outro ponto, Ives recomenda ao solista martelar com os punhos as teclas do piano, transformando-o num verdadeiro instrumento de percussão. Em outro, o solista deve executar notas tão agudas e tão "pianíssimo" que devem ser quase inaudíveis. Mais adiante ouvem-se fragmentos esparsos de um hino religioso "pianíssimo" contrastado com "fortíssimos" exagerados da outra mão, cujo resultado sonoro assemelha-se a um grosseiro ruído. A certa altura surge a indicação: "corra!", "cada vez mais rápido" e "o mais rápido que você conseguir executar". Num determinado trecho, enquanto o pianista executa algumas frases com a mão direita, com a esquerda ele comprime um certo número de teclas graves com uma tábua de 37 cm de comprimento. Como se vê, soluções pianísticas dessa natureza – ou "antipianísticas" – só se tornaram conhecidas através da chamada "música de vanguarda" dos anos 60 em diante.

O senso de humor de Ives era um componente básico de sua personalidade, algo inusitado num ser humano, cuja criação fora hostilizada durante toda sua vida. Ele deixou inúmeros exemplos que muito bem relatavam o seu espírito jocoso. Veja-se o personagem que elegeu como uma espécie de "bode expiatório", todas as vezes que pretendia ironizar um preconceito ou uma situação: "Rollo". Essa figura das histórias infantis americanas do início do século XIX, era um menino pedantemente bonzinho, excessivamente cônscio de seus deveres e arrogantemente correto. Quando, em algum momento de suas obras, ele escrevia uma passagem muito "certinha", excessivamente romântica ou *kitsch*, Ives acrescentava por escrito na partitura: "tá como Rollo gosta...".

No seu segundo quarteto de cordas Ives acrescenta o seguinte comentário: "esta é uma peça para 4 homens que conversam, debatem, discutem política, brigam, acalmam-se, apertam-se as mãos e sobem ao topo de uma montanha para contemplar o generoso firmamento". Nessa discussão comparece toda uma simbologia musical americana – hinos revolucionários e reacionários, canções religiosas ou debochadas, fragmentos de danças populares e, lá pelas tantas, alguns estilhaços da "Nona" de Beethoven e da "Patética" de Tchaikowsky.

Assim como os músicos dialogam entre si, Ives dialoga com os músicos. Ele determina, por exemplo, um "idiota" no quarteto, o segundo violino e passa a chamá-lo de Rollo. Nas passagens ultrassentimentais que compõe para esse músico acrescenta algumas observações aparentemente técnicas tais como: "andante emasculato" ou "bonito, hein?!...". Mais adiante: "difícil de tocar! Portanto, Rollo, não pode soar bem...". Depois: "entra forte agora, professor! Tudo está em dó maior e isso o senhor sabe tocar direitinho". O final harmônico da discussão Ives sublinha com uma indicação anglo-macarrônica: "con fistivatto". Outro exemplo brilhante do humor ivesiano pode ser encontrado em suas "Variações sobre 'America'". Nessas variações sobre esse tema, o famoso "God save the Queen", Ives revela o que considera "a saudável permissividade americana". E dá a dica de "how to be young and american, idealistic and irreverent, here and now: enjoy the music with conviction, without pomposity". Jovem e irreverente era não apenas o tratamento de "America", mas ele próprio, pois tinha apenas dezessete anos de idade ao compor essas "Variações". O mesmo moleque que poucos anos antes havia se divertido com a ultrarreligiosa e convencional forma de homenagem póstuma, o réquiem, compondo uma peça dessa natureza por ocasião da morte do vira-lata Chin-Chin, apodera-se agora, nada mais nada menos, do que desse verdadeiro segundo hino nacional para mais uma de suas peripécias. Nessas variações, compostas em 1891, Ives dessacraliza, ironiza e tritura um dos mais nobres símbolos da americanidade. Nela surge, inclusive, o primeiro exemplo de politonalidade que se tem notícia. Ives expõe a melodia patriótica, inicialmente de forma solene e quase religiosa. Com o surgimento das variações, o tema vai distanciando-se da pomposidade original. Bem-humorada e paulatinamente, ele transforma essa melodia numa verdadeira manifestação circense em meio a efeitos de castanholas, pandeiros e reco-recos. Em seguida ela adquire características de danças populares americanas e mesmo de um musical da Broadway. Mais adiante, os efeitos orquestrais ganham tal agilidade e jocosidade que poderiam ser maravilhosamente bem aproveitados como trilha sonora de um desenho de Tom & Jerry. Ao aproximar-se do final, porém, Ives retoma aos poucos o tom solene original. O brilhantismo orquestral, no entanto, intensifica-se de tal maneira, a pomposidade adquire tais proporções, que, pelo exagero, chega-se novamente ao hilariante às avessas. Esse gênero de *approach* crítico e bem-humorado de um componente do cotidiano, deslocando-o de seu contexto original e conferindo uma interpretação superdimensionada às suas características, como Ives clara e espirituosamente demonstrou nessa sua versão de "America", provocou furor mais tarde nas artes plásticas daquele país e no mundo através do procedimento dos artistas da *pop art*. Todos devem estar lembrados das gigantescas fotos de Coca-Cola e latas de sopa de Andy Warhol e dos monstruosos hambúrgueres de Claes Oldenburg expostos no Museu de Arte Moderna de Nova York, no correr dos anos 60. Aliás, desse mesmo período é digna de lembrança a versão estapafúrdia (e crítica) que Jimmy Hendrix nos apresentou no festival de Woodstock do hino nacional americano, época que, do outro lado do oceano a bandeira da Grã--Bretanha era livremente usada, inclusive, para esconder as bundinhas das meninas da *rock age*. A diferença que havia entre Ives e essas cabeças "envenenadas" dos *crazy sixties* é que ele era setenta anos mais jovem que esses *pop-artistas* e *teenagers*.

No final de sua vida de oitenta anos, Ives chegou a vivenciar o início tardio do reconhecimento de sua obra. Nesse momento, porém, nem ele próprio se interessava em vê-la executada. Pudera, apenas aos 71 anos de idade ele teve notícias que uma obra sinfônica sua completa havia sido executada... Stockowsky e Bernstein iniciaram no início dos anos 50 uma verdadeira campanha em prol do reconhecimento de seu trabalho, interpretando com suas respectivas orquestras as mais importantes composições de Ives. O assombro foi generalizado e o assédio ao velho mestre ampliava-se cada vez mais, sem que ele esboçasse a menor reação, vivendo isolado com sua mulher numa pequena fazenda no interior de Connecticut. Quando, em 1951, Bernstein rege a primeira audição mundial de sua 2ª Sinfonia com a Filarmônica de Nova York (55 anos depois de composta) o crítico musical do *N. Y. Times* liga para o compositor e solicita-lhe uma entrevista, por ele recusada. Inconformado, Harold Taubman vocifera ao telefone: "mas Mr. Ives, o sr. previu todas as inovações que surgiram na música do século XX!". Ives declara: "não foi minha culpa", e des-

Charles Ives: setenta anos mais jovem.

liga. Já em 47, quando Stockowsky fez a primeira audição de sua "3ª Sinfonia" com a Orquestra de Filadélfia, apressadamente os organizadores do prêmio Pulitzer trataram de homenageá-lo com essa importante distinção. Ives por telefone liquida essa pretensão de imediato: "prizes are for boys. I am grown up".

Além de um sem-número de homenagens todas rejeitadas pelo compositor, inicia-se nos primeiros anos da década de 50 uma série de audições de suas obras por todo o país, as quais ele também não frequenta. Nessa época, sua esposa foi assistir a um concerto da Filarmônica de Nova York no qual Bernstein executa em primeira mão uma de suas sinfonias. Dado o retumbante sucesso, o concerto se repete. Harmony Ives, encantada com a reação entu- siástica dos espectadores, tenta persuadir seu marido a assistir essa reprise, sem, no entanto, consegui-lo. Mais tarde, ela conta a um amigo, que, permanecendo em sua residência, num dado momento, Ives não resistira à curiosidade e dirigiu-se ao aposento da empregada, que possuía um aparelho radiofônico e sintonizou a estação que transmitia o concerto. Segundo Harmony, esse acontecimento teria permitido a ele o único momento de satisfação que a execução de sua música lhe ofereceu em sua vida.

Apesar do não reconhecimento de sua obra, Ives não se revelava um ser rancoroso ou frustrado. Seu questionamento filosófico e sua predisposição à convivência com os mistérios da existência humana e a eterna busca de uma explicação nunca encontrada, já havia sido resumida por ele em uma de suas obras: "The unanswered question". Nesta pequena preciosidade de 4 minutos e meio de duração ao iniciar-se, como um verdadeiro poema sem palavras, ouve-se um prolongado e estático som de um invisível quarteto de cordas. Interrompendo bruscamente a passividade desse *cluster* – "o som do silêncio" – surge da plateia o toque inesperado de um trompete solitário que entoa uma incisiva frase de apenas dois compassos. Diante do público, no palco, encontra-se um quarteto de flautas que depois de algum tempo tenta revidar aquela insinuação que pairou no ar, não conseguindo inteiramente. A clarinada se repete insistentemente – "a perene indagação da existência" – e as seguintes tentativas de "resposta", tornam-se cada vez mais confusas. Com o tempo, as flautas, como em estado de desespero generalizado, tornam-se mais dissonantes, atonais, distorcem o timbre, chegando, praticamente, a um ruidoso caos que leva os instrumentistas a se retirarem do palco. Sobre o estático som do silêncio que permanece, ouve-se pela última vez, sem contestação, a monótona indagação do trompete inicial. Esta pequenina joia, uma das mais expressivas criações deste século XX musical (1907), parece simbolizar a ação e a saga do próprio Charles Ives, cuja obra, no decorrer de sua existência, tanto quanto a singela e cristalina frase do trompete solitário, permaneceu sem respostas...

Erik Satie
Só o Humor Constrói

Bach codificou a gramática da composição musical do Ocidente. Mozart e Haydn estabeleceram formas amplas de expressão – a sinfonia, a sonata etc. Beethoven, apoiado nessa gramática e nessas formas, subverteu as estruturas composicionais, criando contradições no discurso musical do início do século XIX, liberando a criação para procedimentos mais livres. Os principais compositores românticos aproveitaram-se disso e conduziram a criação musical ao subjetivismo, praticamente inventando uma forma nova para cada obra. Schönberg levou essa subjetividade e essa individualização da expressão ao extremo, à neurose, digamos, desembocando no que se convencionou chamar de expressionismo. Stravinsky e Varese "barbarizaram" a doce arte dos sons, espantando os mais bem-informados ouvidos e conceitos da época. Poderíamos seguir nesse raciocínio simplório, apontando mais alguns nomes de personalidades de nossa evolução artística, que com talento e coragem mudaram o curso da história da música. Existe um elemento, porém, que, com igual talento e coragem, abalou as estruturas da música deste século, azucrinando corações e mentes de músicos, críticos e teóricos, mas, cuja arma empregada em sua investida contra ideias desgastadas era até então desconhecida: o humor – mais precisamente o deboche. Depois de ter atuado como um verdadeiro "pai" do Impressionismo, conduzindo Debussy pelas mãos à criação de uma música "sem sabor de chucrute", Erik Satie impacientou-se com os rumos que tomava a criação daquele período, despejando seu humor devastador contra tudo e contra todos. Acusado de amador por aqueles que só acreditavam na revolução feita sobre trilhos estáveis, Satie tira um diploma de compositor "com distinção" na Schola Cantorum de Paris aos quarenta anos de idade para que ninguém tivesse dúvidas quanto à sua capacidade técnica. Num período em que os autores se deliciavam, compondo obras com horas de duração, ele compunha peças com 18, 30 segundos. Acusado de incapaz para compor obras maiores, faz "Vexations", com dois dias de duração.

Quando o impressionismo francês se encanta com os exotismos da forte musicalidade espanhola, ele compõe uma obra chamada de "Espanhanha". Aí, todos os maneirismos dessa música são devidamente anarquizados. No momento em que Debussy se queixa de que as obras de Satie carecem de uma definição formal, ele lhe envia "três peças em forma de pêra". Aliás, no período em que o impressionismo, ainda em evolução, caracterizava suas composições como "Clair de lune", "Nuages", "De l'aube a midi sur la mer" ele contra-atacava com as suas, assim chamadas: "Embriões ressecados", "Esboços e provocações de um cafetão de pau", "Fantasiado de cavalo", "Três valsas para um esnobe execrável", "Prelúdios verdadeiramente flácidos" etc. Satie criou os primeiros *happenings* na música europeia, fazendo entrar um Citroën no palco em plena execução de uma de suas músicas, ou colocando sons e instrumentos "não musicais", como máquina de escrever, apito de navio, ruído de roda de loteria, barulho de água, sirenes, buzinas ou tiros de revólver, em seu balé "Parade". Para essa obra, aliás, encomendou um cenário a Picasso, obrigando o pintor a executá-lo em público. A cada pincelada do genial espanhol, todos aplaudiam. Para um de seus balés, Satie solicitou que a segunda parte não fosse dançada no palco, mas sim filmada. Encomendou, então, o trabalho de René Clair, que assim filmou o seu famoso

"Entr'acte". A orquestra acompanha, a cada segundo, a movimentação das cenas, sendo assim a primeira trilha sonora original para cinema (o velho maluco que aparece no início do filme pulando na frente de um canhão é o próprio Satie). Vivendo na mais absoluta pobreza no bairro de Arcueil, 16 quilômetros distante de Paris, num quarto sempre de portas e janelas fechadas e onde ninguém entrou até sua morte e onde havia apenas uma cama, uma escrivaninha e dois pianos (um em cima do outro), Satie conseguiu incomodar, mas não provar aos seus contemporâneos que o questionamento bem-humorado da cultura da época que ele propunha fazia sentido.

Como este texto não é sonoro, aqui ficam algumas de suas "tacadas" para que o leitor tenha uma ideia de seu senso de amor à música.

"A jornada de um músico.

O artista deve organizar sua vida. Vejam a programação de minhas atividades diárias: às 7h18m eu acordo; das 10h23m às 11h47m eu me inspiro; às 12h11m eu tomo o desjejum e deixo a mesa às 12h14m. Faço um salutar passeio a cavalo às 13h19m até as 14h53m. Outro momento de inspiração ocorre às 15h12m e vai até as 16h7m. Ocupações diversas (esgrima, reflexões, imobilidade, visitas, contemplação, excitação, natação etc.) das 16h20m às 18h47m. O jantar é servido às 19h16m e termina às 19h20m. Leitura de partituras em voz alta, das 20h9m às 21h59m. Deito-me regularmente às 22h37m. Semanalmente (na terça-feira) eu acordo sobressaltado às 3h19m."

– "Eu só me alimento com comida branca; ovos, açúcar, ossos ralados, gordura animal, vitela, sal, coco, frango curtido em molho branco, suco de frutas, de arroz, de nabo, patês, queijos (brancos), salada de algodão e peixes (sem escama)."

– "Eu fervo o meu vinho, espero esfriar e o bebo com uma pitada de fúcsia. Tenho bom apetite e nunca falo enquanto como (de medo de me engasgar). Respiro com cuidado (pouco de cada vez). Danço raramente. Eu ando sempre de lado para ver bem

quem me segue. Eu rio das coisas sérias, mas não deixo transparecer. Eu durmo apenas com um olho fechado. Minha cama é redonda e tem um buraco onde eu coloco a cabeça. De hora em hora um empregado toma minha temperatura e me devolve uma outra. Meu médico me recomendou para fumar diariamente e diz: 'Se você não fumar, alguém fumará em seu lugar'."
 – "Cocteau me ama (até demais), eu sei... Mas por que será que ele me dá tantos pontapés por debaixo da mesa?..."
 – "Ravel recusou a 'Legião de honra', mas toda a sua música a aceita."
 – "O negócio não é recusar a 'Legião de honra' e sim fazer tudo para não merecê-la."
 – "Não se trata de ser antiwagneriano e sim fazer uma música sem sabor de chucrute."
 – "Eu já disse que os animais são mais educados. Exemplo: um gato dorme numa poltrona. O homem vem e tira o gato. Eu jamais vi o contrário."
 – "Os pintores e os escultores vivem reproduzindo figuras de animais em suas obras. Os animais, eles mesmos, parecem ignorar por completo as artes plásticas. Eu desconheço qualquer pintura ou escultura feita por animais. Eles gostam, mesmo, é de música e arquitetura. Eles constroem ninhos e casas que são verdadeiras maravilhas artísticas e industriais para viver com suas famílias. E não resta dúvida de que eles praticam música até mais do que nós. Eles têm um código musical diferente do nosso, é bem verdade. Trata-se de uma outra escola. É preciso entender o que significa relinchar, miar, cacarejar, piar, mugir, latir, uivar, rugir, arrulhar, ronronar, grulhar, ganir para se ter uma ideia de sua arte sonora. Ela é tão bem ensinada de pai para filho que, em pouco tempo, o aluno se iguala ao mestre."
 – "A Sociedade Protetora dos Animais protesta energicamente contra o recente engajamento de duas vacas pela Ópera de Paris para fazer um dueto em "Sortilégio". Esses infelizes ruminantes, embriagados com o sucesso e em contato direto com a cabotina-

gem desses histrionistas, perdem pouco a pouco a sua dignidade e honradez profissional."
– "Jaques Dalcroze vem fazendo muito sucesso associando o esporte ao solfejo. Eu recomendo 3 sonatas de Beethoven, diariamente, que provocam um emagrecimento progressivo e muito sensível e 6 fugas de Bach, que exercem sobre as células gordurosas uma ação fulminante."
– "Atenção! O Teatro dos Campos Elísios comunica que providenciou uma equipe de orientadores ambulantes, encarregados de conduzir sãos e salvos às suas casas os professores de harmonia após cada representação da Sagração da Primavera de Stravinsky."
– "Quanto mais a gente se torna músico, mais a gente enlouquece."
– "O piano é como o dinheiro – só é agradável para aqueles que o tocam."
– "Se me repugna dizer bem alto aquilo que eu penso bem baixo, é unicamente porque minha voz não é bastante forte."
– "Eu jamais leio um jornal que tem a minha opinião."
– "O impressionismo é a arte da imprecisão. Hoje em dia se caminha para a precisão."
– "Não devemos nos esquecer daquilo que acontece no *music--hall* e no circo. É de lá que vêm a criatividade, as tendências, as curiosidades mais excitantes do *métier*."
– "Sim madame. Todos morrem normalmente (eu vou explodir)."
– "Durante toda a Grande Guerra, Ravel foi observador das observações observadas por observação nos observatórios dos observadores onde se observava ao rés do chão. Ele prestou grandes serviços ao País."
– "A Ópera e o Louvre possuem frigorífico e ossaria."
– "Alguns artistas pretendem ser enterrados vivos."
– "Sinal dos tempos: o artista vem de um profissional. O amador vem do artista."
– "Mostre-me algo novo e eu começarei tudo outra vez."

Humor é coisa séria.

– "Nossas composições são garantidas contra quintas e oitavas paralelas. Os compositores da casa só empregam harmonias tradicionais e devidamente aprovadas por longo uso. Ao gosto de hoje. Toda a nossa música moderna foi cuidadosamente retocada por nossos funcionários especializados. Nosso princípio comercial: fazer o novo com o velho."

– "Eu cago música."

Música Eletrônica

A partir da segunda década deste século, iniciou-se uma nova fase no pensamento musical do Ocidente. Com a dissolução da tonalidade, vocabulário básico da composição europeia por mais de quatrocentos anos, abriu-se um leque de possibilidades criadoras tão vasto e diferenciado como em nenhum outro momento da história. Mas, apesar da diversidade de posicionamentos que chegava ao antagonismo e às mais acaloradas polêmicas, seja entre autores como entre estes, o público e a crítica, um elemento da longa tradição permanecia intocável e não fora, por um único autor sequer, questionado: o instrumentário. Esse fato não deixa de ser curioso, pois toda a mecânica funcional do rico aparato instrumental foi construída em seus mínimos detalhes para servir o código acústico vigente até aquele período, o da tonalidade. Mais que isso, a própria técnica necessária para a operação desses instrumentos era e é assimilada exercitando-se as centenas de mecanismos que integram esse código. Ou seja, o estudante de piano aprende a dominar o instrumento tocando escalas, acordes ou *arpeggios* em todos os tons, exercita o vasto repertório de modelos rítmicos que fazem parte daquela linguagem, enriquece a sua musicalidade praticando todas as formas de fraseados existentes e assim por diante – algo semelhante a um estudante de pintura que, antes de mais nada, aprende a desenhar figuras. Mas, da mesma forma que os pintores expressionistas passaram a "violentar" as imagens tradicionais a fim de promover a "implosão" do figurativismo na busca de um novo processo criador pictórico, o músico também começou a "desafinar", a operar com a dissonância como um agente entrópico em meio à harmonia daquele sistema. Chegou-se, nas primeiras décadas deste século, a fazer uma música "não figurativa" – com o atonalismo, o dodecafonismo – mas os instrumentos usados na sua expressão, paradoxalmente, continuavam a ser os mesmos da linguagem anterior.

Apenas no início da segunda metade do século XX é que os compositores começaram a questionar efetivamente a matéria-prima disponível, já que a evolução das formas e das ideias solicitava novos recursos expressivos, impossíveis de ser conseguidos com as cordas de tripa do violino ou com as palhetas de vara de bambu dos instrumentos de madeira. Da mesma forma que um engenheiro moderno ao construir arranha-céus, pontes pênseis ou aviões a jato não faz uso de argila, madeira ou pedra britada e sim de concreto protendido, vidro e alumínio, o músico sentiu necessidade de descobrir novas matérias-primas, as quais, por sua vez, iriam permitir e mesmo sugerir novas soluções formais – uma música inteiramente nova.

A amplitude e a constante evolução dos processos de comunicação eletrônicos, já bastante desenvolvidos no segundo pós--guerra, pareciam oferecer essa nova matéria-prima tão almejada pelo criador de música. Até aquele momento, porém, a engenharia eletrônica se esmerava apenas em reproduzir, com fidelidade cada vez maior, sons musicais já conhecidos a fim de nos oferecer a ilusão quase perfeita de presenciarmos um espetáculo musical "ao vivo" – da mesma forma que os processos de impressão modernos chegam a confundir o mais astuto observador diante de certas reproduções de quadros famosos. Mas, se, de um lado, faz sentido, num mundo moderno que se habituou a viver de conservas, ter em casa armazenados sinfonias e concertos, por outro, usar a parafernália eletrônica apenas para reproduzir o que já foi feito, seria o mesmo que criar o cinema ou a televisão para filmar no palco peças teatrais a fim de assisti-las a qualquer momento sem a presença de atores, em vez de explorar a infinita quantidade de novos recursos dramáticos que a linguagem da captação da imagem veio nos oferecer. E essa fábrica de "conservas sonoras" não deixa de ter um aspecto até desumano, segundo o testemunho que me foi prestado por instrumentistas de rádios europeias, que passam suas vidas trancafiados em "aquários", tocando e parando de tocar ao acender e apagar de uma luz vermelha, um tipo de música que foi concebida para outro gênero de espetáculo onde a envolvência artista/público e o decorrente "calor humano" dele faz parte vital.

Antes de fazer uso efetivo da eletroacústica como nova matéria-prima musical, vários engenheiros chegaram a construir instrumentos eletrônicos, os quais eram utilizados de maneira tradicional. Operados por uma pessoa, semelhante a um pianista que maneja as teclas de seu instrumento, esses aparelhos, com seus sons característicos, eram como que agregados ao repertório timbrístico existente, em nada contribuindo para a formação de uma nova mentalidade composicional. Alguns exemplos: os órgãos "Welte" e "Hammond", o teremim, o esferofone e o trautônio (este último, inventado pelo alemão Dr. E. Trautwein, era um instrumento de teclado que não tocava acordes, mas possuía inúmeros botões que, manipulados, produziam os mais diversos timbres. Alguns autores chegaram a compor "concertos" para trautônio e orquestra e, nos anos 60, bem mais desenvolvido, ele se transformou no mais comum dos instrumentos populares, conhecido como "sintetizador").

Mas, apesar de o músico ter pressentido a necessidade da busca de novos recursos para a sua expressão criadora, parecia para ele muito difícil se desfazer dos componentes que a longa bagagem musical da tradição lhe impingia. Por incrível que pareça, quem conseguiu, desta vez, aplicar um xeque-mate nessa situação não foi um músico, mas um engenheiro eletrônico da Radiodifusão Francesa, Pierre Schaeffer. Cuidando da banda sonora (ruídos e sonoplastia) do setor de radioteatro dessa emissora, ele contava em seu arquivo com um repertório de efeitos e sons naturais variadíssimo e vultoso. Com a mente isenta dos conceitos e processos composicionais tradicionais, por não ser músico, Schaeffer começou a "brincar" com o seu vasto repertório de ruídos naturais, criando sequências sonoras a partir de critérios "artísticos" por ele improvisados. Em seguida, passou a fazer uso também dos recursos de estúdio, operando com maior amplitude e liberdade a montagem e a transformação dos sons gravados. Em 1948, a rádio francesa transmitiu o seu primeiro "Concert de bruits". Apesar da perplexidade e reações em contrário com que foi recebido seu trabalho, um grande número de jovens músicos dele se aproximou e em 1949 Schaeffer publica o seu primeiro artigo a respeito de suas experiências na revista *Polyphonie*, no qual caracteriza seu "engenho" como *Musique Concrète*. Nesse artigo ele justifica tal denominação a essa "arte de ruídos" por se tratar da gravação e manipulação eletrônica de sons existentes, diferentes, portanto, dos sons "abstratos" dos instrumentos tradicionais artificiais.

Schaeffer associou-se, em seguida, ao jovem compositor Pierre Henry, um ex-aluno de Messiaen, e com ele desenvolveu consideravelmente seus projetos e técnicas na manipulação do som gravado. Em 1950, eles realizam uma audição pública na Escola Normal de Paris quando expõem a debates a sua "Symphonie pour un Homme Seul", com grande repercussão internacional, inclusive por ter sido dançada e coreografada por Maurice Bejart. Eis aqui um trecho do texto que constava do programa dessa apresentação:

"O material da Música Concreta é o som em seu estado nativo, tal como a natureza o fornece. As máquinas o fixam e as manipulações o transformam. Entre estas parcelas e as multiplicações delas mesmas não existem outras relações afetivas ou acústicas senão as que reinam no universo físico disperso e cintilante. O espaço ocupado pela Música Concreta é aquele que comanda as máquinas e seu além, este mundo de vibrações, de cores, de volumes ainda desconhecidos de nossos ouvidos de músicos, que ainda estão prisioneiros dos mecanismos. O artista moderno não tem outra opção, não tem outra *avant-garde*. Entre o jogo bizantino das sintaxes e o retorno às fontes esquecidas ou secas, o músico moderno pode tentar, segundo a expressão de Pierre Schaeffer, encontrar uma brecha no muro da música que nos cerca como uma fortaleza".

Schaeffer e Henry criaram o "Club d'Essai", cujo objetivo era o de incentivar a criação, o debate e a divulgação, através de apresentações públicas, radiofônicas e de discos, da Música Concreta. Em pouco tempo, os mais expressivos compositores franceses da época, como Boulez, Messiaen, Philippot, Jolivet, Barraqué e outros, associaram-se ao "Club d'Essai" ampliando consideravelmente a importância daquele trabalho e ideias, atraindo músicos, inclusive, de outras partes do mundo.

Em 1952, chega a Paris o compositor alemão Karlheinz Stockhausen que igualmente se liga a esse grupo e inicia uma pesquisa que se resumia na análise das características dos mais diversos tipos de som ou ruído produzidos pelas mais variadas fontes de emissão. Com a ajuda de filtros e ocilógrafos, Stockhausen analisou os seus "espectros sonoros", espécie de decupagem dos componentes timbrísticos de um som, algo semelhante à da luz, que se torna possível com o uso de prismas. Mas, se foi possível conhecer com precisão as características de qualquer som ou ruído, seria possível também produzi-lo sinteticamente. Mais interessado neste processo do que no da manipulação eletrônica de sons existentes, Stockhausen volta a Colônia e inicia seu trabalho no recém-montado Studio für Elektronische Musik da rádio WDR, então dirigido por seu fundador Herbert Eimert. A partir desse momento (1953), passa a haver uma definição de conceitos com relação à natureza dos dois tipos de trabalho realizados em Paris e Colônia, o primeiro caracterizado como Música Concreta e o segundo, como Música Eletrônica. O grupo francês seguiu sua produção baseada na manipulação eletrônica de gravações de sons existentes (mais tarde fazendo uso também de sons de instrumentos tradicionais e da voz humana) e o grupo alemão especializou-se na elaboração de uma música 100% sintética cuja matéria-prima era produzida exclusivamente por geradores de frequências.

Num artigo publicado na *Revue Musicale*, assim se expressou Herbert Eimert a respeito de trabalho realizado em Colônia: "Contrariamente à Música Concreta, que se serve de gravações feitas com o auxílio de microfones, a Música Eletrônica usa exclusivamente sons de origem eletroacústica. O som é produzido por um 'gerador de frequências' e gravado numa fita magnética. Só então inicia-se a elaboração, com a manipulação de diversas fitas. A música assim criada faz penetrar em um mundo novo de sonoridades, até o presente desconhecidas. Ela não tem nada em comum com a música eletrônica da indústria de instrumentos musicais, que se reduz à fabricação de instrumentos manejáveis, com os quais se imita o mundo sonoro conhecido. O fato de se poder criar, nesse novo sistema, uma música que é impossível de ser obtida com instrumentos clássicos, constitui um dos verdadeiros critérios da Música Eletrônica. Poder-se-ia dizer que a Música Eletrônica começa onde acaba a música instrumental". O processo de composição eletrônica realizado em Colônia dispensava não apenas o uso de sons existentes, mas também a participação do intérprete – sua reprodução dá-se exclusivamente através de alto-falantes. Assim como um compositor dodecafonista se policiava ao extremo, evitando todo e qualquer acorde que pudesse lembrar um encadeamento tonal-tradicional, o de música eletrônica, na criação de seu arsenal sonoro, cuidava para que ele fosse inteiramente original e livre de qualquer associação com sons ou ruídos existentes. Se, num caso excepcional, por opção do autor, fosse feito o uso de algum texto, da voz humana, portanto, ele seria gravado e mesclado na composição e não produzido artificialmente a fim de não confundir o som sintético com o natural. Os sons inventados para uma composição assim como sua estruturação são utilizados uma única vez. Os teipes preparados são, em seguida, apagados, restando, por fim, apenas a matriz da qual são feitas as cópias em fitas ou discos.

Em linhas gerais, a composição de música se processa da seguinte maneira: a obra é realizada pelo compositor inteiramente dentro de um estúdio de gravação com a ajuda de um técnico. Esse estúdio possui um gerador de frequências que emite um som sinusoidal, a matéria-prima básica do compositor. A diferença entre um som sinusoidal e aqueles produzidos por instrumentos tradicionais é a que o *som sinusoidal* é "puro", não tem timbre. Se analisarmos num aparelho especializado as características de um som produzido por um instrumento tradicional, vamos observar que, além do *som fundamental*, aquele que lhe dá o nome (dó, fá-sustenido, si-bemol), certa quantidade de outros sons menos audíveis também integra sua estrutura e são chamados de *harmônicos*. Exemplificando: tomemos uma corda de um piano que quando percutida emite a nota *dó*. Esse som que se ouve corresponde à movimentação da corda de um extremo a outro de seu campo total de vibração. Na movimentação vibratória a corda vai perfazendo um zigue-zague. Nesse deslocamento, quando cada ponto da corda passa pelo centro desse campo oval de vibração, novos sons, os *harmônicos*, são também emitidos. Essa sequência de sons cada vez menos audíveis se chama de *série harmônica*. Aqui está a "série" da nota *dó* com seus quinze primeiros "harmônicos" e o esquema gráfico de uma corda em movimento:

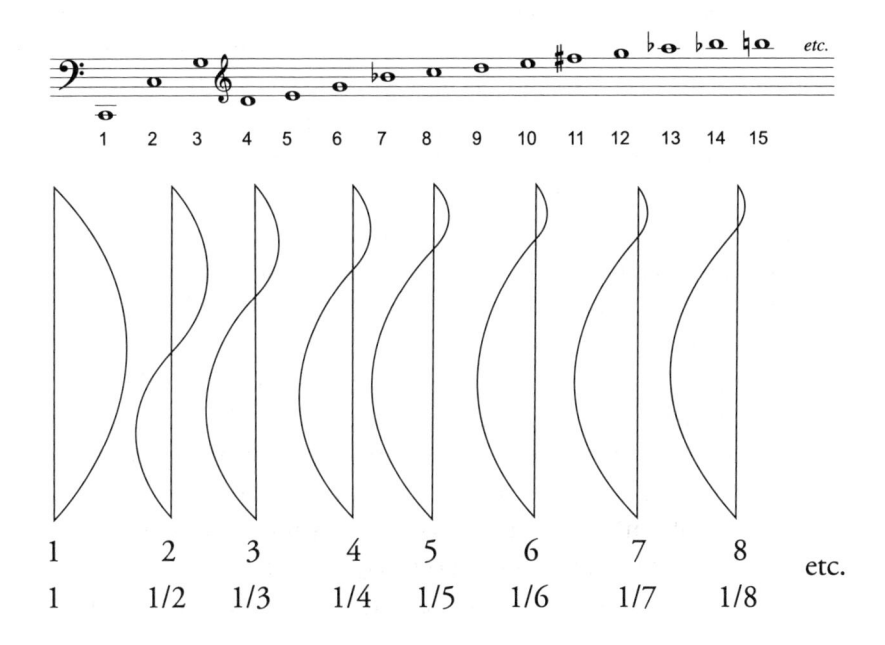

| 1 | 2 | 3 | 4 | 5 | 6 | 7 | 8 | 9 | 10 | 11 | 12 | 13 | 14 | 15 |

1	2	3	4	5	6	7	8	etc.
1	1/2	1/3	1/4	1/5	1/6	1/7	1/8	

De acordo com o instrumento que emite o som, varia a quantidade de harmônicos, suas *intensidades, alturas* e *durações* (os "harmônicos" são intermitentes). A relação estabelecida nesse conjunto de características dos harmônicos presentes num som é que determina seu timbre. Na realidade, cada harmônico é um som sinusoidal. Assim, o compositor registrando numa pista do gravador um som sinusoidal básico (fundamental) e for acrescentando nas demais outras frequências (hoje existem máquinas que gravam canais simultâneos e independentes), ele tem condições de inventar o timbre que quiser. E como os impulsos eletromagnéticos estão gravados numa fita plástica coberta de óxido de ferro, que corre à velocidade de 38 centímetros por segundo, ele tem condições de fracioná-la a seu desejo, conseguindo, assim, as durações, ou seja, os ritmos que bem entender.

O material utilizado pelo compositor varia do *som* ao *ruído*. No som, com coloração determinada, os harmônicos possuem um relacionamento proporcional entre si, chamado de "periodicidade". Quando não existe esse relacionamento "periódico", os harmônicos se atritam e o resultado é o ruído. Para a música eletrônica o som e o ruído tanto fazem parte de sua linguagem como as vogais e consoantes em qualquer idioma.

Os instrumentos eletrônicos "manuais" que representaram um primeiro passo no sentido do uso da eletroacústica na música nada mais eram que a acoplagem de quinze a vinte microgeradores de frequências com diversos programas de relacionamento dos harmônicos, os quais produziam os variados timbres, sobretudo os dos instrumentos tradicionais que pretendiam imitar. O autor de música eletrônica, como o dissemos, não pretende imitar nada. Portanto, o início da criação dos sons que irão fazer parte de sua obra, já constitui o seu primeiro ato composicional.

Os sons criados sinteticamente pelo processo que expusemos, poderão também ser manipulados com os recursos de estúdio. Eles podem ser misturados com outros, ter suas estruturas mudadas com o uso de filtros ou com alterações na velocidade da fita, a qual pode ser "lida" de diversas maneiras, inclusive de trás para a frente. O repertório sonoro criado pelo compositor vai sendo armazenado num arquivo e quando ele estiver completo os fragmentos vão sendo pinçados e editados num processo semelhante ao da montagem de um copião cinematográfico. Desse copião é extraída, então, a fita-matriz da peça. Para completar, seria interessante dizer que o compositor não entra no estúdio para improvisar o seu trabalho. A concepção da obra ele já traz pronta de casa e notada numa partitura cujo processo de escrita foi especialmente criado para esse tipo de composição.

Em meados da década de 50, esse trabalho realizado na rádio de Colônia obteve grande repercussão internacional, bem maior do que aquele que vinha sendo desenvolvido em Paris. Inúmeras editoras especializaram-se na edição desse novo gênero de partituras (a maior delas a Universal Edition de Viena, que sempre esteve ligada aos acontecimentos da vanguarda musical do século XX), e em todas as partes do mundo abriu-se o debate sobre o assunto com vasta publicação de artigos em jornais, revistas e livros, assim como as primeiras teorizações e embazamentos. Muito contribuiu para a divulgação e compreensão daquelas ideias o lançamento dos primeiros discos com as principais obras produzidas naquele estúdio, entre as quais "Glockenspiel" de Herbert Eimert, "Seismogramme" de Henry Pousseur, os "Studien" n°s 1 e 2, e o "Canto dos adolescentes" de Karlheinz Stockhausen. Com a morte de Eimert, Stockhausen assumiu a direção do Studio für Elektronische Musik da rádio WDR de Colônia (1963), tornando--se, inclusive, uma espécie de líder internacional desse novo "gênero" de música.

Mais informações sobre Eimert no *site*:
<http://www.furious.com/perfect/ohm/eimert.html>
Mais informações sobre o estúdio da rádio de Colônia no *site*:
<http://www.furious.com/perfect/ohm/wdr.html>

Em pouquíssimo tempo proliferaram os estúdios de música eletrônica por todo o mundo, entre os quais os da Rádio de Milão, dirigido por Luciano Berio e Bruno Maderna, da Rádio de Tóquio, dirigido por Toshiro Mayusumi, o do Laboratório da Philips em Eindhoven, Holanda, onde trabalhavam Henk Badings e Edgar Varèse, o da produtora de aparelhamentos eletrônicos APELAC, de Bruxelas, que contava com a colaboração de Henry Pousseur, o da Rádio de Varsóvia, orientado por Kazimierz Serocki, o da Rádio de Baden-Baden com Pierre Boulez, das rádios de Helsinque, Estocolmo, Copenhagen, Londres (BBC), assim como na América do Norte, com os da Universidade de Colúmbia e Wisconsin e em Buenos Aires no Instituto Torquato di Tella.

Dois elementos novos dariam ainda considerável impulso à criação de música eletrônica. O primeiro deles foi a descoberta do "espaço", do volume na gravação com o advento da estereofonia. Com a possibilidade de transmissão sonora por diferentes canais simultâneos, a música passou a se "movimentar" no ambiente de audição, tornando-se, assim, um elemento composicional da maior importância para essa linguagem. Chegou-se, inclusive, a construir salas especiais para a audição de música eletrônica (a primeira delas no Japão) para que o som pudesse "dançar" à vontade no espaço, envolvendo o ouvinte por todos os lados.

Outro aspecto interessante foi a agilização do processo com o uso de computadores acoplados aos geradores e gravadores. A primeira experiência desse tipo de trabalho foi realizada na Universidade de Wisconsin e permitia que o autor programasse com mais facilidade e rapidez as combinações timbrísticas, suas estruturas rítmicas e as editasse ao simples toque de botões.

O acréscimo de microcomputadores à aparelhagem eletrônica de produção e manipulação de sons abriu um novo caminho para a música eletroacústica dos anos 60/70. Quem viria encampar esse processo de imediato foi a cultura popular urbana desse período, mais precisamente a do rock. De início, os "cabeludos" dos anos 60 apenas amplificavam a sonoridade de seus instrumentos, já que

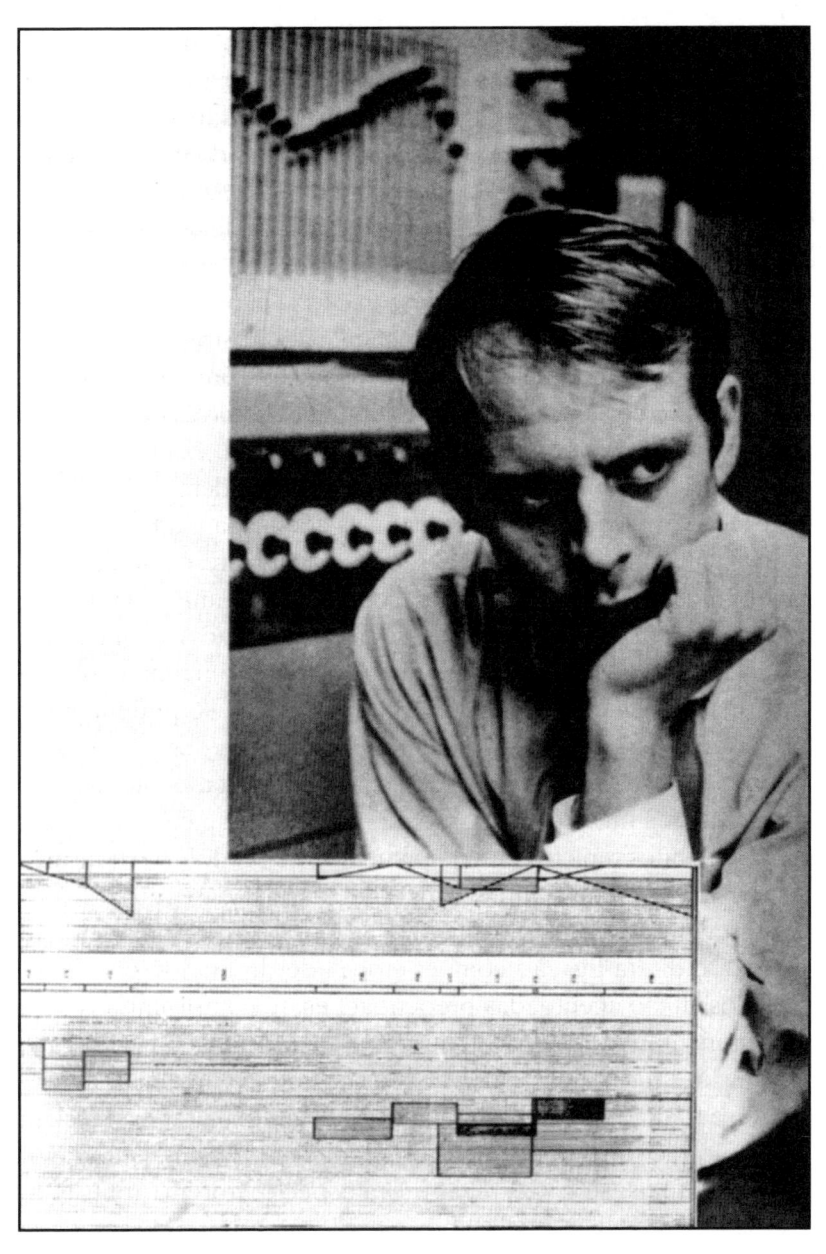

Stockhausen medita sobre os códigos sonoros do amanhã.

em suas guitarras haviam embutidos meros microfones de contato. Com o tempo, porém, entre os instrumentos e o alto-falante foram sendo acrescentados inúmeros aparelhos de transformação do timbre – os "distorcedores" –, tornando até mesmo irreconhecível a própria fonte geradora do som. Com a evolução do rock, mais particularmente na segunda metade da década de 60, essa música foi abandonando o caráter dançante e a simples linearidade melódica, cancioneirista, expandindo consideravelmente o repertório de ideias. Nessa expansão, que chegava à abstração sonora, à música pura, os intermináveis recursos que a eletrônica vinha desenvolvendo e colocando à disposição do músico através de inúmeros instrumentos novos, foram da maior importância. Como a "Nação Woodstock" sempre viu na música o seu mais poderoso veículo de agregação humana e nela a forma mais adequada para adoção de comportamentos e tomada de posições, não iria prescindir do espetáculo musical "ao vivo", como acontecera no campo da música erudita. Isso não impediu que nesse período se fizessem gravações de rock ou jazz cuja complexidade e sofisticação na manipulação dos recursos eletrônicos eram tão elevados que só poderiam ser obtidos em estúdios. Mas a parafernália eletrônica dos roqueiros, e mesmo dos cultores do moderno jazz, chegou a tal ponto que um grupo de três músicos em turnê de concertos traz consigo dois a três caminhões repletos de equipamentos de produção e transmissão sonora que chega a pesar mais de 20 toneladas.

É evidente que a música popular, por sua espontaneidade criativa e direta ligação com a velocidade do grande consumo, não possui tão acentuadas preocupações ou compromissos com posicionamentos históricos ou culturais *a priori* como no caso da música erudita. Por essa razão, a sua linguagem é mais abrangente e a sua criatividade mais diluída numa prática artística ampla, onde um sem-número de elementos, dos mais tradicionais aos atuais, se entrecruzam. Um aspecto, porém, apresenta-se patente nos dias atuais: após a explosão e a grande agilidade alcançada pelos meios de comunicação eletrônicos, parece não existir mais informações "privativas" de uma casta de pesquisadores ou de adeptos de uma "cultura superior". O que difere é apenas o posicionamento do artista diante do vasto repertório sonoro contemporâneo, sendo que o "erudito" se mostra apenas mais disciplinado e preocupado em atingir uma densidade informativa maior em sua criação. Por outro lado, o volume da produção e o virtuosismo no manuseio da aparelhagem eletrônica alcançado pelo músico da *rock generation* foi tão grande que chegou a motivar o artista de formação clássica a reciclar seu posicionamento ortodoxo, chegando a se estabelecer, até mesmo, um relacionamento entre ambos. Isso faz lembrar acontecimentos semelhantes do passado, como no século XIX, por exemplo, onde o artista popular diluía na "música de salão" ou na "cigana" conquistas formais da faixa "erudita" e esta, em seguida, reincorporava em sua linguagem elementos dessa cultura. Esse pingue-pongue vem de tempos imemoriais e sempre foi muito saudável no arejamento das ideias artísticas.

NOVA MÚSICA ELETRÔNICA

Com as conquistas tecnológicas dos últimos anos do século XX na área da computação, conquistas essas que oferecem novas e imensas facilidades na operação digital do som, ocorreram substanciais transformações nos conceitos e nas técnicas de criação nos domínios da música eletrônica. Se, de um lado, na área da música pop, houve a vulgarização e um uso cada vez mais intenso e superficial dos infinitos recursos da criação sonora eletrônica, de outro, surgiram outros centros e lideranças que se esmeram para levar os destinos desse gênero aos níveis artísticos e de seriedade de sua origem. Apesar de atualizado, com novos diretores e em plena atividade, o estúdio de música eletrônica da rádio de Colônia deixou de ser o epicentro dessa música, embora goze do respeito por parte de todos que a praticam em consequência de seu excitante pioneirismo.

A linha da chamada *música concreta*, iniciada por Schaeffer nos estúdios da Rádio e Televisão Francesa (ORTF), através do Groupe de Recherches de Musique Concrète, expandiu-se por toda a França e em vários países do mundo. Hoje, deixando o *concrète* de lado e usando apenas a sigla GRM, e batizando sua linguagem como *acusmática*, eles trabalham com os princípios básicos, mas também operam com o som puramente eletrônico. O principal compositor desse grupo chama-se François Bayle. Ele é também conhecido pela invenção do *acousmonium*, que é uma "orquestra" de alto-falantes de vários tipos e tamanhos que têm a capacidade de fazer o som caminhar na sala de concertos com grande riqueza de efeitos e detalhes. Sua discografia pode ser conhecida pela página <www.electrocd.com/bio.e/bayle_fr.html> e sua biografia pela <http://mac-texie.ircam.fr/textes/c00000005>

    Outros autores importantes do grupo: Bernard Parmegiani, François-Bernard Mache e o compositor brasileiro Rodolfo Caesar da UFRJ. Da linha francesa é sempre bom lembrar o nome de Yannis Xenakis que ajudou a desenvolver o sistema UPIC, uma interface gráfica entre o computador e o sintetizador que permite ao autor de música eletrônica compor com notação gráfica. <http://aol.bartleby.com/65/xe/Xenakis.html>

    Ele colaborou também com Varese no *Poema Eletrônico* e ficou famoso pelos seus *Polytopes*, que era um espetáculo que acoplava música eletrônica e efeitos visuais com *laser* (um gênero depois massificado e banalizado por Jean Michel Jarre). <www.-jeanmicheljarre.com/>

    Na Inglaterra, a música concreta ganhou impulso através de dois autores de origem neozelandesa, Jonty Harrison e Dennis Smaley. Eles formaram uma escola e vários brasileiros já passaram por lá. Smaley destaca-se como teórico. <www.electrocd.com/bio.e/harrison-jo.html>

    No Canadá, destacam-se as figuras de Michael Chion (seu *Réquiem* é muito famoso) e Giles Gobeil (este já ganhou um prêmio de composição em São Paulo). É particularmente interessante

na obra desses autores, composições para radioteatro com uso de música eletroacústica – quase uma ópera.
<http://cec.concordia.ca/words/ApDeMtl.html.>
 Na linha que descende do eletrônico temos na França o ircam, dirigido e transformado por Pierre Boulez desde os anos 80 num importante e diversificado centro de pesquisas de música eletrônica. Ele próprio criou obras-primas nesse estúdio.
<www.classical.net/music/comp.lst/boulez.html>
 Nos Estados Unidos, pela própria vocação tecnológica do país, os estúdios se multiplicaram, assim como as tendências e tipos de experimentalismos. Na universidade de Colúmbia (NY), dois compositores foram responsáveis pela formação de uma verdadeira escola de composição que trabalha especificamente a integração do som eletrônico com os instrumentos tradicionais. Eles são Milton Babbit e o argentino Mario Davidovsky.
<http://gigue.peabody.jhu/.philho/davidovsky.html>
 No MIT de Boston, criou-se um dos mais respeitados centros de pesquisa em Computor Music, dirigido por Barry Vercoe, que reuniu os músicos e pesquisadores oriundos do Laboratório Bell. Eles desenvolveram programas para síntese digital direta de sons eletrônicos através de computadores, que é o que mais se faz hoje. É enorme a lista de autores que passaram pelo MIT e poderia-se destacar o nome de Max Matthews, também um conhecido pesquisador.
 Lajaren Hiller, da universidade de Indiana e posteriormente de Buffalo, foi o primeiro a se preocupar com a possibilidade de escrever música através de programas de computador.
 No Dartmouth College trabalha Jon Appleton, um dos inventores do Synclavier. Esse foi um dos primeiros aparelhos de música digital inventado numa época em que microcomputadores e programas aplicativos não eram muito difundidos.
<http://eamusic.dartmouth.edu/āppleton/> e <www.electrocd.com/ bio.e/appleton-jo.html>

O Synclavier foi uma verdadeira febre entre os músicos pop dos anos 80/início dos 90, quando a fábrica faliu por causa da competição dos computadores pessoais. Enquanto um Synclavier chegava a custar um milhão de dólares, os mais modernos computadores pessoais faziam o mesmo com US$ 2.000. Nos anos 80 pop-stars como Madonna e Michael Jackson chegavam a usar simultaneamente em seus shows três a quatro desses equipamentos. Quem fez o uso mais inteligente e talentoso do Synclavier foi o maior músico do rock inteligente americano Frank Zappa. Músico de grande formação, conhecedor de música erudita, jazz e rock, frequentador dos festivais de Darmstadt onde foi aluno de Boulez e Stockhausen, esse multiinstrumentista fez um uso não só competente como prático do Synclavier, que lhe permitia correr o país independentemente de uma banda de rock. Zappa hoje é um cult.

Destaca-se, na Stanford University (California), o trabalho de John Crowning. Ele desenvolveu a síntese, por técnica de FM (frequência modulada) que patenteou e vendeu para a Yamaha, que lançou, no início dos anos 80, os famosos sintetizadores DX-7. Este equipamento constitui-se num dos maiores sucessos comerciais na área da fabricação de instrumentos de teclado de todos os tempos, vendendo, cinco anos após sua comercialização, dez vezes mais unidades que pianos acústicos tradicionais, o que levou a falência inúmeras fábricas. Veja uma história sequencial de eventos da musica eletrônica nos *sites*:
<*http://music.dartmouth.edu/~wowem/electronmedia/music/ eamhistory.Lhtml*>, <*http://www.elektronik.co.uk/hist-elek.htm*> e <*http://www.frisious.de/rudolf/texte/tx1070.htm*>

O Gosto e o Proposto
Da Crise a Cage

Características históricas muito especiais, que imprimiram um ritmo acelerado à evolução do século XX, provocaram também mudanças radicais em diversos conceitos de natureza artística e científica, alguns dos quais eram tidos como verdades quase absolutas. O próprio antagonismo que parecia existir entre os conceitos de arte e ciência tende a ser superado dada a identidade, cada vez maior, de métodos praticados em ambos os terrenos. Verifica-se, por essa razão, um interesse sempre maior de artistas por fenômenos de natureza científica, o que tem levado a maioria deles a adquirir formação técnica paralelamente à musical (Boulez é engenheiro; Xenakis é engenheiro-arquiteto, ex-assistente de Le Corbusier; Stockhausen é técnico em eletrônica, fonética e teoria da informação; Berio é diretor do estúdio de fonologia da Rádio Italiana; Webern, aos 22 anos, era doutor em ciências musicais). Quanto à ciência, por sua vez, vem operando através de métodos e conceitos que a tornam mais próxima do procedimento artístico aberto, do que de seu anterior congelamento em leis e axiomas fixos, seus alicerces na fase chamada clássica. Quando hoje se destaca um fragmento da evolução de um fenômeno físico e, do resultado apresentado pela análise desse bloco em separado, tiram-se conclusões a respeito de seu todo, de seu funcionamento global, como

125

uma das "n" possibilidades várias de considerá-lo, estamos penetrando num campo, o do probabilismo, que até aqui pertencia ao domínio da arte e mais especificamente da música. A interpretação de uma obra musical, por exemplo, representa também uma das "n" aproximações permitidas pela partitura. Através da análise isolada dessa versão, seja quais forem suas características, é possível situá-la e compreender seu contexto estilístico de origem.

A identidade cada vez maior entre arte e ciência, porém, situa-se apenas na faixa de pesquisa e da concepção. Se nesses aspectos ambas as atividades se aproximam, no que se refere ao consumo, à assimilação em massa de suas conquistas, aconteceu no século XX uma diferença radical. Visitando, certa vez, uma fábrica suíça de aparelhos fotocinematográficos, tive a oportunidade de conhecer um modelo com características absolutamente revolucionárias. Perguntei a razão por que ele ainda não havia sido colocado no mercado. Informou-me um engenheiro que se o fizessem de imediato ele tornaria obsoletas inúmeras técnicas e produtos ainda em pleno sucesso comercial, anularia de vez todo um mecanismo de consertos e produção de peças para aparelhos tornados subitamente antiquados, provocando, assim, vários desequilíbrios mercadológicos, o que obrigava a fábrica a lançar aquelas inovações em doses homeopáticas. Isso ocorre porque os produtos da ciência e da tecnologia modernas que apresentam inovações são consumidos com extrema rapidez. No terreno da criação artística, até que se criem condições de consumo em grande escala para o produto novo se fazem necessários dezenas de anos. Se, cientificamente, um conceito revolucionário moderno substitui os anteriores de imediato e sem o menor problema ou resistência, em termos musicais vamos encontrar obras importantes compostas no início do século XX que ainda chocam o grande público.

Existe um dado curioso nessa relação criador (artista ou cientista)-consumidor. O público, em geral, possui uma estima muito grande pelo artista, chegando mesmo a mitificá-lo, algo que não ocorre em relação ao cientista cuja personalidade tende, nos dias atuais, a se diluir cada vez mais no anonimato de grandes equipes. Mas, do ponto de vista prático, os privilégios se invertem. Se um cientista se lançar num trabalho de efeito a longo prazo, será permitido a ele permanecer por tempo indeterminado na pura especulação sem que isso represente qualquer abalo de sua idoneidade moral ou profissional. Veja-se, por exemplo, o desenvolvimento do que se convencionou chamar de "conquista do espaço sideral". Aqui, os mais apoteóticos feitos, fruto de uma longa e custosíssima pesquisa, ainda não trouxeram, além da mudança de alguns conceitos e honrarias para os países responsáveis, nenhuma solução concreta para os problemas da humanidade. Mas, se um artista criador permanecer com seus trabalhos por tempo indeterminado à margem dos interesses da sociedade – do gosto vigente – esse, por qualquer motivo independente de sua obra, apresentar um projeto cultural sem condições de compreensão ou consumo imediatos, ele cairá em desgraça, vivenciando, não raro, desagradáveis experiências. São famosos, no século XX, os casos de artistas expostos à execração pública por ocasião do lançamento de suas obras. Conhece-se também a paulatina integração de suas ideias ao gosto público à medida que este vai vivenciando e assimilando os estágios intermediários que o separava daquele fato cultural. Tornou-se célebre o espetacular escândalo que envolveu o lançamento da "Sagração da Primavera". Não menos espetacular, só que pela grande acolhida e aplausos que se repetem até os dias de hoje, foi o uso feito dessa mesma partitura no filme de Walt Disney. Isto é, uma obra agressivamente questionada pela capital cultural europeia da época, a Paris de 1913, com o correr de alguns anos não assustaria sequer as criancinhas, tornando-se, ambas, "Fantasia" e "Sagração", alguns dos mais inquestionáveis e reconhecidos marcos da cultura do século XX.

Tentar justificar a atual incompatibilidade compositor-consumidor, argumentando que no século XX a sucessão de ideias artísticas se deram com excessiva rapidez, não é suficientemente convincente, pois, não foi menor o número de energias propulsoras que se sucederam nesse mesmo espaço de tempo sem que ninguém insistisse em dar preferência à energia a vapor em vez da energia atômica. Esse desencontro que passou a haver na relação consumidor-autor entre o gosto e o proposto, provocou o surgimento de fenômenos igualmente característicos deste século. Passou-se, por exemplo, a orientar a prática musical num sentido historicamente retrospectivo. Obras e autores que já haviam perdido o interesse em consequência da seleção natural exercida pelo tempo, foram trazidos novamente à luz do conhecimento atual. Em muitos casos, grupos chegam a especializar-se na execução desse repertório ressuscitado, abdicando, inclusive, o instrumental moderno e aperfeiçoado, lançando mão de modelos de época para que o passado seja revivido intacto com suas próprias características e vigor. Nessa desmumificação cultural um elemento típico do século passado ganhou força ainda maior nestes tempos: o solista. Originalmente, a música necessita de um segundo elemento para sua prática, intermediário entre o compositor e o ouvinte, ou seja, o intérprete. Mais que um simples acionador de teclas, ele é um participante ativo da realização musical fazendo de seu aparato técnico de execução e de sua interpretação daqueles signos matematicamente dispostos na partitura, um ato de recriação a cada apresentação. Em meio a essa crise na área da criação musical, porém, foi se construindo um exacerbado culto da personalidade do intérprete, devido, também, a interesses empresariais. Assim, a situação parece ter-se invertido, ou seja, a obra musical é que passou a ser o intermediário entre o intérprete e o público.

Dados dessa natureza, entre outros que poderiam ser lembrados, como a supervalorização do intérprete que propiciou a existência de um frenético malabarismo interpretativo, assim como essa volta ao passado, que acabou frustrando a evolução do gosto e afastou o interesse do público pela música nova, levando aqueles que se dedicam à pesquisa e à criação a se refugiarem nos guetos dos festivais especializados, parecem revelar elementos de uma crise nos domínios da música de concerto, cujas raízes seriam mais profundas do que o que se pode detectar na superfície do problema.

Mais do que algumas desavenças conjunturais de gosto, não teria havido uma violenta colisão entre um conjunto de valores profunda e solidamente arraigados na alma humana com uma era, cuja volúpia revolucionária sugeria a criação de um novo homem?

Não teria abalado a própria estrutura espiritual do ser humano daquele momento histórico o severo questionamento, por meia dúzia de obras em alguns anos, de códigos de expressão artística externados no decorrer de, praticamente, meio milênio – melodias de oito compassos, harmonias de três sons consoantes, progressões rítmicas simétricas – tanto quanto o verso na poesia ou o figurativismo na pintura o foram?

Não seria também mais simples para esse mesmo ser humano aceitar a troca de uma locomotiva a vapor, que diariamente cruza seu cenário vital, por uma elétrica mais veloz, do que a condenação de um idioma sonoro através do qual foram cantadas canções que por séculos embalaram o sono dos recém-nascidos em sua aldeia?

Se isso é humanamente compreensivo, é sabido também que o organismo histórico só se mantém vivo com a substituição sistemática de suas células. E a rápida e radical substituição de valores que aconteceria nesta era – "o século XX mudou o ritmo da mudança", dizia Oppenheimer – não poderia deixar de lado a arte às voltas com suas antigas musas.

Já no início do século XX o talento e a audácia de autores como Debussy, Satie, Stravinsky, Schönberg, Ives, Webern, davam sinais claros de que um momento de fortes mudanças se iniciara, sinais estes que, mesmo rechaçados por manifestações repulsivas que iam da estranheza à violência, cumpriram a função de apontar novos horizontes para o raciocínio musical.

Curiosamente, porém, o período que se estendeu entre as duas guerras, apesar de característico por sua expansão comportamental liberalizante, foi, na área da música de concerto, conservador. A "explosão" da América, os *crazy twenties*, a instalação da indústria da comunicação através dos novos veículos de massa, parece ter inibido os esforços individuais desbravadores daqueles alquimistas. O espírito de volta ao passado que impregnara a música de concerto em outras áreas atinge agora aqueles que deveriam levar as coisas adiante: os autores. Acreditando que os novos estímulos dos primeiros e revolucionários momentos do século XX permitiriam uma operação plástica revitalizadora na tradição, incendiários célebres de pouco tempo atrás dedicaram-se a releituras do passado, o que conferiu a esse período histórico um perfil claramente neoclassista. Como se tirando sólidos estágios inferiores de uma coluna e os colocando em cima, ela continuasse a crescer vigorosa como até então.

Mas, da mesma América que mudou a face do século XX, surge um compositor que se negaria a participar de qualquer movimentação cultural nostálgica. Recusando-se a penetrar nos labirintos dessa crise técnica e estética do período, ele arquiteta um projeto musical, mais ligado às ideias e motivos filosóficos orientais (tanto quanto Debussy o fizera), que iria abalar alicerces de mecanismos milenares, liberando a mente artística ocidental para a idealização e implantação de novos conceitos musicais: John Cage. Nascido em 1912 em Los Angeles, onde estudou com Schönberg, mas em Nova York também com Henry Cowell, o grande compositor e animador cultural americano, cedo teve oportunidade de adquirir experimentado *know-how* composicional na qualidade de diretor musical e compositor do balé de Merce Cunningham. Já aos 26 anos atingiu notoriedade ao compor peças para piano preparado – "Bacanal" – nas quais ele fazia uso de um piano convencional, só que, entre as cordas do instrumento eram colocadas tachinhas, borrachas e pinos vários. Numa época onde se desenvolvia um verdadeiro culto ao solista, à pirotécnica interpretativa, ao "aprimoramento" sonoro, Cage despianiza o piano, transformando-o, com aqueles sons estridentes, num novo e curioso instrumento de percussão para um único executante. Em 1939, numa peça chamada "Paisagem Imaginária" ele introduz nada menos que um ruidoso magnetofone em meio aos sonoros Stradivarius de um famoso conjunto novaiorquino e mais tarde compõe uma obra para doze aparelhos de rádio, cada um sintonizado numa estação diferente, os quais deveriam ser operados por "intérpretes" que aumentavam e diminuíam o volume segundo as informações contidas na partitura. Se essa desvirtuação ou descaracterização do "som musical", algo que os europeus sequer ousaram imaginar, pelo senso do inusitado, traçava uma ligação entre a personalidade de Cage e a de um conterrâneo seu, Charles Ives, outras atitudes suas, de um desconcertante senso de humor o tornariam quase uma reencarnação do moleque Erik Satie. Em 1952, por exemplo, ele comporia uma peça chamada "Tacet" (silêncio em latim), para a execução da qual o pianista – deve ser uma "estrela" do teclado! – posta-se durante 4 minutos e 33 segundos diante do instrumento sem sequer tocá-lo. É evidente que o mal--estar que se cria na plateia depois de alguns segundos, vai provocando pequenos ruídos, risos, tosses e mesmo protestos, "música" esta que reflete a incapacidade das pessoas de conviverem alguns momentos com o silêncio ou concentradas em seu próprio mundo interior. Não menos sateniana é a sua composição "For Toy Piano" na qual um Horowitz qualquer deverá entrar no palco e executá-la num daqueles pianinhos de brinquedo infantis.

No segundo pós-guerra, o dodecafonismo de Schönberg e Webern, que Cage praticava há mais de trinta, quarenta anos, tornava-se quase um maneirismo composicional. Adeptos dessa técnica, porém, reuniam-se cada vez mais animadamente em exóticos festivais, quase num ato exorcista da má consciência pelo tardio reconhecimento daquele "engenho" – anos após a morte de seus inventores. Pegando carona nos aviões da Força Aérea Americana que seguiam para a base de ocupação da cidade de Darmstadt, na Alemanha, onde se realiza o mais famoso festival de música contemporânea da Europa, Cage se fazia presente naqueles eventos onde com o pianista David Tudor a tiracolo destilava o corrosivo fel de sua entropia estética. Diante de cir-

Desmusicalizando a música.

cunspectos dodecafonistas, panserialistas ou hiperconstrutivistas eles atiravam bolinhas de pingue-pongue sobre as teclas do piano, colando-as, em seguida, com fita adesiva e a tudo fotografando – inclusive as reações intempestivas da audiência. E, quando membros daquela chamada vanguarda pretendiam, com o milenar pentagrama, indicar possíveis novos efeitos sonoros, Cage descaracterizava a própria escrita musical sugerindo uma música a partir de desenhos abstratos, espécie de caligramas sonoros, diante dos quais o intérprete tornava-se, praticamente, um co-autor da obra.

Desvinculando-se e mesmo opondo-se ao construtivismo geométrico de base serial que ele próprio praticara décadas antes, e que no decorrer dos anos 60 demonstrava nítidos sinais de desgaste, Cage traz para o âmbito da música de concerto a ideia do aleatório, e, ao contrário daqueles, da valorização do acaso. Apoiado em concepções filosóficas orientais via I-Ching – *O Livro das mutações*, clássico do oráculo chinês – ele pretende introduzir na música uma ideia de exercício da liberdade total onde o imprevisível, a recusa de qualquer determinismo, que ele aspirava para a própria vida, gerasse uma composição onde o som e o silêncio fossem distribuídos pela casualidade, numa linguagem sem sintaxe.

Desde a década de 50, Cage desenvolveu sua teoria da indeterminação em música – já em 1951 ele apresentava o seu primeiro *happening* – algo que contestava vigorosamente toda a tradição técnica cartesiana da estruturação artística ocidental. Seria o mesmo que, digamos, um experiente e sensível artífice, ao se sentir cansado de apreciar modelos pictóricos formados por convencionais agregações de mosaicos, embaralhasse suas pedras e as atirasse pelos ares, permitindo que o acaso se encarregasse da formação de novas e insuspeitadas constelações. Através desse seu misto de anarquia e construtivismo, mais do que uma mudança do material ou da forma sonoros, Cage propõe uma troca de mentalidade na própria concepção de criação de nossa música.

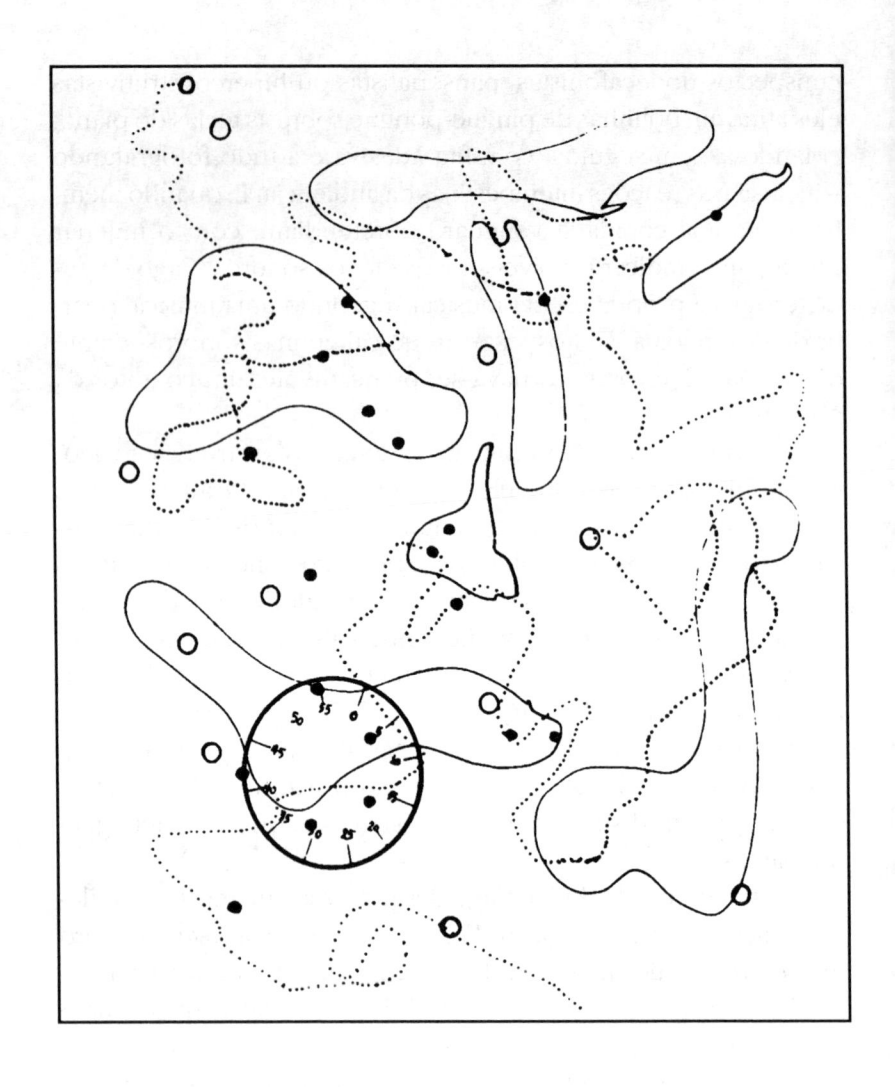

Labirintos de um novo universo sonoro.

Num mundo que caminha cada vez mais para novos modelos de civilização, onde componentes inteiramente novos passam a atuar, como a sofisticada tecnologia computadorizada, por exemplo, se fazia necessária a atuação de um personagem com a devida intuição e coragem de questionar valores estéticos fundamentais. Neste sentido, portanto, torna-se cada vez mais expressiva e excepcional a atuação de John Cage.

A Pulverização da Informação

Uma das características marcantes do processo de criação artística do século XX é a que se refere à incrível velocidade com que os valores culturais nele se substituíram. Em cinquenta anos de século XX se conheceram mais "ismos" do que nos cinco séculos anteriores. Numa civilização eminentemente técnica como a atual, em constante e acelerada transformação, onde o conceito do transitório e do relativo tornou-se fundamental, a criação artística, acompanhando esse intenso ritmo de mudança, chegou a adotar a provisoriedade do estético como um procedimento natural em sua evolução. Estilos, ideias ou conceitos que, em outras épocas, poderiam fertilizar a imaginação criadora por até um século, em nossa era, em muitos casos, não chegaram a sobreviver a uma década. Já nos primórdios do século XX, iniciou-se um corajoso e polêmico questionamento dos próprios recursos que há milênios serviam como matéria-prima da criação nas diversas formas de expressão artística. Materiais "nobres" e perenes como o mármore ou o bronze na escultura, a tela e a tinta na pintura, eram substituídos por componentes até então inimagináveis como elemento de criação artística. Lembre-se dos trabalhos dos dadaístas, por exemplo, onde dejetos do cotidiano eram empregados e, sobretudo, da fase Merz de Kurt Schwitters, o mais consciente e consequente entre eles na busca de novas soluções formais a partir de novos recursos materiais, onde se tornou comum o uso de detritos, lascas, cacos de vidro, velhos jornais etc. No terreno da arte de representar, seu supremo altar, o palco, pelo menos estatisticamente, assumiu importância secundária se considerarmos a expansão que ocorreu nesse setor com o advento do cinema, do rádio e, em seguida, da televisão. Esses veículos industrializaram e massificaram esse gênero de atividade cultural, ao mesmo tempo que introduziram novas formas e conceitos de narrativa dramática. Não podemos esquecer a ideia mais recente do *happening* que, como o próprio nome sugere, não especifica o espaço de sua realização. A crise que se instaurou no verso – esse quase sinônimo de poesia no passado e a substituição sistemática de palavras ditas "poéticas" por expressões coloquiais, pelo jargão do fraseado diário, em consequência, talvez, da "proliferação" da palavra impressa, como resultado do aperfeiçoamento industrial da edição de jornais – abriu um leque de opções formais cujas possibilidades ainda hoje não se esgotaram. Seria o caso de lembrar Mallarmé que, antes mesmo da virada do século XX, acionou a alavanca da instauração de um novo conceito de poesia, particularmente através de seu poema-partitura ou constelar "Un Coup de Dés".

Perseguindo um pouco mais a trajetória da evolução musical do século XX, no que se refere à dilatação de matéria-prima em uso pelo autor, é justo afirmar que algo não menos significativo aqui ocorreu. No decorrer da primeira metade, o som burilado, puro e consoante, foi cedendo lugar ao ruído e à dissonância, praticamente violentando o mecanismo e os propósitos para os quais as fontes sonoras – os instrumentos tradicionais – foram criadas. Um elemento, porém, inteiramente estranho à atividade musical tradicional e oriundo da tecnologia moderna foi nela se infiltrando e assumindo importância cada vez maior: a gravação e a reprodução sonora por via elétrica e digital.

Inicialmente, a reprodução sonora – seja através da onipresença das ondas herzianas ou do disco – se limitava e se esmerava em traduzir o mais fielmente possível a execução musical tradicional. Com o tempo, porém, o músico começou a tratar o equipamento eletrônico não apenas como fonte reprodutora de sons, mas também geradora – como matéria-prima de criação musical, portanto. Isto acontece a partir das experiências realizadas por Pierre Schaeffer em 1950 na Rádio Televisão Francesa (música concreta) e das levadas a efeito nos estúdios da rádio WDR de Colônia por Eimert e Stockhausen (música eletrônica). Pela primeira vez na história o homem passava a ouvir música não produzida pela vibração de uma corda, pelo sopro num tubo ou pela percussão. Neste caso, o compositor passa a criar não apenas uma forma original, mas cada timbre que fará parte da obra.

Essa ingerência da tecnologia moderna e eletrônica na área de criação musical e o desenvolvimento e agilização dos meios de comunicação trouxeram novos e infindáveis recursos para o criador, mas, ao mesmo tempo, prepararam-lhe uma verdadeira armadilha. Até bem pouco tempo atrás a humanidade prostrava-se aos pés desses gênios, pois, além de criadores do "belo", eles propunham o novo, o revolucionário. Semelhante ao que ocorre na ciência contemporânea, onde a figura do "grande inventor" foi substituída por enormes equipes de pesquisadores que, regular e anonimamente, desenvolvem novas conquistas diluídas automaticamente no mercado, a parafernália sonora alastrou-se desordenadamente nas mais amplas e diversificadas formas de consumo, com sua própria e rica dinâmica, cuja movimentação apenas eventualmente depende de lideranças mais fortes. Como em outras atividades artísticas, tornou-se obsoleta a postura tradicional do compositor que ficava encerrado em sua torre de marfim elocubrando e perseguindo o inusitado. Lá fora e não mais dentro de sua cabeça é que acontece hoje a violenta transformação de conceitos. Diante dessa verdadeira democratização da informação que afiou ao extremo os ouvidos, até mesmo do mais modesto habi-

A Humanidade está apenas começando a entender o gigantesco universo sonoro aqui embutido.

tante deste nosso mundo ocidental, é que o artista passa a moldar sua trajetória. Sua tarefa de pinçar o componente motivador e transformá-lo numa realidade efetivamente nova, torna-se cada vez mais difícil e polêmica em meio a esse multicolorido caleidoscópio sonoro que se propaga por todos os poros desta sociedade tecnológica.

Alguns se negam a reconhecer esse fenômeno ou tentam chantageá-lo em benefício próprio. Sugerem, inclusive, a permanência de um comportamento tradicional algo romântico; uma atividade artística que produzisse um entorpecente destinado a subtrair o homem moderno da "rigidez" tecnológica da civilização atual. O assunto em questão, portanto, seria conduzir o debate no sentido de compreender a função e as características de uma atividade artística moderna a fim de evitar que ela se transforme num subterfúgio para "suportar" a realidade contemporânea (texto introdutório à conferência proferida no seminário "Sociedade, Cultura e Tecnologia", em Belo Horizonte, agosto de 1984).

Heitor Villa-Lobos
O Folclore sou Eu

A capacidade bajulativa parece ser típica da personalidade brasileira, mais particularmente de sua "oficialidade". É comum a eleição e adulação de "vultos" nacionais, práticas essas que, além de bustos ou placas em praças públicas, pouco ou nada trazem em benefício do conhecimento ou aproveitamento maior da contribuição do homenageado – no mais das vezes, como se sabe, tais atos são orquestrados para prestigiar os próprios homenageadores... Villa-Lobos, o nosso compositor maior no século XX, não deixaria de ser vítima desse antigo vício nacional. Homenageia-se à exaustão sua memória mas não se encontram no mercado brasileiro suas partituras, seus discos e, seu desejo maior, o projeto de educação musical da Nação via canto orfeônico nas escolas, também já é coisa do passado. Não possuímos dados corretos, sequer, para uma reavaliação crítica de sua obra, para uma análise e compreensão atualizada de seu legado, tão contraditório como importante, tão anárquico quanto genial. Resta-nos, pelo menos, o consolo de saber que seus trastes, manuscritos, partituras e discos editados fora do país encontram-se depositados num casarão do Botafogo carioca, num "Museu Villa-Lobos" – rua Sorocaba, 200 –, cuja existência deve-se à obstinação de Dona Mindinha que foi, não apenas sua musa inspiradora, mas também a chamada "grande mulher" que todo "grande homem" deve ter a seu lado, como se diz.

Um dos grandes equívocos que se comete, por exemplo, ao exaltar-se o trabalho de Villa, é o provincianismo de tentar justificar seu valor em consequência das características nitidamente "brasileiras" de sua composição. Sabe-se que inúmeros autores, não só brasileiros, apoiaram-se insistentemente numa estética nacionalista, em elementos folclóricos e, no entanto, o eco de suas criações não reverberou além dos limites de suas aldeias. Além disso, se as principais obras de Stravinsky estão repletas de folclorismos, foram baseadas em lendas populares antigas de sua terra, a música de Anton Webern é apátrida, é apática, asséptica, abstrata – uma mera constelação de timbres – e no entanto, ambos são considerados os mais radicais revolucionários do continente europeu no mesmo período histórico.

Quando um autor se propõe a edificar uma obra motivada por uma rica cultura popular, é necessário que ele compreenda, ou pelo menos intua (como foi o caso de Villa) o seguinte: a matéria-prima que os países árabes possuem debaixo da terra, por exemplo, tanto pode gerar riquezas, constituir-se uma das maiores fontes energéticas e, até mesmo, abalar a economia mundial, como pode ser usada para acender uma simples lamparina. A riqueza musical que existe sobre as terras brasileiras é, sem dúvida, uma das mais abundantes e motivadoras matérias-primas culturais do planeta. Se ela for culturalmente "industrializada" em nível de sua potencialidade, poderá também causar algum abalo no pensamento musical contemporâneo. Caso contrário, ela servirá apenas para acender uma pálida chama nos corações carentes de identidade étnica ou a procura de um êmulo sentimental com características regionais – "brejeiras".

Villa-Lobos não foi um intelectual como grande parte dos autores atuais, a maioria deles – diga-se de passagem – mais preocupada com teorizações aprioristicas do que com o próprio resultado sonoro de suas criações. Seu projeto musical foi nascendo, na prática, a partir do contato e manuseio com a realidade de seu tempo, seja com as coisas brasileiras, ou com as informações que mal ou bem aqui chegavam do Velho Continente. Sua sensibilidade fora do comum, porém, é que o levou a adotar uma postura especial, única, diante dessa realidade, o que conferiu à sua música uma dimensão maior. Dois aspectos dessa postura devem ser analisados. O primeiro deles é o que se refere às suas relações com a música brasileira. Consciente do fato de que por possuirmos uma rica cultura popular não significa que tudo o que aqui se faça tenha interesse, seja "aproveitável", Villa não fez média com as manifestações artísticas de seu povo, nem usou indiscriminadamente o material folclórico ou urbano apenas por ser "autêntico". Sua sensibilidade e considerável conhecimento técnico já no início do trabalho de longa prospecção da alma brasileira, deram-lhe a suficiente visão crítica para destilar os elementos que verdadeiramente possuíam o germe da criação e da originalidade. Como não poderia deixar de ser, num país como o nosso, essa fase de viagens e pesquisas revestiu-se de todas as características próprias de uma grande aventura. De início, à revelia de seus familiares, que temiam a perdição do jovem músico, Villa-Lobos meteu-se com os mais destacados chorões da época, entre os quais Anacleto Medeiros, Catulo, Ernesto Nazaré, Chiquinha e outros, vivenciando, em todas as suas dimensões, a mais autêntica e inspirada boêmia carioca do início do século. Em seguida vende uma rica coleção de livros herdada do pai e parte para uma longa viagem de rastreamento cultural, não deixando um único ponto deste país sem ser conhecido. E tão longa ela chegou a ser que, pela ausência total de notícias, seus familiares o consideraram desaparecido, chegando a encomendar uma missa por sua alma.

Em 1913, aos 26 anos de idade, Villa fixou-se novamente no Rio e aí inicia um trabalho de aprimoramento de sua técnica composicional e de reflexão sobre o vasto repertório de ideias que havia cadastrado. Nesse momento, seu trabalho ganha definição e obtém características diversas daquelas apresentadas por autores que pretenderam fazer uma música "nacionalista" – seus precursores ou epígonos. É importante que se registre aqui um segundo e fundamental aspecto de sua personalidade artística. Villa-Lobos não estilizou o exótico para a sala de concertos e muito menos ficou copiando modelos composicionais europeus, neles substituindo a temática por elementos brasileiros. Menos ainda, teve a intenção de dar coloração política à sua obra como certos sdanovistas do "realismo socialista" tupiniquim que fizeram imensas orquestrações de ingênuos motivos populares para conferir-lhes o *status* de "cultura superior". Instintivamente, Villa soube guardar o devido distanciamento da matéria-prima compilada, assim como do sofisticado *know-how* composicional europeu, tratando a ambos com uma inusitada e bem-humorada visão crítica. Em sua obra o elemento brasileiro e a desenvolvida técnica de composição tradicional se digladiam o tempo todo como numa acirrada polêmica de ironias mútuas. Essa cosmovisão provocadora das diversas realidades culturais e esse desafio constante entre os diversos elementos que compõem o mecanismo de sua obra suscitaram o espanto e a atenção de observadores de grandes centros culturais europeus, particularmente numa época em que atitudes regionalistas em música eram consideradas decadentistas. Villa sacou energias vivas e criativas de onde pôde e seu talento as transformou numa nova realidade artística. Em sua obra nada é puro – nem o folclore nem a tradição clássica de composição. Irritado, certa vez, com as observações de um crítico ortodoxista, ele retrucou com firmeza: "O folclore sou eu". E o mesmo poderia afirmar aos defensores do rigor tradicional: "A música clássica sou eu".

No início dos anos 20, dois eventos de importância acontecem em sua vida. Já com suas ideias e técnicas amadurecidas e a produção a todo vapor (esse teria sido o momento mais criativo de sua carreira) ele participa com destaque da Semana de 22 e, logo em seguida, viaja à Europa. Se sua obra e sua posição nacionalista não provinciana bastante se identificavam com os motivos daquela Semana, particularmente com o "antropofagismo" de Oswald de

Andrade, as primeiras audições de sua música em Paris chamaram atenção, inclusive por revelar uma surpreendente atualidade. Villa fixa residência na capital francesa, estabelece contato e chega a se tornar amigo das figuras mais atuantes na música da época. Mas não apenas a força do talento musical marca sua presença na Europa como também seu comportamento inusitado. Afirmando de início que nada tinha a aprender e que viera ao Velho Continente para mostrar sua música, Villa divertiu-se com tudo e com todos. Empinou papagaio com as cores da bandeira brasileira no alto da Torre Eiffel, deu declarações estapafúrdias à imprensa a propósito de viagens de pesquisa que teria feito em meio a tribos canibais e certa vez chegou a arquitetar um pequeno *happening* para receber os jornalistas. Mandou revestir as superfícies de um vasto salão com um determinado tecido, com o qual também confeccionou um traje que cobria seu corpo. As pessoas, entrando no salão, ficavam estupefatas ao presenciar apenas a movimentação de sua cabeça em meio àquele estranho cenário.

Mas esse componente algo anarquista da personalidade de Villa-Lobos se fazia presente também em sua obra. É muito comum ele tratar o material sonoro em algumas de suas peças com uma certa "displicência", chegando, às vezes, às raias do aleatorismo, para usar um termo atual. São comuns frases inexecutáveis que soam como meros efeitos colorísticos, como "bruitismo", assim como *clusters* sem sentido harmônico que nada mais pretendem ser que simples e estridentes "barulhos" em meio ao discurso sonoro. Certa vez, regendo em São Paulo, ele foi interpelado por um músico da Sinfônica Municipal: "Maestro, no compasso X é dó ou dó sustenido?". "Você não está ouvindo que isso não é um acorde", dizia Villa, "e sim um baita estrondo sonoro? Tanto faz se você toca dó ou dó sustenido..."

Não menos irreverente era a parafernália de instrumentos brasileiros primitivos, como cuíca, afoxé, reco-reco, sinos de vaca, tamborins, chocalhos vários etc., sendo ouvidos nas finas salas de

Varese e Villa-Lobos em Paris (a barbárie e a anarquia).

concertos parisienses e tendo seus sons estridentes mesclados com os dos finos Stradivarius e flautas douradas das sinfônicas europeias. Esses excitantes componentes antediluvianos, expressos através de moderna e sofisticada escrita composicional, que integravam a obra de Villa-Lobos – que o levaram à autoqualificação de "índio de casaca" – seduziram boa quantidade de intérpretes, entre os quais Artur Rubinstein, e editores (Max Eschig, um dos maiores europeus, além de outras grandes casas editoras americanas), os quais divulgaram sua obra por todo o mundo, tornando-o um dos mais destacados representantes da música em nossos dias.

A partir de sua volta ao Brasil e no decorrer dos anos 30 e 40, uma estranha guinada ocorre em sua carreira. Aquela exuberante e anarquista figura que adentrava sem-cerimônias os finos salões de um Brasil provinciano ou os europeus em plena ebulição da primeira metade do surpreendente século XX, a todos estarrecendo com seus ritmos bárbaros, motivos indígenas, modas sertanejas, canções e maneirismos musicais suburbanos, dobrados, baterias de escola de samba e toda uma batelada de estranhos e primitivos instrumentos, começa a mudar o seu discurso. Aliás, ele adquire características opostas às de até então: "É preciso dominar o feroz instinto dessa raça em desenvolvimento". Aí ele identifica um ponto básico na cultura moderna onde essa "raça em desenvolvimento" podia dar-se mal. Num momento de rara lucidez premonitória, ele adverte para os perigos da "música de repetição", a industrialização cultural que se iniciava com a evolução do rádio, do cinema e do disco. Acreditando que a quantidade e a velocidade do consumo dificilmente iriam empenhar-se na veiculação do que seria o melhor ou o mais útil e importante para a formação de nossa gente, ele encontrava uma única saída para evitar o efeito cultural devastador dessa máquina: municiar a população, disciplinando seu exuberante potencial musical através da educação. Como se trata de um país pobre, dificilmente seria possível colocar um instrumento musical nas mãos de cada jovem. Assim sedo, ele apelou para um recurso natural nessa verdadeira campanha de alfabetização musical do país: a voz humana via canto orfeônico. Ela teve início em 1930, no estado de São Paulo, onde o interventor João Alberto lhe ofereceu os primeiros recursos para a concretização do projeto. Anos após, graças à intervenção do grande educador Anísio Teixeira que havia criado no Rio a Superintendência de Educação Musical e Artística, o ensino do canto orfeônico, já contando com técnicas criadas pelo próprio Villa, foi implantado em todo o país, como parte do *curriculum* escolar. É evidente que a ditadura do Estado Novo, inclusive numa época de grandes conflitos internacionais, muito propensa a ufanismos e patriotadas, não iria deixar de tirar proveito daquela mobilização nacional através da música. Se esse dado circunstancial e oportunista conferiu uma coloração não prevista no projeto de Villa-Lobos, pelo menos ele permitiu sua concretização nas proporções imaginadas. Do ponto de vista técnico ou pedagógico, as ideias originais foram mantidas e mesmo ampliadas. Em 42 criou-se o Conservatório Nacional de Canto Orfeônico, especializado na formação de professores e nele lecionavam os mais competentes e prestigiados músicos brasileiros, além de especialistas internacionais no ensino da matéria, que marcaram época.

Uma característica especial, estranha, mesmo, para os dias que correm, é digna de ser registrada nesta breve apreciação da personalidade de Heitor Villa-Lobos. Era o amor profundo que ele sentia por este país. Ainda hoje, através de gravações de seus pronunciamentos, é possível perceber seu verdadeiro entusiasmo quando se refere ao Brasil e à sua gente. Seria capaz de convencer o mais insensível cidadão de que ser brasileiro é uma generosa dádiva celeste. E esse amor ao país ele demonstrou na prática neglicenciando em parte seu trabalho composicional e limitando sua carreira, suas viagens, a fim de que seus projetos educativos, pelos quais lutou com unhas e dentes, chegassem a bom termo. Uma pena! A humanidade teria lucrado mais se ele tivesse ficado em casa compondo, pois o seu plano de educação musical da nação deve estar alimentando traças em algum arquivo do Minis-

Minha música são cartas para o futuro.

tério da Educação. E a "música de repetição", que ele tanto temia, transformou-se na veiculação de um vasto detrito mercadológico, sem valor cultural ou artístico, que grandes cadeias internacionais e nacionais de tráfico sonoro despejam pelo país afora sem que sua gente – analfabeta musicalmente e sem governantes sensíveis ao problema – tenha meios de rejeitar. Prolifera, pelas placas de rua, o nome de Heitor Villa-Lobos – mas sua alma, seguramente, não descansa em paz...

O Milagre Musical do Barroco Mulato

"Professor Dr. Hans Halm, o senhor que é diretor do Arquivo Nacional de Munique e a maior autoridade europeia em música pré-clássica terá tempo ilimitado para identificar o autor desta música, onde viveu e em que época" – disse o Dr. Walter Senn, Diretor do Instituto de Musicologia de Innsbruck, na Áustria, que viajara à Baviera exclusivamente para propor aquela questão. O Dr. Halm, depois de inúmeras audições das obras e várias tentativas de atribuição de determinadas características a um ou outro mestre, optou por uma resposta genérica, sob a qual, afirmou, estaria enquadrado com toda segurança aquele fenômeno artístico. Disse: "É música de primeira qualidade, escrita por um 'grande mestre', estilisticamente o mais puro pré-clássico, e foi composta dentro desta região" (indicou no mapa um perímetro geográfico que atingia mais ou menos o sudoeste alemão, noroeste da Áustria e norte-nordeste da Itália, proximidades onde circularam com frequência mestres como Johann Christian Bach, Sammartini, Gluck, Vivaldi e Mozart. "Quanto à primeira parte de sua resposta" – disse o professor austríaco –, "de pleno acordo, mas quanto à localização da obra, houve um pequeno engano de quase 10.000 km..." "Isto é uma anedota, ou desafio à minha autoridade?!" – disse já sem humor o mestre interrogado. "Como queira, esta música foi escrita por um mulato, em pleno sertão brasileiro, em 1782!!!"

As reações mais curiosas a fatos semelhantes a este têm levado músicos e empresários de várias partes do mundo a organizarem concertos, desde o segundo pós-guerra, com obras de artistas contemporâneos do Aleijadinho (este e aqueles eram frequentadores das mesmas confrarias religiosas), depois de um longo período de quase 150 anos de silêncio absoluto sobre estas partituras.

A constatação da existência de criação musical em Minas Gerais, no século XVIII, fato ocorrido em dezembro de 1944, veio completar o panorama de atividades artísticas do período áureo da mineração. Até meados do século XX, era peremptoriamente negada a existência de qualquer atividade criativa musical de importância, pelo fato de se terem encontrado, em alguns poucos arquivos de igreja, manuscritos musicais de má qualidade, na sua maioria copiados de obras importadas de Portugal – ainda que todas as igrejas contassem com instrumentos e condições ideais para a prática da música. Pelo fato de Sílvio Romero, em sua *História da literatura brasileira*, ter tido a ousadia de dizer que houve, em Minas Gerais, música "notabilíssima" e que ela foi muito "apreciada", recebeu a seguinte contradita de Renato Almeida: "Não deviam merecer tanto superlativo nem músicos nem ouvintes. Essa música não teve significado artístico algum, nem passaria de adaptações do que os padres traziam de Portugal e aqui se repetia com uma ou outra modificação ou cópia sem merecimento próprio".

O RESPONSÁVEL PELA DESCOBERTA

Como diretor do Instituto Interamericano de Musicologia, tendo publicado 142 trabalhos sobre o nosso país no exterior e possuindo, já em 1936, uma biblioteca de 8 mil volumes sobre o Brasil, o Dr. Francisco Curt Lange jamais aceitara a afirmativa geral de que a nossa primeira manifestação musical de importância se dera no século XIX com o padre José Maurício. Na primeira oportunidade que lhe surgiu, quando foi convidado em 1944 pelo governo mineiro para colaborar na formação da orquestra sinfônica e discoteca estaduais, aproveitando as pausas desse trabalho, fez sua primeira incursão pelo interior daquele estado. Já nas primeiras pesquisas deparou com material que confirmara aquela sua presunção e, em muito pouco tempo, conseguiu recuar de um século para trás o marco inicial da história da música brasileira.

Nascido em 1903, na Prússia, e oriundo de uma família em que a prática musical e o convívio com músicos, como Richard Strauss, era uma constante, Curt Lange, paralelamente ao estudo da música, formou-se em arquitetura pela Universidade de Munique. Essa atração pelas coisas técnicas e o cultivo da música levaram-no, naturalmente, ao estudo da musicologia, em que se doutorou pela Universidade de Bonn. Iniciando a carreira profissional num momento grave da história de seu país natal, que acabava de sair de uma grande guerra e ainda se encontrava às voltas com uma crise financeira, o recém-formado aceitou um convite para trabalhar na Universidade de La Plata, na Argentina, e, em seguida, na Universidade do Chile; posteriormente, solicitado pelo governo do Uruguai, veio a orientar a organização musical nas instituições educacionais desse país. Um número sempre crescente de compromissos com os países latino-americanos solicitaram ainda mais sua permanência neste continente, tendo, por fim, obtido nacionalidade uruguaia, país onde constituiu família e fixou residência.

Em 1934 foi oficialmente convidado para vir ao Brasil, travando, então, estreito contato com Mário de Andrade. Nessa época, mesmo não tendo viajado a Minas, já insistia na hipótese da existência de criatividade musical de alto nível no século do *gold-rush* brasileiro.

A BUSCA

O desejo sempre existente de aprofundar buscas e pesquisas na região foi satisfeito, como dissemos, em 1944, quando o professor Lange permaneceu algumas semanas em Belo Horizonte desenvolvendo vários trabalhos.

O fato de os primeiros resultados serem absolutamente negativos, como consequência do exame nos pequenos arquivos musicais e livros de irmandades das igrejas, não o fez pessimista, uma vez que informações anteriormente colhidas no Arquivo Público de Minas Gerais falavam dos "Termos de Contratação de Música" pelo Senado da Câmara. Isto o levou à hipótese de a música ter sido feita por particulares agregados em entidades, possuidoras de arquivo próprio; a música poderia ter sido composta para determinada cerimônia e depois de sua execução recolhida ao arquivo da corporação musical ou mestre responsável – o que também veio a se confirmar.

Batendo de porta em porta, Curt Lange foi tomando informações verbais, fazendo amizades com músicos e família de ex-músicos, herdeiros de pequenos arquivos ou baús onde havia música velha, a maioria delas ilegível pelo efeito destruidor da umidade e da traça. Houve casos em que, ao simples toque dos dedos, aqueles cadernos de música se desmancharam em nuvens de pó. Essa busca exaustiva começou a apresentar os primeiros dados concretos quando, numa das páginas que envolvia folhas de música manuscrita, conseguiu ler-se, ainda que com dificuldade, "1787 – Antífona de Nossa Senhora com Violinos e Basso", "Salve Regina", e mais abaixo no mesmo papel: "Autor José Joaq. Emerico Lobo de Mesquita". Perguntando a respeito do destino que pretendia dar àquele arquivo, o velho mineiro seu proprietário respondeu que todos os anos, em época de São João, vendia grande parte daquela papelada velha, considerada, por ser fácil de queimar, ideal para fazer foguete...

Foi assim que o musicólogo, mesmo sem saber se daquilo algo lhe poderia interessar, diante da indiferença demonstrada, adquiriu aquela "papelada" cheia de bicho, úmida e malcheirosa, transportando-a para seu apartamento em Belo Horizonte. Fazendo as primeiras leituras, constatou que ponderável parcela era constituída de dobrados e marchinhas de banda deste e do século passado, sem o menor interesse. Entre os documentos, porém, havia algumas partes de violino, violoncelo e partes corais avulsas que foram associadas, depois de um longo trabalho comparativo, em forma de partitura, com o que se permitiria um juízo de valor artístico.

Seguiu-se a mais grata das surpresas! O contraponto era impecável; a condução das linhas instrumentais e vocais revelavam uma habilidade artesanal de alto nível; o uso do texto e da "Teoria dos afetos", a qual ressaltava através de efeitos musicais o conteúdo literário, era de uma invenção e inteligência comparáveis aos mestres europeus da época; a estrutura formal era absolutamente lógica, ainda que, às vezes, diferisse de certos modelos europeus de música religiosa. Acima de todos esses dados técnicos, porém, colocava-se a beleza musical daquelas obras. Muito pouco tempo depois, elas arrancariam frenéticos aplausos de uma plateia que, de pé, exigiu a repetição de vários trechos em um memorável concerto-estreia no Teatro Colon, de Buenos Aires. Sim, pois o entusiasmo de Curt Lange não conseguira apoio de nenhuma entidade oficial ou particular brasileira para a complementação de uma pesquisa ou execução pública das obras, fato que o levou a fazer os primeiros pronunciamentos teóricos, edições de partituras e audições fora de nosso país. O primeiro levantamento a respeito do fenômeno foi impresso em 1946 pelo Instituto Interamericano de Musicologia de Montevidéu no *Boletin Latino-americano de Música*, v. 6. O trabalho de cem páginas inclui vasta documentação técnica, textos e fotografias de manuscritos originais. A primeira partitura impressa de três obras desse acervo foi financiada pela Universidade Nacional de Cuyo, em Mendoza, Argentina, da qual o professor Lange se tornou chefe das edições musicais e diretor do respectivo departamento de musicologia.

Como consequência dessa edição, o interesse internacional começou a despertar e se organizaram inúmeros concertos na Europa e nos EUA, nos quais as obras mineiras figuraram ao lado de outras de Bach, Haendel, Pergolesi e Vivaldi. Ainda que dessa primeira edição Lange tivesse destacado oitocentos exemplares, que enviou a músicos e entidades culturais do Brasil, não se esboçou entre nós, durante muito tempo, a menor reação.

Depois de doze anos da descoberta é que o pesquisador recebeu, por parte do ministro Clóvis Salgado, um convite para permanecer dois anos na região. Esse convite, que fora também endossado pela Unesco, concedeu-lhe, além da hospedagem, um jipe com manutenção e material para microfilmagem. Nesses dois anos foi feito um vasto levantamento histórico e sociológico a fim de apurar as raízes do fenômeno, que Lange considera sem precedentes na história da humanidade.

O resultado dessa pesquisa está reunido em dezesseis volumes. Além da parte teórica, estão também em condições de edição catorze volumes de partituras devidamente restauradas.

Nessa segunda viagem, o professor Curt Lange teve também a oportunidade de fazer a triste constatação: nos doze anos de sua ausência, perderam-se 27 arquivos repletos dessas obras.

DIVULGAÇÃO DA PESQUISA

Depois da infinidade de problemas de várias naturezas pelos quais passou o prof. Lange para levar sua descoberta e restauração a bom termo, surgiu um outro não menos dramático que o levou quase à loucura: a incompreensão e a chantagem por parte de pseudomusicólogos cariocas que não acreditavam em sua idoneidade profissional. Enciumados com o fato de a preciosa descoberta que atrasou em um século a música nacional ter sido feita por um estrangeiro, suspeitando da veracidade das obras – cuja existência eles jamais suspeitaram – e da possível qualidade da restauração, em vez de entrarem em contato com o professor, preferiram armar-lhe uma cilada. Enviaram um repórter da revista *O Cruzeiro* à sua casa no Rio para entrevistá-lo e fotografar o arquivo, fazendo publicar uma reportagem repleta de calúnias, inclusive com ameaças policiais de busca e apreensão do acervo.

Como no Brasil da época não havia musicólogos ou instituições especializadas para abrigar e trabalhar esse material, que, aliás, ele havia adquirido legalmente, salvando-o do foguetório, Lange não titubeou em levá-lo a São Paulo, armazenando-o em minha casa num velho armário de roupas de minha mãe. Nesse meio tempo procurei o aval da competente e nobre figura do historiador Sérgio Buarque de Holanda e solicitei a ele que convidasse Lange para dar um curso na USP sobre a descoberta. Organizei também um concerto no Teatro Municipal, imaginando que o contato do público com as obras seria, não só de grande impacto, mas propiciaria um paradeiro àquela insanidade. O curso de dez aulas na USP foi muito bem recebido, o concerto regido por mim no Municipal com a Orquestra Sinfônica do Estado de S. Paulo e a Associação de Canto Coral do Rio de Janeiro foi um enorme sucesso e este artigo, publicado no dia da apresentação em página inteira no jornal *O Estado de S. Paulo* (10/7/65), ajudou a esclarecer o grande público o que foi esse milagre cultural brasileiro. A partir de então a música clássica desses nobres crioulos do sertão brasileiro podia soar pelos palcos do mundo sem receios.

Atualmente, dois museus devidamente equipados e conduzidos por profissionais competentes, em Ouro Preto (Museu da Inconfidência) e Universidade Federal de Minas Gerais, cuidam da boa preservação e divulgação desse acervo descoberto por Curt Lange.

MULATO MESMO!

Após a constatação do fenômeno e de se encontrarem várias vezes os nomes de Lobo de Mesquita, Marcos Coelho Netto, Francisco Gomes da Rocha e Ignácio Parreiras Neves, restava saber se a música era importada de Portugal, se composta por portugueses imigrados ou por nativos. A presença dos nomes desses compositores em irmandades das quais, segundo rigorosos estatutos, só faziam parte nativos e homens de cor, não deixou mais nenhuma dúvida quanto a suas origens. Aliás, já em 1740, o número de "pardos" ou mulatos era praticamente igual ao dos colonizadores europeus. Se esses nativos, em sua origem, são produto da união do português com africana – as primeiras imigrações até 1720 eram constituídas quase exclusivamente de homens solteiros – o mulato, em sua língua, religião, hábitos e mentalidade, era europeu. Com o tempo, o mulato galgou, inclusive, altos postos de administração, fenômeno inevitável apesar dos protestos de Lisboa. A realidade é que, depois de certo tempo, os preconceitos formados eram mais de ordem material que racial.

As pessoas totalmente destituídas de condições materiais poderiam ter o mais puro sangue europeu em suas veias que permaneceriam, não obstante, socialmente ao nível dos escravos.

A qualidade técnica das obras encontradas e o emprego magistral do texto vêm confirmar um ditado popular da época comum, seguramente, a brancos e pardos: "Mineiro sabe duas coisas bem: solfejar e latim".

PRIMÓRDIOS

Quanto aos primeiros passos da formação da cultura musical mineira, falta-nos documentação informativa. Sabe-se, porém, que a prática da música se iniciou para abrilhantar o culto religioso, logo em seguida à abertura dos primeiros templos. De início importaram-se livros de canto gregoriano – prática da monodia não acompanhada – e em seguida os primeiros exemplares de música polifônica, impressos em Lisboa. Estas últimas coincidiram com a vinda dos primeiros órgãos, os quais não resistiam ao clima e à ação dos insetos roedores. Ainda que se tenha, depois de certo tempo, iniciado a fabricação local de instrumentos com madeira da região, portanto mais resistente, o emprego do órgão foi menor que o dos instrumentos de orquestra. Por essa razão, também adotou-se o frequente uso do cravo, cuja mecânica era mais simples. Já em 1739, pagavam-se duas oitavas e meia de ouro na Villa Real de Sabará, a

José Soares, segundo o "Livro dos Termos da Irmandade de N. Sra. do Amparo", para "tanger o cravo no dia da festa..." Na primeira metade do século XVIII, havia trinta irmandades religiosas, que prestigiadas pelo clero e as autoridades civis, adotaram a prática da música associada ao culto religioso. Os dados constantes da publicação "Triunfo Eucarístico", dedicada às festividades no ano de 1733 da trasladação do Santíssimo Sacramento da Igreja de N. Sra. do Rosário, para a nova Igreja Matriz de Villa Rica, consagrada a N. Sra. do Pilar, falam com grande eloquência sobre a função da música nessa cerimônia. Esta publicação foi feita em Lisboa, no ano seguinte ao acontecimento e registra a presença de coros duplos, que já eram tradicionais na época, assim como de um corpo de instrumentistas de sopro negros, precedido, no cortejo, por um excelente trompetista alemão, "montado em formoso cavalo..." (é enigmática, diga-se de passagem, esta referência à presença de um estrangeiro na região, uma vez que, por motivos óbvios ligados à busca do ouro, a penetração do elemento alienígena em Minas era proibida e as fronteiras rigorosamente controladas).

AS CORPORAÇÕES MUSICAIS

A existência das Corporações Musicais parece datar já dos primórdios da prática musical. Sendo a Igreja tão intimamente ligada ao poder temporal, em direto contato com as câmaras reais das respectivas cidades, sabe-se que ela possuía, por essa razão, recursos materiais suficientes para contratação de músicos ligados a essas corporações. Tomem-se como exemplo os serviços prestados pelo mulato Antonio do Carmo, que, no ano de 1728, era contratado pelo Senado da Câmara de São João del Rei para se responsabilizar pela música com dois coros, mediante o pagamento de 40 oitavas de ouro. Num "Termo" (contrato) por serviços prestados à Igreja da Ordem Terceira do Carmo de Sabará, estipula-se que Anastácio Ribeiro da Costa se compromissa a executar música em três dias consecutivos, com doze vozes (segundo o "rol" por ele apresentado; seis rabecas, três becões, um órgão e duas trompas) e mais, a tudo "levar a cabo com maior apuro", por 260 oitavas de ouro. As rabecas eram violinos e os becões, ou rabecões, eram violoncelos ou contrabaixos.

É interminável a quantidade de termos e listas de músicos microfilmados pelo professor Curt Lange, nos quais se observa que esse tipo de contratação se estendeu até o fim do século XVIII. Passível de verificação foi a existência de competições regulares entre os agrupamentos musicais de cada cidade, assim como entre os diretores dos conjuntos, que disputavam, entre os elementos existentes, os mais preparados ou talentosos.

As contratações eram feitas anualmente após cuidadosos testes públicos, aos quais se submetiam os cantores e músicos enumerados no rol. Num documento datado de 1780, o maestro Domingos José Fernando submetia à consideração do Senado da Câmara Real de Villa Rica a aprovação de seu agrupamento musical. O instrumental era composto de violinos, violas, contrabaixo, flautas, oboés, clarinetes, fagotes, clarins, trompas e timbales. A parte vocal se constituía de quatro vozes mistas, sendo que as vozes femininas eram cantadas pelos homens em falsete (não se registrou a presença de castrados, cuja aparição no Brasil se liga às representações cênicas com a vinda de D. João VI).

A COMPOSIÇÃO MUSICAL EM MINAS

Os conjuntos musicais, que apresentavam obras de compositores próprios, eram contratados pelo Senado Real da Câmara para as festas oficiais de todo o ano. A presença, já na primeira metade do século, dos chamados "Autos de Arrematação de Muzica" vem comprovar a existência, desde aqueles inícios, de criação musical na região. Não se teve notícia da formação de escolas oficiais de música; o ensino sempre foi privado. É seguro afirmar-se que a prática, o autodidatismo e, sobretudo, a necessidade de muita música, foram os responsáveis principais pelo rápido despertar daquela geração de compositores. Colhendo ensinamentos em material da época chegado da Europa, não tardaram a emancipar-se e, falando a linguagem musical de seu tempo, entraram no campo da invenção e do experimento, chegando a soluções muitas vezes incomuns e outras precursoras em relação a fenômenos semelhantes da cultura musical europeia.

Quando Beethoven, em 1800, por exemplo, dentro dos mais clássicos moldes de instrumentação e harmonia, iniciou sua primeira sinfonia com um acorde de dó maior com sétima, o que representava, para a época, um fato especial (ainda que a dissonância estivesse bem "acondicionada" pelas outras vozes) provocou a maior celeuma, passando a "ousadia" a ser citada no mais elementar compêndio de história da música como uma das evidências do gênio do mestre de Bonn. Vinte anos antes, porém, um obscuro mulato em meio ao "sertão brasileiro", como dizia o professor de Innsbruck, inicia a terceira parte de uma Antífona à Nossa Senhora com um acorde de fá sustenido, dó, mi bemol, lá sem a menor preparação ou base harmônica. Um acorde de dupla dominante e duplamente alterado, escrito para coro e orquestra, fato que também vem provar a habilidade vocal dos cantores incumbidos de entoar a nota musical correspondente, num acorde de dois trítonos (trítono é um intervalo dissonante conhecido desde a Idade Média como "diabo em música").

Ainda que a produção musical mineira do século XVIII tenha "alcanzado cifras tan abultadas que no caben en la imaginacion de una persona por más que se familiarice con nuestro descubrimiento", como diz Curt Lange num trabalho publicado na Argentina, o refinamento e o amor ao detalhe nunca estiveram ausentes de qualquer dessas obras. Não quero me referir à pureza do estilo, a qual, ao menor descuido de andamento, intensidade de execução ou articulação vocal e instrumental é desvirtuada. A própria construção das células melódicas, o uso dos textos, os contrastes de grandes blocos em "tutti" com frases de tal delicadeza que um solista ou um aprimorado e restrito grupo camerístico estariam aptos a evidenciar suas inflexões. Na mesma linha de procedimento, enquadram-se o emprego de certos materiais que, destacados daquele contexto, seriam atribuídos ao folclore ou a uma prática musical popular. Há certos trechos que muito se assemelham a compasso de danças, outros a uma melódica mais fluente, simples e, às vezes, até sentimental; outros motivos, os Et Ressurrexit, por exemplo, são de uma alegria e extroversão tais, que se poderia perfeitamente comparar a uma verdadeira manifestação musical coletiva de rua, em meio a gritos e saltos. Este fato vem demonstrar a incorporação à arte musical mineira da vivência humana de cada compositor, muito diversificada de um para o outro, mas tão autêntica e tão coerente em cada caso considerado, que se poderia mesmo – e aqui falo de minha experiência pessoal como regente de todas as obras até aqui restauradas – tirar conclusões a respeito da estrutura humana de cada compositor. Para dar um exemplo, se é que os recursos verbais nos permitem "contar uma música", cite-se o final da já aludida Antífona de Lobo de Mesquita, na qual ele faz uso de uma melodia de quatro compassos absolutamente primitiva, semelhante às que se costuma cantar em processões do interior. A inteligência musical deste mestre, no momento da elaboração, não complicou a simplicidade daquele canto; muito ao contrário, esforçou-se em manter as características de origem. A melodia foi colocada num contexto todo especial, como sequência de uma frase de muitas modulações, crescendos e decrescendos, "tuttis" corais e orquestrais. Aparece assim em toda a sua transparência, cantada em "pianíssimo" no registro mais agudo dos tenores e baixos, cujo resultado sonoro muito se assemelha ao canto piedoso das velhinhas que lentamente caminhassem de vela na mão enquanto se faz ouvir o texto: "O clems. O pia. O dulcis Mater." No outro extremo, uma oitava abaixo da última nota do contrabaixo, ouve-se, por este instrumento, um "ostinato"; uma nota extremamente grave que se repete regular e ininterruptamente, quase que comparável a uma pulsação ou aos passos medidos de um fiel em oração. Toda essa atmosfera criada é bruscamente quebrada por um grito de alegria de todo o coro, com eloquente acompanhamento orquestral, ao serem pronunciadas as palavras "Maria virgo", a quem a Antífona é dedicada.

MÚSICA PROFANA CULTA

A intensa atividade musical mineira do século XVIII não foi apenas religiosa. Em 1727, numa carta do governador da Capitania ao rei de Portugal, há referências a atividades operísticas em Villa Rica. O próprio Cláudio Manuel da Costa, elemento ativo da "Arcádia Ultramarina", escreveu um livreto de ópera intitulado "Parnaso Obsequioso", com indicações para musicalização. Falta-nos, porém, documentação informativa sobre a existência de composição de música culta não religiosa, ainda que não tenham faltado condições ideais para tal. O número de óperas executadas em Villa Rica sobe a várias dezenas.

A "Casa de Ópera" de Villa Rica, que veio a substituir outras menores, foi erigida em 1770, tendo apresentado sempre programação normal e variada.

A prática da música de câmara deve ter sido não menos intensa. Foram encontradas partes de trios e quartetos de Boccherini, Pleyel e outras de compositores clássicos europeus. Pelo fato de as músicas terem sido muito recopiadas, deixava-se de anotar, por vezes, o nome do autor. O importante era a música em si. Lange encontrou uma folha de um quarteto de Haydn copiada por um tal Maciell em 1794 – Haydn ainda vivia! – que, de tanto ser tocada, tinha a ponta direita inferior, usada para virar a página, inteiramente transparente.

Quando, em 1786, em Villa Rica, comemoraram-se as bodas entre as coroas de Portugal e Espanha, foram levadas a efeito diversas apresentações, entre elas três óperas, cuja natureza e autor nos são completamente desconhecidos. Num documento existente no Arquivo Mineiro, há referência a uma dessas obras – "Ifigênia" – de onde se presume o caráter alegórico das três.

Se intensa foi a prática da música profana culta, é também evidente a sua influência sobre a música religiosa.

OS COMPOSITORES
Lobo de Mesquita

José Joaquim Emerico Lobo de Mesquita foi um dos mais ativos músicos da segunda metade do século XVIII na qualidade de organista, regente e compositor. Desenvolveu a maior parte de sua vida musical no Arraial do Tejuco – atual Diamantina – onde, na Igreja de N. Sra. do Carmo, fora instalado, em 1787, um órgão que custou 1.100 oitavas de ouro, o qual foi posto à sua disposição.

Por ser membro da Irmandade de N. Sra. das Mercês – "Confraria de Crioulos" – e ter sido qualificado como "Alferes das Milícias Auxiliares", conclui-se que era mulato e nascido na Capitania. Durante sua estada no Arraial, dez diferentes regentes estiveram ativos nas corporações, além de seis outros que atuaram também como organistas, do que se deduz ter havido um mínimo de 120 músicos naquela pequena cidade, vivendo de sua profissão.

Em contrato firmado pelo "alferes" com a Ordem, ele se comprometia a tocar órgão nas sextas-feiras e sábados, assim como nas "festividades de Nossa Senhora, na Novena e no dia de Santa Quitéria, na Novena e no dia de N. Sra. do Carmo, no tríduo de Santo Elias, na Novena de Sta. Teresa, no Setenário de N. Sra. das Dores, quando nas sobreditas ocasiões não houver música (cantoria com acompanhamento de instrumentos), porque no caso de haver, ficará ele dito habilitado para entrar nela, e também quando se fizer algum culto ao Senhor São José..." Pagaram-lhe 50 oitavas de ouro anualmente por esse trabalho.

Com a decadência econômica do Arraial do Tejuco e das contribuições às irmandades, a música foi afetada, fato que levou Lobo de Mesquita, em 1798, a abandonar o Arraial, depois de vinte anos de atividades consecutivas. Seguiu para Villa Rica, onde permaneceu dois anos. Seu lugar de organista no Tejuco foi ocupado por um cega...

Em 1798, estabeleceu um contrato com a Ordem Terceira do Monte do Carmo, com plena liberdade para substituir elementos

Primeira página da "partitura" autografada por Lobo de Mesquita, datada de 1783. Documento original.

Semana Santa – Tríduo Sacro – Antífona "Traditor" (Tiple).

José Joaquim Emerico Lobo de Mesquita: sertanejo, crioulo, brasileiro, vivaldiano.

e criar um conjunto ao seu gosto a fim de executar suas composições e criar outras novas.

A partir de 1800 desaparecem, em Minas, os vestígios de vida do maior compositor das Américas desse período, como refere o professor Curt Lange.

Este incansável pesquisador, apaixonado pela própria descoberta, aproveitando, em 1961, o estágio de um dia no Rio de Janeiro de passagem para os EUA, foi à Ordem Terceira do Carmo e pediu autorização para fazer uma investigação nos livros desta, a partir de 1799. Qual não foi a sua surpresa ao ler um documento do dia 10 de julho de 1800, segundo o qual a Ordem Terceira do Carmo do Rio de Janeiro mandava reparar o órgão, despendendo para tanto a importância de 1.320 oitavas de ouro. O instrumento reparado destinava-se a um excelente organista recém-chegado de Minas, de nome Lobo de Mesquita!

Como se sabe, as primeiras composições importantes do padre José Maurício são do início desse século, o que nos leva a crer na possibilidade de uma vinculação entre ambas as figuras, os dois pilares históricos da composição musical no Brasil.

Foi, também, consultando os livros subsequentes da Ordem que Curt Lange encontrou no verso da página 191, referente ao dia 3 de maio de 1805, um contrato com o organista Vicente Meireles, firmado "por ter falecido o que presentemente estava tocando"...

Marcos Coelho Neto

Compositor e regente de Villa Rica, de grande evidência no período de 1760 a 80, era também excelente trompetista.

Em 1786 foi-lhe confiada a direção musical de dois dramas e três óperas representados em Villa Rica como parte das festividades comemorativas das bodas reais já mencionadas. Foi, seguramente, pessoa muito respeitada na época, pois seu nome consta como mesário das Irmandades de São José dos Pardos e das Mercês, assim como da Freguesia do Pilar. Poucas de suas composições restaram do total abandono de 150 anos a que foi legada a cultura musical do Brasil-Colônia, mas delas se tiram as mais nítidas conclusões do pleno domínio que tinha de sua arte, e de um gosto musical refinadíssimo. Em seu hino "Maria Mater Gratiae" observa-se uma condução melódica magistral, plena de longos melismas de admirável pureza e fluidez. São de um efeito todo especial as frases colocadas em regiões muito agudas do primeiro violino, compostas apenas de notas bem curtas, de incrível transparência, só encontradas em certas obras de Mozart. Falecido em agosto de 1806, sepultado em S. João, legou seus dotes ao filho Marcos, que também foi compositor, e à filha Albina Coelha.

Francisco Gomes de Rocha

Deste compositor não restou grande informação, além de citações feitas de seu nome, em listas de músicos de 1780, apresentadas ao Senado Real da Câmara de Villa Rica. Além de suas atividades composicionais, sabe-se que foi "Timbaleiro do Regimento dos Dragões", e durante quarenta anos cantor, na qualidade de contralto (como não era permitido às mulheres abrirem a boca na igreja, segundo ditado latino, as partes agudas eram cantadas por homens em "falsete", ou "voz de cabeça", forma de empostação da voz masculina que a faz atingir registros bastante agudos, assemelhando-se, no timbre, à voz feminina).

Além de sua "Novena de N. Sra. do Pilar" encontraram-se, apenas, mais duas pequenas peças. Sua produção musical, porém, não foi pequena, conclusão a que chegamos pela maturidade que demonstra a sua linguagem composicional. Sua escrita nos inclina mais a uma comparação com os mestres da Escola de Mannheim e com as primeiras obras de Haydn. Certas liberdades tomadas com as vozes superiores e solistas mostram-nos uma tendência progressista muito acentuada. É também o compositor que fez as mais curiosas modulações, utilizando-as não por motivos formais – de voltar à tonalidade original, por exemplo –, mas como um artifício de surpresa psicológica de grande efeito.

Faleceu em fevereiro de 1808.

Ignácio Parreiras Neves

Deste extraordinário músico, que se coloca, a meu ver, em pé de igualdade com Lobo de Mesquita, só nos restou uma única obra: "Credo", para quatro vozes mistas, trompas, cordas e baixo, composto aproximadamente em 1770 em Villa Rica. Foi encontrado, também, um documento relativo à composição da música fúnebre para quatro coros, quatro fagotes, quatro contrabaixos e dois cravos.

Os 15 minutos de música composta pelo mulato Parreiras Neves, que milagrosamente chegaram até nossos dias, dão-nos ideia exata da grandiosidade de seu talento, da mesma forma que, se se tivesse perdido toda a obra de Pergolesi e dela só restasse o "Stabat Mater", o seu lugar na história da música não seria de menor importância.

Esse "Credo", que inclui Sanctus, Benedictus e Agnus Dei, apresenta, em cada detalhe, uma solução musical totalmente diversa, como consequência de sua fertilíssima imaginação e pleno domínio da técnica de compor. É o conteúdo do texto que orienta a construção musical, a qual lhe permanece intrinsecamente ligada, em vez de simplesmente adorná-lo.

O desaparecimento de Parreiras Neves deu-se por volta de 1793.

A DECADÊNCIA

Com a decadência da mineração e consequentemente dos recursos da Igreja, a quase totalidade das composições do século XVIII caiu no esquecimento.

Em seguida foram aparecendo muitos instrumentos de metal, em substituição ao oboé, à flauta, ao fagote e à viola. A família dos saxhorns, o oficlide, a trombeta com pistões e o trombone de vara fizeram sua estranha aparição nos templos. Longe de receberem o tratamento dado por um Gabrieli em Veneza, eles ali estavam como consequência do declínio do profissionalismo musical e vinham com sua música de banda, menos elaborada e mais ruidosa, substituir a transparência e refinamento das partituras que até bem pouco soavam naquelas igrejas.

Com a ausência da música de qualidade, pela queda de toda uma estrutura que permitira sua existência, cessara também um intenso intercâmbio dentro da Capitania que, através de cópias manuscritas, fazia chegar, aos mais longínquos povoados, as melhores composições. Cita-se como exemplo o fato de o professor Lange ter encontrado as partes de oboé e flauta de "Missa em mi bemol" de Lobo de Mesquita, quinze anos após sua descoberta, na pequena Vila de Datas, onde essa complexa obra deve ter sido executada.

Se a prática musical do século XVIII era de tal porte que os músicos sequer elaboravam partituras, mas redigiam diretamente as partes – vocais ou instrumentais – no período imediatamente subsequente não se escreveria uma única nota musical de interesse.

Com toda a sua riqueza e inusitadas características, permaneceu isolado, histórica e geograficamente, o fenômeno musical do Barroco Mulato.

Para concluir, é bom que se diga que, além dos já citados centros de pesquisa, restauração e documentação do Museu da Inconfidência de Ouro Preto e da Universidade Federal de Minas em Belo Horizonte, contamos também com o do Museu da Música de Mariana, da Lira Sanjoanense e da Orquesta Ribeiro Bastos de São João del Rei e, sobretudo, com o Centro Cultural Pró-Música de Juiz de Fora. Aqui, além do trabalho musicológico, realiza-se anualmente um amplo festival dedicado à execução da música colonial brasileira e da música antiga em geral, com apresentações públicas e gravações que nos revelam, mais de duzentos anos após terem sido criadas, o brilho sonoro dessas partituras. É bom que se diga, também, que em todo o Brasil existe hoje mais de uma centena de centros de pesquisa e documentação, o que nos tranquiliza por sabermos que está sendo tratado com a devida competência e carinho o precioso legado sonoro de nossos maravilhosos Vivaldis-crioulos.

Da Bossa Nova ao Tropicalismo

Talvez pela excessiva velocidade com que os valores culturais se sucederam no século XX, ele ficou marcado pela presença de inúmeros escândalos liderados por artistas. A cultura brasileira, desde 22, digamos, também conheceu alguns desses impactos revolucionários, inclusive em nível da chamada "cultura popular", algo que não deixa de causar uma certa estranheza, pois aquilo que emerge espontaneamente do espírito do povo, deveria ter com ele um relacionamento sereno e sem atritos. No fim da década de 50 ao fim da década de 60, por exemplo, dois acontecimentos inovadores de nossa música popular causaram no público em geral e em boa parte dos observadores mais qualificados, uma certa perplexidade. Ainda que o sêmen tivesse vindo da Bahia, suas gestações se deram no eixo Rio-São Paulo: a Bossa Nova e o Tropicalismo. Movimentos de características opostas, já que o primeiro significava uma implosão de nossos valores culturais, expressos através de uma sofisticada forma de música de câmara, e o segundo uma explosão de ideias as mais diversas e até mesmo deliberadamente contraditórias. Eles representaram a abertura e o encerramento de um dos momentos mais férteis e criativos de nossa imaginação popular – situado, mais precisamente, entre o grito silencioso de João Gilberto em "Chega de saudade" (1959) e o grito estrangulado de Caetano, Gil e Os Mutantes em "É proibido proibir" (1968). Ao contrário do tropicalismo e de tantos outros acontecimentos marcantes de nossa época que se manifestaram através do estardalhaço, a Bossa Nova, ao expandir-se, foi causando um inusitado incômodo, em consequência da forma concisa e delicada de sua linguagem expressiva.

Filha de uma década – a de 60 – em que a irreverência juvenil movimentou multidões, questionou diversas formas de *establishments*, adotou comportamentos extravagantes –, apesar de sua característica intimista, a Bossa Nova foi um autêntico fruto dos valores de seu tempo e da geração que a cultivou. Na realidade, a filosofia da encantadora Nação Woodstock que abrigava os jovens da época em todo o mundo, tinha como sigla a expressão "paz e amor", e quanto mais, ao passar do tempo, os amplificadores aumentavam o número de decibéis, mais essa geração voltava-se para dentro de si mesma, em repúdio aos valores da geração anterior e burguesa. Quando se abriram as portas do templo do rock em Nova York, o Fillmore East, os donos retiraram as cadeiras imaginando que a meninada fosse dançar e se confraternizar ao som eletrizante daquela música. Ledo engano. Os jovens estiraram-se no chão e, estaticamente, deixaram envolver-se por aquela densa massa sonora – e, evidentemente, também, por uma psicodélica nuvem de fumaça... Cada um "na sua", como era comum dizer. Ao inaugurar-se o Fillmore West, na Califórnia, as cadeiras ficaram no lugar.

Um gênero de revolução via introspecção, na música popular brasileira, foi proposto, no fim dos anos 50, pelo pessoal da Bossa Nova. Além de uma nova música, ela refletia dados do comportamento espiritual do jovem da Zona Sul carioca, que, na época, não contava com um repertório musical que se identificasse com suas aspirações e maneira de ser. E quem vivenciou esse período, deverá lembrar-se do incômodo que causava aquela música silenciosa, sutil, que falava uma linguagem "não poética" – se comparada aos jargões do cancioneirismo da época – onde "o amor, o sorriso e a flor" eram a sigla e a figura de intérprete mais expressiva a de um anticantor.

E nem poderia ser diferente. Vivíamos em plena síndrome da "dor de cotovelo", do samba-canção abolerado, em que Lupicínio como compositor e Maysa e Agostinho dos Santos como intérpretes eram das poucas figuras verdadeiramente interessantes e criativas. Além disso, proliferava a peste da harmônica de fole, devidamente incentivada pelos arranjos e pelas academias Mascarenhas, os quais, com soluções simplórias, motivavam a nossa adolescência a fazer música em casa – de "Beijinho doce" à "5ª" de Beethoven, tudo se tocava naquele instrumento...

Mas mesmo no Rio de Janeiro o Movimento foi mal recebido. Como cidade epidérmica, extrovertida e carnavalesca por natureza, ela considerou inicialmente essa música quase um crime de lesa-samba. Entrincheirados no Beco das Garrafas (rua Duviver, em Copacabana), seus cultores, maldosamente chamados de "filhinhos de papai" que faziam música a partir de modelos "alienígenas", não se intimidaram e tentavam criar vínculos com sua geração, pois a MPB da época era para os "coroas".

Um primeiro armistício surgiu quando alguns "monstros sagrados" da época sentaram-se no chão e cantaram com a molecada, não economizando elogios à alta qualidade daquela música. Ary Barroso, Maysa, Elizeth e Mário Reis foram alguns deles.

São Paulo, cidade que sempre soube muito bem destrinchar, coordenar e mesmo incentivar movimentos culturais organizados, não hesitou em trazer para cá os principais representantes da Bossa Nova. Pelos meios de comunicação praticamente iniciou uma verdadeira campanha pelo reconhecimento dos valores dessa música. Já em 59, João Gilberto fazia um programa semanal na TV Tupi (permanecia durante meia hora sentado num banquinho murmurando suas canções), a concorrência mandava buscar Jobim e criava "O bom Tom" – "cheguei a comprar uma casa com o dinheiro daquele programa", disse-me ele. Álvaro Moya, que dirigia a TV Excelsior, trazia todos os domingos para o "Brasil 60", o programa de maior audiência da época, os principais líderes do Movimento, os fazia cantar entre si ou com grandes músicos de outras gerações, para mostrar que não havia o tão propalado antagonismo de estilos (foi inesquecível e mesmo antológico o primeiro encontro entre João Gilberto e Orlando Silva naquele programa, em que os extremos da voz perfizeram uma harmonia artística jamais suspeitada pela confusão da época). No dia a dia, "Pick-up do Pica-Pau", o programa radiofônico mais ouvido, Walter Silva esmiuçava compasso por compasso as gravações, traduzindo para o grande público toda a sutileza daquela manifestação. Se, em ambientes menores ou em reuniões universitárias, essa música já começava a ser ouvida, foi em São Paulo, no antigo cinema Paramount, que o grande público começou a ter contato com esses artistas. Walter Silva, aproveitando a popularidade de seu programa diário, organiza a série "Bossa Nova no Paramount". Sendo a audiência preponderantemente universitária, ele subtitulava cada show em função da faculdade que o solicitava: "1º Denti-samba", "O remédio é bossa", "Mens sana in corporis samba" e "O fino da bossa", nome esse utilizado em seguida pela TV Record, quando a televisão resolveu tornar-se o veículo porta-voz da música daquele período, popularizando-a em definitivo.

Formalmente, a linguagem cristalina e econômica da Bossa Nova enquadrava-se como uma luva no espírito de seu tempo. O fim dos anos 50 foi o período em que, nas artes plásticas, o concretismo liderava os mais significativos acontecimentos, baseando-se na clareza formal, economia de elementos e no rigor geométrico de suas linhas. Não menos transparente e tecida era a poesia concreta, fruto daquele período. Seu material de trabalho, a palavra – sua semântica, sua forma, seus fonemas – era pinçada e programada na folha branca do papel em meio a multiassociações de significado, som e sentido visual, que perfaziam o mais fino e intrincado mosaico literário que se conhece, atuando na própria raiz da linguagem poética, estabelecendo padrões inteiramente novos de expressão e questionando outros de origem milenar.

A música erudita concluía, por fim, que Anton Webern era o esteio de um novo conceito de organização sonora, transformando-se, praticamente, no pai de toda a geração de autores do segundo pós-guerra. Sua obra era composta por alguns poucos decibéis, sutil e rigorosamente estruturados em obras, cuja compactação extremada não as permitia durar mais do que alguns poucos minutos. Em nível da mais evoluída cultura popular que se conhecia na época, o jazz, vivia-se o período do chamado *Cool Jazz*. Sendo o mais despojado estilo da história daquela música, ele se colocava em relação à tradição jazzística na mesma proporção em que a Bossa Nova se colocava em relação à nossa. Ou seja: tocar menos e fazer-se ouvir mais ou diminuir o número de notas e aumentar a tensão.

Destrinchando um pouco os componentes básicos da Bossa Nova, poderíamos entender melhor suas inovações e contribuições. Na realidade, esse tom coloquial e despojado que a caracterizava não era tão desconhecido como parecia. O que houve, foi que os urros e sussurros da música da década de 50 haviam feito o brasileiro esquecer-se da interpretação descontraída e não menos despojada de um Noel, Mário Reis e outros. Se durante a guerra e na Zona Norte eles falavam em "média requentada" ou "com que roupa eu vou", e nos anos 60 a juventude da classe média alta de Copacabana comentava a *Rolley-flex* e o copo de uísque na mão; se nos sambas de botequim do Grajaú o negócio era cabrocha, mulata e requebrado e em Ipanema garota, morena e balanço, não significa que o tipo de interpretação e a poética de ambos – a fina ironia, o humor inteligente, a malandragem charmosa – sejam tão distantes assim. Aliás, João cantando "Bolinha de papel" e Mário Reis "Desafinado" vieram provar isto. Existe um aspecto, porém, que diferencia a Bossa Nova de nossa música tradicional. Ela contava com recursos técnicos modernos que se faziam presentes na composição da melodia, da harmonia, na estrutura rítmica, na elaboração do arranjo e coisas assim. Seus músicos possuíam elevado conhecimento técnico, a maioria formação erudita e considerável conhecimento do jazz moderno. Assim sedo, dominavam uma rica concepção harmônica, a qual veio substituir os famosos quatro acordes ou "posições" do violão (1^a, 2^a, "preparação", 3^a), que acompanhavam praticamente todas as melodias tradicionais. Dessa maneira, tanto no violão como nos instrumentos de teclado, passou a ser comum o uso de acordes "alterados", ou seja, repletos de notas estranhas à harmonia tradicional, nela consideradas "dissonantes". Essa harmonia dilatada motivava também sequências bastante ousadas, assim como modulações para tonalidades distantes da do ponto de partida. Em consequência disso a condução melódica expandiu-se consideravelmente, permitindo a composição de canções bastante flexíveis e não facilmente cantáveis, que sugeriam, inclusive, a ideia de estarem "desafinadas", o que levou o menestrel a se justificar diante da namorada, dizendo que aquilo era apenas uma bossa nova e até muito natural. Dado o caráter camerista da execução, a estrutura rítmica do acompanhamento tornou-se mais complexa e diversificada. Até mesmo uma nova célula rítmica quaternária foi criada para o samba bossa-nova que substituiu a tradicional, que era binária.

Essa compactação expressiva que permitiu o enriquecimento do encadeamento harmônico e, como consequência, a expansão do desenvolvimento melódico e a diversificação da estrutura rítmica de acompanhamento, teve seus reflexos também na concepção do arranjo orquestral. Na realidade operou-se uma verdadeira "filtragem" da massa sonora instrumental, extraindo-se dela os timbres essenciais, os quais foram usados esparsa e economicamente, a fim de não perturbar a sutil articulação da narrativa. Nas gravações mais representativas da Bossa Nova ouvia-se, às vezes, uma única frase de violinos durante toda a composição, o piano comparecia com um único acorde e silenciava, um coral a *boca chiusa* realizava um contraponto ao canto e mais nada, um trombone com surdina executava um improviso de dois compassos e se retirava e coisas assim. Essa redução no uso da cor orquestral promoveu, ao contrário do que se poderia pensar, uma valorização efetiva do som instrumental que redundou na formação de um sem-número de pequenos conjuntos. Liderados por músicos de formação erudita, como Luiz Eça, os irmãos Amilton, Adilson e Amilson Godoy, Cesar C. Mariano e outros, eles trouxeram novamente para a MPB a prática da música instrumental que, nos anos anteriores, havia sido inteiramente postergada pela ação e pelo estrelismo belcantista e predador de nosso rouxinóis do asfalto. Surgiu também uma leva de solistas instrumentais, verdadeiros virtuoses, que trouxeram importantes contribuições no sentido da dilatação do lastro técnico e do repertório de ideias de nossa música. Maurício Einhorn, Paulo Moura, Baden Powel são alguns dos mais expressivos que se firmaram nessa época.

Com relação ao uso do texto, a virada não foi menos significativa. O tom cabaretista, gênero dramalhão centro-americano que caracterizava as letras da época, foi, de estalo, substituído pelo comentário descontraído das coisas urbanas, pelo linguajar simples, coloquial, jovem, direto e sem metáforas. Até mesmo o grande Vinicius de Moraes tratou de despir a sua poesia de qualquer tipo de empostação ou artificialismo e aderiu ao discurso claro e fino daquela juventude. Numa letra anterior à Bossa Nova ele dizia: "Oh, mulher, estrela a refulgir..." Depois: "Ela é carioca... Olha o jeitinho dela andar."

Parece-nos que o tom "correto" dessa linguagem coloquial foi dada por Newton Mendonça ao trabalhar com Jobim nas duas composições básicas e mais famosas da BN, inclusive internacionalmente: "Desafinado" e "Samba de uma nota só". Além de croniquinha amorosa ao sabor da época a que elas se referem, essas músicas fazem um inteligente e sutil comentário do próprio Movimento. O que era estranho para o grande público da época, o autor transfere para o colóquio com a namorada. Sugerindo que aquela música, aparentemente desafinada e complexa, não era nenhum bicho de sete cabeças mas, ao contrário, algo muito natural; ele pedia a ela (e à sociedade) que o compreendesse, pois no peito daquela geração que possuía seus próprios valores, "também bate um coração". Em "Samba de uma nota só", onde o texto comenta a música e esta o texto, ele justificava a "estética" da Bossa Nova. Assim como para atingir a felicidade não seria necessário ter muitas mulheres, para se fazer uma boa música é também dispensável o uso de muitas notas. Aliás, dizia, isto é possível, até mesmo, com uma nota só. Músico de formação erudita, que ganhava a vida na noite, onde conheceu Tom Jobim, Newton Mendonça faleceu logo após a composição dessas músicas. Seu exemplo claro, porém, deixou a esteira certa para a poética dessa música, na qual se apoiaram outros letristas importantes, inclusive o próprio Vinicius, o jornalista Ronaldo Bôscoli e outros.

Como movimento jovem e preponderantemente universitário, não tardou, como era de esperar, o surgimento de uma faixa de

João Gilberto no Carnegie Hall. (A massa ainda vai saborear o biscoito fino que eu fabrico. – Oswald de Andrade)

canções cujo tema caminhava no sentido de um engajamento político-social. O estopim dessa tendência foi o show "Opinião" e, logo em seguida, surgiram outros também de grande sucesso como "Zumbi" e "Liberdade, liberdade".

É bem verdade que as composições para esses "shows políticos", como eram chamados, chegavam às raias do panfleto. Era muito comum naquelas músicas ouvirem-se frases como "onde a terra é boa, o senhor é dono, não deixa passar", "plantar p'ra dividir? Não faço mais isso não", "a terra é de ninguém" etc. Assim, surgiram dois comportamentos diversos. Na faixa intimista, as composições comentavam o "chapeuzinho de maiô", "o cigarrinho aceso na mão e o moderninho violão", mas, quando o jovem se juntava com os colegas nos teatrinhos de bolso, não hesitava em bradar: "Quem trabalha é que tem direito de viver".

João do Vale, Marcos e Paulo Sérgio Valle, Sérgio Ricardo e depois, também, Chico Buarque, Geraldo Vandré e Edu Lobo foram os líderes dessa tendência, que contava com textos de Gianfrancesco Guarnieri, Millôr, Capinan e outros.

É importante que se diga que quem definiu o estilo, as linhas gerais do Movimento Bossa Nova foi o violonista, cantor e compositor João Gilberto. O despojamento de todos os parâmetros da composição se deu a partir do momento em que ele se ligou àqueles músicos e letristas. Já citamos aqui Vinicius, antes e depois de sua ligação à Bossa Nova. Mas o próprio Tom Jobim, o principal compositor, revelou dois tipos de comportamento artístico, um anterior e outro posterior ao seu contato com o "baiano bossa-nova". Basta ouvir o LP "Canção do amor demais" onde Elizeth canta suas composições, por ele mesmo orquestradas. Os arranjos são cheios de glissandos de harpas, violinadas furiosas, tudo muito ao sabor das orquestrações bolerescas e *kitsch* dos anos 50. Aliás, a micro-composição de João Gilberto, que vinha gravada atrás do disco em 78 rotações de "Desafinado", já fornecia a dica rara e clara, a equação básica para toda aquela música: "Bim bom. É só isso o meu baião e não tem mais nada não".

É evidente que um movimento de tal nível e criatividade não iria passar despercebido no país com a vida musical mais intensa e qualificada deste planeta, os EUA. Ainda que a Bossa Nova tenha sido apresentada àquele mercado no Carnegie Hall, num show à brasileira – improvisado, confuso musicalmente, com a metade das coisas não funcionando e em pleno tumulto –, os americanos detectaram sua importância e já ficaram por lá com os seus dois mais dignos representantes: João e Jobim. E é importante que se diga que ela foi ali assimilada não em consequência de táticas, gênero "boa vizinhança", que durante a guerra para lá carregou Carmen Miranda, Ary Barroso e Zequinha de Abreu. Muito menos ali chegou para alimentar o mercado de gêneros exóticos sul-americanos, ideais para animar festinhas de aniversário ou para embalar os sonhos da classe média americana com a magia dos mares do sul. Nada mais nada menos que os mais importantes e sofisticados músicos é que se interessaram pela BN, mais precisamente a vanguarda do jazz da época.

Até mesmo a revista *Down Beat* – a bíblia daquela música – chegava a declarar: "Há 40 anos, nenhum músico estrangeiro havia influenciado tão efetivamente a música americana como o fez João Gilberto". Penetrando e diluindo-se em todas as faixas de mercado, ela chegou a interessar até mesmo o maior intérprete do século XX da música pop daquele país, Frank Sinatra, que, humildemente, sentou-se ao lado e fez dueto com o anticantor Tom Jobim, gravando dois LPs com suas músicas.

Ao mesmo tempo Ella Fitzgerald declarava que "depois de Cole Porter só havia Jobim" e Stan Getz radicalizava referindo-se a ele como "o maior melodista do mundo na segunda metade do século XX".

No decorrer dos anos 60 o sucesso cada vez maior da BN motivou a televisão a encampar toda a sua movimentação. A TV Record conheceu o auge de sua existência no momento em que tinha sob contrato exclusivo todos os principais representantes dessa música, assim como aqueles que surgiram em função dela. Mas o entusiasmo que havia em torno daqueles programas foi causando a dispersão de certos valores trazidos pela Bossa Nova. O clima de festa que

É perfeitamente possível ser original com singelas melodias – mas só Jobim sabe sê-lo.

havia em torno do "Fino da Bossa", o mais importante programa, foi transformando aquela música em manifestações quase carnavalescas, dispensando assim a fina ourivesaria original da Bossa Nova. Elis Regina, aos pulos e berros, ao lado de Jair Rodrigues, conduzia o espetáculo quase à histeria e, quando não, ao tom melodramático em muitas interpretações. Simonal, com seus gorjeios e trejeitos, não poupava o público com seu "charme" e suas gracinhas; cantores como Leny Andrade e Peri Ribeiro, em meio a afetações e maneirismos rouxinolescos, mais pareciam um arremedo de Billy Ekstein; o estrelismo delirante envolvia todos aqueles artistas, até o ponto em que aquele deslumbramento recebeu um inusitado choque. Todos os domingos, às 5 da tarde, a meninada passou a se reunir em torno de seus ídolos no programa "Jovem Guarda", de inspiração beatleriana, e, com saudável descontração, passaram a curtir suas ingênuas historinhas de amor. Por incrível que pareça, as interpretações de Roberto Carlos possuíam um despojamento muito maior e se aproximavam muito mais de João Gilberto que as daqueles que se diziam sucessores do bossa-novismo.

Apesar da postura aparentemente agressiva daqueles que faziam um rock tupiniquim, que incluía roupas "transadas", e baseadas nos moldes estrangeiros dessa música, apesar dos ídolos nacionais cantarem com "caras de mau" e mil guitarras, "eu sou terrível"; a Jovem Guarda, ao contrário de ser um movimento *trash*, marginal e pesadamente questionador de uma sociedade massacrante, como os padrões ingleses e americanos nos quais se baseava, era uma música alegre, solta, "boazinha" mesmo – um de seus ídolos era até chamado de "ternurinha". Era consumida com total aprovação dos papais e vovós, os quais levavam seus filhos e netos, domingo à tarde, para assistirem aos shows da TV Record na rua da Consolação de São Paulo, mesmo porque eram também fãs do ídolo-mor Roberto Carlos. Mesmo havendo essa "harmonia de gerações", a Jovem Guarda operou, sim, uma mudança de comportamento nos adolescentes, tornando-os mais descontraídos, autoconfiantes, respeitados e criativos. Na época, a palavra "jovem" inclusive na publicidade, era um comando-símbolo de coisa atual, nova, agressiva, inteligente etc. Inteligente, mesmo, do ponto de vista musical e artístico, em meio a mil conjuntinhos de "iê-iê-iê"; era o excepcional Os Mutantes, formado por Rita Lee e os irmãos Arnaldo e Sérgio Batista. Aqui a coisa era outra. Efetivamente anarquistas, debochados, cultos e mais músicos, eles não tiveram grande acesso à essa Jovem Guarda ingênua. Nem sequer "roqueiros" eles eram, pois faziam um rock sobre o rock. Seus horizontes de ideias eram de tal dimensão e conteúdo que só foram encontrar guarida num outro campo cultural popular, o do Tropicalismo. Apesar do comportamento anárquico e multifacetado de suas intervenções, a música dos Mutantes tinha efetiva consistência. E a prova disso é que proliferam, nos dias de hoje, em vários países, verdadeiros fã-clubes dessa banda – sendo que o maior de todos os fãs é o próprio filho de John Lennon, que circula por Londres com suas gravações debaixo do braço.

Nos dois últimos anos da década de 60 a MPB se reequipou com novas ideias, ganhando nova forma e conteúdo, através do advento do Tropicalismo – ainda que ele tivesse vindo "para confundir e não para explicar" (esta frase é do Chacrinha).

Ainda que seus líderes principais, Caetano e Gil fossem egressos do camerismo da Bossa Nova e tivessem como guru o introvertido João Gilberto, ao contrário da compactação daquela música, o Tropicalismo abriu-se para a diversidade, mesclando fervilhantemente os mais inusitados componentes culturais num projeto cultural de impacto. Inicialmente, as pessoas ficaram confusas – inclusive os críticos – diante da parafernália de elementos os mais antagônicos que formavam aquele impulso criador (o arranjo original da música Tropicália com a interpretação de Caetano que deu origem ao movimento, eu escrevi e gravei no mês de setembro de 1967). Do arsenal sonoro e literário do Tropicalismo faziam parte a Bossa Nova e a Velha, a guitarra elétrica e o bandolim, a música medieval e a eletrônica, a música fina e a cafona, o portunhol e o latim, a música de vanguarda e a do passado, o baião e o beguine, o berimbau e o teremim, o celestial Debussy e Vicente Celestino, os versos de Cuíca de Santo Amaro e a Poesia Concreta, o som e o ruído, o canto e o grito, indo provocar terremotos, por extensão, no artístico e no cultural, no político e no social. Curiosamente, aqueles que jamais falaram em "a terra deve ser do povo!", ou "o povo unido jamais será vencido" e, ao contrário, cantavam as águas azuis de Amaralina e o passeio no parque de José, o rei da brincadeira, é que foram presos e humilhados pela ditadura. Quando Caetano e Gil saíram da prisão, fui visitá-los em Salvador. Num dado momento me relataram uma conversa que tiveram com um general da cúpula daquele sistema. Após mandar cortar seus cabelos, ele lhes disse algo assim: "Vocês, com essa mania de fazer da realidade uma pasta informe, de demolir sistemas e valores, estão agindo com uma das formas mais modernas de subversão, talvez a única". Ou seja. Os "milicos" sabiam que o negócio era deixar a esquerda festiva musical com sua verborragia panfletária à solta e encaçapar aqueles que realmente ameaçavam as estruturas com outras armas, muito mais sutis e eficientes. Ou seja, a revolução se processava pela linguagem e não pela língua. Os militares sabiam disso; os universitários que expulsaram os baianos e os Mutantes do palco do Tuca por ocasião do "É proibido proibir", não. Os ditadores entendiam de vanguarda revolucionária, ao passo que os estudantes é que eram os reacionários.

Como se pôde observar por esse quadro, a década de 60 foi um período excitante, que provocou no país um surto criador de elevado nível e não apenas meras agitações. Semelhante ao que ocorreu na mesma época internacionalmente, quando grandes transformações comportamentais, artísticas e sociais impulsionadas pela guitarra em riste, tendo como munição o rock, abalaram o mundo, aqui também através da cultura popular, mais precisamente via música, é que as provocações vieram a ocorrer, marcando sua presença nesse século de maneira especial, comparável somente a outro momento, os *roaring twenties*.

Astor Piazzolla
O *Kitsch* na Vanguarda*

Há alguns anos, os americanos usavam a expressão "música progressiva" para caracterizar certos acontecimentos mais elaborados e ousados do jazz. Oriundo da ingênua música de salão europeia, acidentalmente aportada às margens do Mississipi, essa forma de expressão atingiu níveis de sofisticação e padrões técnico-artísticos comparáveis aos da música de concerto. Pouquíssimos acontecimentos da música popular internacional lhe seriam comparáveis ou mereceriam o emprego dessa expressão.

Na América Latina, o Brasil conheceu uma fase evolutiva em sua música de elevado interesse, seja pela riqueza de seus componentes culturais como pela forma provocativa de sua atuação em diversas áreas artísticas, no período compreendido entre o advento da Bossa Nova e o auge do Tropicalismo. No mais, a música urbana dos países do nosso continente encontra-se atolada em nostalgias emboleradas, ilustrações ideais para alimentar sonhos exóticos dos mares do sul... O tango argentino, fiel a seus modelos da década de 20, não fugia a esse atoleiro.

Como por encanto, porém, alguém consegue captar esse componente exacerbadamente expressionista, patético e decadentista

---
* Texto extraído do programa do primeiro concerto realizado por Piazzolla no Brasil, no Teatro Municipal do Rio de Janeiro em 28/4/72.

do tango e transformá-lo em matéria-prima de uma composição musical moderna, semelhante ao que ocorrera com o jazz. Entre essa expressão musical de vanguarda e o tango de Gardel, não existem estágios intermediários. O tangão velho de guerra interpretado através de uma linguagem de Stravinsky, Schönberg, Berg e Ravel, faz do artífice dessa alquimia um badoneonista argentino, o mais excitante e consequente músico da América Latina depois dos anos 70: Astor Piazzolla.

Não tenho dúvidas de que a forte musicalidade do povo brasileiro irá identificar-se de imediato com a força expressiva desse artista. Ela chega, inclusive, num momento oportuno para servir de exemplo aos músicos brasileiros. Uma época em que a fervilhante década de 60 começa a virar história sem deixar nada no lugar.

Violentango – undertango – libertango.

Astor Piazzolla

Entrevista dada a Júlio Medaglia em Buenos Aires em 29/3/72.

JM – Num país cuja música popular não se renova há mais de 50 anos, como conseguiu você, caso isolado, impor a sua obra, tão experimental e progressiva?

AP – Debaixo de "lios, trompadas e tiros"... Apenas de três anos para cá que ganho dinheiro com minha música. Há 25 anos trabalho sozinho como músico experimental. Até bem pouco tempo atrás eu era ameaçado por telefone de agressão física das mais variadas maneiras. Uma vez, entrei no palco e havia quatro caras prontos para me agredir no momento em que eu tocasse a primeira nota em meu instrumento, o bandoneon. Suspeitando o acontecimento, levei comigo um cifão e com alguns golpes pude liquidar os quatro defensores do "verdadeiro tango" – coitados, não sabiam que eu tinha sido seis anos boxeador e amigo de infância de Rocky Marciano e de uma série de outros tipos que hoje possuem cadeira cativa em Sing-Sing e Alcatraz...

JM – De que maneira você chegou a escrever uma música que, sendo ou partindo do tango, chegou a esse nível técnico tão evoluído?

AP – Por uma simples razão: quando vivia em New York, no ano de 1933, ganhei de meu pai, um marinheiro imigrante italiano que foi para a Argentina em 1884, um bandoneon. Comecei a estudar sozinho música clássica, adaptando e transcrevendo para esse instrumento obras de Bach, Mozart e dos principais mestres. Depois é que veio minha aproximação ao tango. Em 34, Gardel foi aos EUA para cantar e filmar "El dia que me quieras", filme de que participei como ator – fazia o papel de um menino jornaleiro. De meu contato com ele fui me aproximando mais do tango e cheguei a gravar discos como membro de seu conjunto. No início, porém, Gardel me disse: "És um bueno bandoneonista, pero como tocador de tango, es un gallego."

JM – Como seguiram então seus estudos?

AP – Em 1937 voltei à Argentina. Lá, ao mesmo tempo que trabalhava como bandoneonista e arranjador da famosa orquestra de Aníbal Troilo, estudava música erudita com o compositor Alberto Ginastera. Meu interesse pela música de nosso século me levou a estudar composição com Nadia Boulanger, em Paris, com quem coloquei meus conhecimentos técnicos em dia e estudei regência sinfônica com Hermann Scherchen.

JM – Quais foram suas experiências no setor da chamada "música erudita"?

AP – Compus uma "Rapsódia Portenha", premiada nos EUA; com minha "Sinfonieta" ganhei o prêmio dos críticos de Buenos Aires em 54; nesse mesmo ano com minha sinfonia "Buenos Aires" ganhei o prêmio Fabien Sevitzky e, comissionado por alguns músicos ou entidades argentinas, escrevi "Milonga em ré", "Tango 6" e "Tangazo". Recentemente escrevi, com texto de Horacio Ferrer, meu autor de textos predileto, o oratório popular "El pueblo joven". Essa obra foi agora gravada na Alemanha, escrita para bandoneon, soprano solo, coro e orquestra e deverá ser coreografada por Maurice Béjart para a TV.

JM – Como construiu aquilo que hoje se chama de "Música popular contemporânea da Cidade de Buenos Aires"?

AP – Bem, na década de 40 meus arranjos para Troilo já chamavam a atenção por uma certa originalidade na escrita. Em 46, achei melhor formar minha própria orquestra – quatro bandoneons, quatro violinos, piano, contrabaixo, viola e violoncelo. Aí já começaram as *"peleas"*... Pelo fato de eu usar celo e viola, os críticos me perguntavam se eu pensava fazer música para Teatro Colon; quando pus 2 bandoneons em minha "Sinfonieta" os "eruditos" diziam que teatro municipal não é cabaré... Em 56, quando voltei da Europa, formei o "Octeto Buenos Aires" e uma orquestra de cordas, época em que se iniciou uma verdadeira revolução na música de Buenos

Aires, quando eu ouvia, diariamente, a expressão "*no te metas*". Fui muito podado pelas TVs, gravadoras, rádios e *show business* em geral. Iniciei, então, uma série de apresentações no interior da Argentina e no exterior, chegando até o Lincoln Center de Nova York. Em 1958, por dificuldades de sobrevivência, voltei aos EUA e comecei a trabalhar como arranjador de gravadoras. Prevendo que ia ser engolido pela impiedosa engrenagem musical americana que neutraliza facilmente qualquer ideia nova, voltei a Buenos Aires em 1960 e formei o meu próprio conjunto; um quinteto com violino, piano, guitarra elétrica, contrabaixo e percussão – eu atuava ao bandoneon. A esse quinteto, que trabalhou dez anos comigo, acrescentei agora mais um violino, viola, violoncelo, formando assim o que chamamos de "Conjunto 9". Trabalhando íntima e intensamente com esses instrumentistas, os quais possuem o mais elevado nível musical e domínio técnico de seus instrumentos, pude finalmente desenvolver minhas ideias até as últimas consequências.

JM – Qual é o montante aproximado de sua obra?

AP – Bem, tenho mais de trezentos tangos compostos, mais ou menos cinquenta musicalizações para filmes, teatro e balé. A maior parte de meu trabalho se encontra registrado em mais de quarenta LPs, pelos meus diversos conjuntos e com arranjos escritos por mim mesmo, nos quais não há um só compasso de improvisação.

JM – Além de "Balada para um louco", muito conhecida no Brasil, você escreveu outros *hits*?

AP – "Balada para um louco", foi, de fato, meu maior sucesso popular – só na Argentina vendi mais de 200 mil discos – cantada por minha esposa Amelita Baltar. Para ela escrevi também mais uma série de tangos e, sobretudo, a *operita* "Maria de Buenos Aires". Para o seu lançamento, vendi meu carro, hipotequei minha casa mas ela ficou quatro meses em cartaz no Teatro Planeta de Buenos Aires. Eu parto, porém, do princípio de que tango moderno é música para ser ouvida e não dançada ou cantada – pelo menos das formas tradicionais – e por essa razão o meu tango é cavocado a duras penas das mais diversas e, às vezes, impossíveis formas de execução instrumental. Às vezes não são frases acabadas, são apenas fragmentos melódicos ou células. Esses fragmentos melódicos não estão sempre na voz mais aguda, mas passam por outros instrumentos, obedecendo a um princípio estrutural de composição e arranjo. Gosto muito, por exemplo, de escrever contraponto e muitas vezes fugas, onde um motivo melódico passa de um instrumento para o outro sendo contraponteado por outras vozes. Às vezes, é muito difícil um tema escrito para guitarra elétrica ser respondido pelo contrabaixo, mas meus músicos superam com trabalho e técnica qualquer problema de execução.

JM – Percebe-se em seus arranjos que você dá uma importância toda especial à percussão, elemento não valorizado no tango tradicional. Como consegue aquele arsenal de ruídos?

AP – Quando se estuda música mais aprofundadamente aprende-se a valorizar os mais diversos componentes da composição e não se justifica deixar de lado um dos seus aspectos mais importantes como a percussão, em favor da harmonia ou da melodia, por exemplo. Desenvolvi todo um arsenal de ruídos que elaboro em meus arranjos. Nele participam inclusive instrumentos não de percussão, por natureza, como o contrabaixo, por exemplo. O faço bater com a madeira do arco nas cordas ou percutir com a palma da mão na tampa de trás da caixa acústica. Faço a guitarra elétrica calcar as cordas numa região superaguda formando ruídos, quando percutidas, que nada têm a ver com os lindos acordes de Wes Montgomery. Para os violinos escrevo, às vezes, efeitos onde o instrumentista passa o arco atrás do cavalete, provocando sons sem altura definida que mais se assemelham a efeitos de fricção de dois materiais ásperos. Deixo também celo, viola e violino colocarem a unha do indicador debaixo de uma corda, e passar com os quatro dedos da outra mão sobre ela, provocando um ruído semelhante ao de percussão sobre um tambor militar. Gosto muito de usar "glissandos", ou seja, fazer passar muito rapidamente os dedos da mão esquerda sobre uma ou duas cordas que provocam uns efeitos de assobio. Adaptei também em meu bandoneon uma pequena caixa acústica sobre a qual golpeio com a ponta de meus dedos. Sobre essa caixa também coloquei um reco-reco o qual às vezes fricciono com a ponta dos dedos. Isso para não falar na própria bateria que enriqueci com uma série de pequenos aparelhos para serem percutidos normalmente com as baquetas.

JM – Quais são seus compositores prediletos?

AP – Gosto muito de Ravel pelo fato de ele ter esgotado, a meu ver, os possíveis recursos de orquestração. Gosto muito do trabalho que Gerswin realizou na música americana, Bartók, Stravinsky e Alban Berg são meus prediletos. São exemplares para mim, embora não tenha intenção de plagiá-los. Nadia Boulanger já dizia que meu ouvido e minha memória musicais são tão ruins que eu não teria condições de imitar ninguém...

JM – Qual é sua opinião a respeito da música popular brasileira?

AP – Bem, de toda a América Latina, o Brasil é o país que possui, sem dúvida, a música mais interessante e criativa. Aquela avalancha de renovação de ano para ano que se sucedeu na década de 60 foi realmente um caso único em termos de música popular. Acho estranho que, de uns anos para cá, não se tenha mantido aquele ritmo de renovação como prometia ser. Caetano Veloso é para mim o *number one*, imediatamente seguido da figura de Gilberto Gil, este também como intérprete e instrumentalista. Gosto muito de Elis Regina e Bethânia – elas se completam. Isso para não falar no grande João Gilberto e no Tom Jobim do início de 60. Um trabalho que sempre gostei muito foi o desenvolvido e nunca superado, durante vinte anos, pelo conjunto Os Cariocas. Quanto ao nível literário da composição popular no Brasil, acho que vocês atingiram um estágio não superado por nenhuma outra música popular no mundo.

Abaixo o Orgasmo, Viva a Ereção

Depois que os anos 60 se foram, com sua exuberante provocação musical e comportamental, internacionalmente liderada pelo rock e no Brasil colorida pelos finos acordes da Bossa Nova, pelo frenesi ingênuo do iê-iê-iê e pelo sarapatel de ideias do Tropicalismo, parece que uma letargia mental se abateu sobre nossos tão imaginativos e corajosos músicos. Quando, na década de 70 iniciou-se a tal "distensão" e a liberdade de expressão, em vez de nossa vida musical explodir em novos e surpreendentes projetos, caiu, ao contrário, num bolerento e embolorado cancioneirismo linear, comandado pelas Simones, Ro-Ros e Joanas da vida. Quando, em algum momento, houve alguma cobrança, nossas lideranças foram logo apontando "culpados" ou bodes expiatórios de araque que, de nenhuma maneira, justificam essa música que fazem, típica de FM – Fundo Musical.

Mas nesse blá-blá-blá desses coroas da MPB, que se dizem desinteressados no momento em política, partidos ou qualquer tipo de problemática nacional (e dá-lhe problemática...), enquanto bebem caipirinhas, voltou o Chico a descer o pau na crítica. Já no "Canal Livre" ele havia feito tais declarações, logo endossadas por outros músicos ali presentes e, mais recentemente, Gal Costa partiu para agressões maiores chamando a crítica de burra e imbecil. Num programa de televisão em que fui entrevistado, tentei abordar essa questão sob um outro prisma, mas meu interlocutor, o Tarso de Castro, não só não prestou atenção em meus argumentos, mas partiu para agressões pessoais, chamando-me de fascista ou de alemão que não tem condições de compreender o "fluxo" de nossa MPB e coisas assim, num afã de defender seus amiguinhos músicos, companheiros de porres e beijinhos na boca – na realidade, eu não havia sequer emitido opiniões pessoais, mas apenas feito constatações. Lembro-me, claramente, dos áureos tempos dessa geração, aí pelo fim dos anos 60, quando não apenas a crítica mas uma repressão violentíssima tentava amordaçar a forte expressão de seu trabalho e ninguém ia resmungar na televisão e muito menos pedir condescendência a críticos para que fossem um pouco mais serenos ou atenciosos. Muito pelo contrário. O pau comia feio sobre "Roda Viva", em atos de violência jamais imaginados pelo bom e "inzoneiro" espírito deste povo e o artista saía ainda mais fortalecido, criativo e corajoso. Nenhum cassetete, tortura ou tentativa de lavagem cerebral que se processava através dos meios de comunicação conseguia interromper ou inibir a atividade e a avalancha de participação social, política e cultural promovida pelos artistas da época e que tinha na música brasileira o seu carro-chefe.

Não adianta querer encontrar agora "razões" fora da própria atividade intelectual ou composicional ou ficar culpando instituições – crítica, censura ou a engrenagem da televisão – pelo baixíssimo saldo criativo de nossa música no final do século XX.

A propósito de crítica e críticos, quero informar que naquele período áureo de nossa música, foram jornalistas como Paulo Cotrim, que dirigia a sessão de música da *Veja* e Tárik de Souza que abriram as portas dessa revista àqueles acontecimentos, antecipando-se à própria opinião pública – na maioria das vezes contrária a muitas daquelas ideias. Eu colaborava esporadicamente na *Veja* e cansei de ver Cotrim e Tárik encher o saco do Mino Carta para que ele compreendesse a importância daqueles movimentos musicais e desse mais espaço e mesmo capas para suas matérias. Um outro exemplo brilhante de trabalhos jornalísticos feitos na época foram os publicados pelo poeta concretista Augusto de Campos no *Jornal do Brasil*, *Correio da Manhã* e *O Estado de S. Paulo*. Eram apreciações tão profundas e inteligentes sobre toda a movimentação musical e sua importância cultural – eu considero as melhores já feitas a respeito de música no Brasil – que a editora Perspectiva, que só publica obras dos mais importantes intelectuais do mundo moderno, não hesitou em editá-las em livro: *Balanço da Bossa e outras bossas*.

Aliás, um dos maiores críticos literários deste país foi exatamente o pai de Chico, o gigante Sérgio Buarque de Holanda. Conheci várias de suas críticas e lembro-me de como ele, com rara propriedade e perspicácia, sabia chamar a atenção para autores da vanguarda da época, os quais ainda eram internacionalmente questionados. Lembro-me da corretíssima avaliação de Sérgio sobre Ezra Pound, por exemplo, que por ter tido relações com o fascismo teve a importância e o verdadeiro sentido de sua obra falsamente interpretados pela esquerdinha festiva internacional da época.

Esse papo de que a televisão é um veículo insensível à boa música também é furado. Toda essa geração de músicos, atuando ainda hoje, foi fruto exclusivo da televisão. O período áureo de seus trabalhos se deu nos grandes festivais da TV Record de São Paulo nos anos 60. E no momento mais polêmico e vibrante da música do período, quando Caetano heroicamente tentava defender suas ideias numa nação em fúria contra ele, uma única instituição esteve ao seu lado: a Globo de São Paulo. À revelia de todos, ela colocava no ar inúmeras vezes aquele seu desesperado e lúcido discurso de "É proibido proibir" (68). Outro "bode expiatório" além da crítica e da televisão que foi comumente apontado como "culpado" pela longa falta de dinâmica e improdutividade de nossa música foi a censura. Quem teve oportunidade de ler artigos meus mais antigos, sabe que eu nunca embarquei nessa canoa furada. Aliás, a distância histórica veio dar-me inteira razão. Na verdade, o período mais fértil, criativo e revolucionário de nossa MPB foi exatamente aquele que vai dos anos 64 a 72 e que compreendem: popularização da Bossa Nova (via shows do teatro Paramount/Walter Silva), sua encampação pela TV, início da Jovem Guarda, reciclagem da tradição musical brasileira a partir de programas como "Bossaudade", grandes festivais da Record, Tropicalismo, Divino Maravilhoso (TV Tupi/Fernando Faro), Som Livre Exportação (TV Globo) e o último e único verdadeiramente importante FIC da Globo (72), este produzido por Solano Ribeiro, o mesmo responsável pelos da Record (nesse festival se tornaram conhecidos do dia para a noite: Walter Franco, Sérgio Sampaio, Fagner, Belchior, Maria Alcina, Ari do Cavaco, Raul Seixas, Tom & Dito e outros). Isto tudo se deu do golpe de 64 ao início da "distensão" em 72, isto é, na época de maior repressão e obscurantismo político de nossa história recente.

A propósito desse argumento, repressão/falta de criatividade, gostaria de deixar registrados alguns fatos para encerrar definitivamente essa polêmica insensata, pois o que se tem visto na cultura do século XX é exatamente o contrário do que apregoam esses nossos heróis desmotivados. Ou seja, os momentos mais negros foram também os mais criativos.

É sabido, por exemplo, que os primeiros anos do século XX envolviam a criação musical europeia num verdadeiro caos cultural, motivado pela diluição de um sem-número de valores aparentemente intocáveis do pensamento ocidental — o sistema tonal na música, o figurativismo na pintura e o verso na poesia. A grande arrancada do século, porém, acabou acontecendo e apontando alguns caminhos novos para a música de hoje depois da "Sagração da Primavera" de Stravinsky, de "Jogos" de Debussy e de "Pierrô Lunar" de Schönberg, obras também que consagraram esses autores como os *enfants terribles* de nossa era. Isso ocorreu em meados da década de 10, ou seja, com a Europa se despedaçando numa guerra mundial. E foi uma reação crítica e irônica à essa hecatombe que levou um grupo dos mais talentosos artistas do Continente a se reunir no Cabaré Votaire de Zurique (1916), propiciando o surgimento de um dos mais inventivos e devastadores movimentos culturais do Ocidente, o Dadaísmo. Na década de 20, o eixo central da cultura europeia se desloca para a Alemanha, mais particularmente para Berlim. Schönberg, Webern e Berg, além de outros revolucionários de grande importância, implantavam o atonalismo e o dodecafonismo, o mais forte golpe recebido pela música ocidental desde a Renascença. Mas não era apenas na área da música que a Alemanha se impunha como potência cultural líder. Essa foi a sua década mais forte também no cinema e no teatro, com o chamado Expressionismo Alemão. E a grande revolução visual do século XX também partiu de lá, seja na área da arquitetura, da pintura, como do desenho industrial a partir das ideias desenvolvidas pelos artistas que se aglutinavam em torno da Bauhaus (Weimar/Berlim) como Gropius, Mies van der Rohe, Kandinsky, Feininger, Klee, Schlemmer, Marcks e outros. Se a década de 20 foi o momento mais criativo da história daquele país, foi também o mais crítico e de maior crise social em consequência da perda da guerra, época em que um quilo de batatas custava 50 milhões de marcos.

Já que estamos falando em "concentração criativa" em tempos de crise, nada melhor do que citar também um dos períodos mais férteis e marcantes da inteligência francesa, a primeira metade da década de 40, quando Paris vivia sob a ocupação nazista: Sartre escrevia seu mais célebre trabalho, *O ser e o nada*, e vinham a público suas mais famosas peças "As moscas" e "Entre quatro paredes"; Valery publicava "Meu Fausto", Clodel encenava "Le soulier de Satin", Montherlant concluía sua obra-prima "A rainha morta", Anouilh driblava a censura nazista e levava ao palco a sua "Antígona"; Carné filmava o antológico "Les enfants du paradis" enquanto os estúdios franceses cuspiam mais de duzentos filmes por ano, dando chance a artistas como Gerard Philipe, Danielle Darieux, Jean Marais e Martine Carol virem à tona com força total; nos palcos parisienses atingiam o auge de suas carreiras o ator e mímico Jean Louis Barrault, os cantores Piaf e Maurice Chevalier. Lembre-se também que Picasso, Braque e Gia-

"Você corta um verso, eu escrevo outro.
Você me prende vivo, eu escapo morto." (*Pesadelo*, Paulo C. Pinheiro)
Ilustração: Borjalo

cometti nesse quadriênio viviam os momentos mais criativos de seus talentos e, curiosamente, nesses anos publicaram-se mais livros, não no país que comandava o jogo, a Alemanha, e sim no país oprimido, a França. E se quisermos caminhar um pouco mais nessa direção, veremos também que Tolstoi, Tchekov e Dostoiévski viveram e escreveram sob o império czarista da mesma forma que os irmãos Gabo e Pvsner fizeram em S. Petersburgo a primeira exposição de esculturas abstratas da Europa nos primeiros anos do século XX. E, se as coisas se inverteram na Rússia, não significa que a tirania de Stalin teria sido favorável ao florescimento intelectual, fato este que não coibiu Pasternak, Adhmatova ou Soljenitzin a escreverem suas obras. Mas, voltando a estes tristes trópicos capricornianos e mantendo o raciocínio, poderíamos lembrar que dois monumentos de nossa cultura, Villa-Lobos e Portinari, chegaram ao topo de sua carreira no auge da ditadura de Getúlio. E não podemos esquecer que o ponto máximo do futebol brasileiro deu-se durante a conquista da copa de 70, no México, quando Pelé foi considerado inclusive o "atleta do século", momento em que a repressão política também atingia seu ponto máximo com os mais elevados níveis de barbárie em pleno governo do general Médici.

Seria possível citar – à exaustão – exemplos em que a crise ou a repressão aem vez de inibir provoca a ação criativa. Esse papo, portanto, de que a crítica, a televisão ou a censura – essas possíveis "armas" de repressão nacional – seriam castradoras ou responsáveis pela mediocridade atual não convence. Aguardamos novos argumentos.

A grande verdade é que a nossa música sempre foi pontuada por brilhantes, porém raros, momentos de criatividade – no mais das vezes impulsionados por fatores externos. Ela conheceu fases de curtos e deslumbrantes orgasmos precedidos e sucedidos por longos períodos de sonolência, devidamente envolvidos por boleros maviosos em todos os ritmos, mas ainda não aprendeu a cultivar os requintes, entender a sabedoria, saborear a riqueza e conhecer os prazeres de uma ereção duradoura.

Gunther Schuller, Jazz, "3ª Corrente" Um Excitante e Fértil Intercâmbio de Ideias entre Universos Culturais

É possível afirmar, com base em dados históricos, que a partir da Renascença passa a existir uma clara distinção entre música "erudita", de um lado, e música "popular" ou "folclórica", de outro. Apesar disso, é forçoso reconhecer que uma relação constante entre ambas, direta ou indiretamente, nunca deixou de se estabelecer. E se, no século XX, na Europa, esse relacionamento se processou em escala cada vez menor, é porque, naquele continente, as formas de cultura popular foram se tornando menos expressivas, enquanto na América deu-se exatamente o contrário.

Mas, a título de esclarecimento, tomemos um exemplo simples e histórico. O minueto era uma forma de dança popular de origem francesa que, a partir do barroco, foi muito utilizada como parte das suítes para diversos grupos instrumentais pelos compositores da época. A partir de Haydn essa forma de dança é incorporada à sinfonia clássica, tornando-se seu obrigatório terceiro movimento. Seu habitual emprego pelos compositores eruditos fez que ela sofresse transformações. Beethoven, por exemplo, imprimiu-lhe andamentos tão rápidos que ela passou a ser denominada *scherzo*. Em nível popular o minueto sofreria iguais mudanças de andamento: aquela doença lenta e mesureira, do povo e também da corte, transformar-se-ia na impetuosa valsa romântica. Essa vivacidade seria igualmente captada pela música de concerto, resultando na criação de preciosidades de raro brilho e sofisticação, como "La valse", de Ravel, a "Suíte de Danças do Cavaleiro das Rosas", de Richard Strauss ou o 2º Movimento da "Serenata" para cordas, de Tchaikovski.

Nesse intercâmbio de motivos de um contexto para o outro nada mais havia do que uma mera troca nos meios de execução, uma simples troca de roupagem. Um minueto de uma sinfonia de Haydn poderia ser perfeitamente dançado tanto quanto uma *giga* ou uma *corrente* de um *concerto grosso* de Corelli. Em semelhante ordem de ideias, se afirmássemos que Dvorak foi um compositor tcheco pelo simples fato de ter usado motivos folclóricos de seu país natal em suas composições, deveríamos admitir que ele teria assumido nacionalidade americana quando realizou em sua "Sinfonia do Novo Mundo" análogo trabalho com elementos do populário estadunidense obtendo resultados formais idênticos.

Esse procedimento composicional tão comum nos séculos anteriores ao nosso teve seu caráter completamente mudado a partir de Béla Bartók. O mestre húngaro inaugurou no campo da música a pesquisa científica da inventiva popular. A partir dele os elementos captados da imaginação do povo e incorporados à música erudita deixaram de ser meras estilizações do exótico. Compilados e posteriormente reelaborados, esses elementos não apenas "mudavam de endereço", mas passavam a agir como células estimulantes e fecundas na área da música de concerto. Interessante também é que Bartók nos revelou um rico repertório folclórico das aldeias do interior da Hungria (depois também da Iugoslávia, Bulgária e Romênia), que nada tinha a ver com a famosa música cigana, até então "representante oficial" da cultura popular de seu país e tão decantada pelos compositores românticos, sobretudo por Liszt e Brahms. Realizando mais de 16 mil gravações, através de processos ainda primitivos, ele pesquisou em detalhe e codificou as mais diversas formas de expressão musical espontânea daquelas terras. Além de chamar a atenção para elas e para seus elementos verdadeiramente criativos, tornou-as matéria-prima de sua própria obra. E esses elementos de natureza rítmica, melódica, harmônica, timbrística e instrumental, embora extraídos de manifestações "não cultas", surpreenderam e chegaram a modificar a "erudição" musical do Ocidente.

Mas, se Béla Bartók identificou células vitais na música rural de seu país que seriam modificadoras de seu labor criativo; se Villa-Lobos, igualmente, aspirou durante anos de sua vida o vasto repertório da música brasileira e depois usou-o de forma agressiva, estabelecendo uma verdadeira polêmica entre seus componentes e as técnicas composicionais eruditas, o trabalho realizado pelo compositor norte-americano Gunther Schuller com o jazz e seus músicos reveste-se de outras características ainda. No caso de Bartók ou Villa-Lobos os elementos extraídos da cultura popular deslocam-se de seus contextos e passam a agir, "operados" por esses mestres, na seara da música de concerto não mais retornando aos seus universos de origem. Um habitante de uma aldeia de pescadores que, com sua flauta, digamos, teria motivado Bartók a compor determinada obra, jamais teria sido solicitado a ser solista de seu primitivo instrumento acompanhado pela Filarmônica de Berlim e nem esta se deslocaria para as areias de sua praia para revelar a esse anônimo criador a sofisticada composição sinfônica resultante e motivada por sua ingênua forma de expressão artística. O trabalho de Schuller, ao contrário, inclui esse caminho de volta ao ponto de partida de sua pesquisa. Com sua vasta formação técnica ele reúne todas as condições para detectar e compreender os polos realmente criativos existentes na desenvolvida linguagem instrumental jazzística. De posse desses elementos, ele elabora suas composições sob concepções formais e técnicas bem mais amplas e também subjetivas e as entrega ao mesmo músico de jazz para executá-las. Ainda que, na realização, o trabalho desses três compositores se apresente com diferenças, eles demonstram que é possível se estabelecer um relacionamento estrutural efetivo entre uma fonte de ideias de origem popular e o processo composicional erudito.

201

Um dia a gente se vê no Carnegie Hall...

Apenas que, no caso de Schuller esse relacionamento revela um dado a mais e novo, já que tanto a música da sala de concertos como a do músico do botequim se enriquecem em vez de uma, meramente, apropriar-se da outra. Aliás, em termos de "apropriação" cultural ainda no século XX, as pretensões da estética sdanovista implantada por Stalin, o chamado Realismo Socialista, revelava um dado insólito e suspeito. A transposição para a sala de concertos de uma ideia de origem popular pretendia conferir a ela um *status* cultural da mesma forma que, se servido um pé de moleque numa taça de cristal, ele ganhasse a aura das coisas nobres.

Parece-nos interessante comentar a atuação de Schuller, embora ele seja pouco conhecido em nosso país, pois seus trabalhos para a chamada *Third Stream* fizeram fundir, de maneira engenhosa e criativa, as experiências de uma rica cultura popular como aparato composicional da música erudita, resultando numa terceira realidade igualmente cheia de vida e com muitos ensinamentos para nós, brasileiros. Dizemos isso porque o Brasil é um país igualmente rico em formas de cultura popular e muito pouco aqui se fez no sentido de compreender e explorar esse potencial com sabedoria e de uma maneira não provinciana e não demagógica. A diferença entre a música popular brasileira urbana e o jazz é que este se tornou uma linguagem eminentemente instrumental. Mais que isso, ele se abriu para tantos e tão diferentes estilos e formas de expressão e execução que, praticamente, todas as conquistas da técnica instrumental da música clássica foram por ele assimiladas. E, em alguns casos, chegou a níveis de exploração das possibilidades do instrumento e a um virtuosismo técnico jamais ousados por qualquer compositor erudito. Outro aspecto curioso do jazz é que, apesar de seu rico aparato técnico e elaborada linguagem orquestral, que se baseia na desenvolvida e sofisticada habilidade de seus músicos em escrever seus arranjos tão bem quanto tocam, a improvisação e o caráter agudamente individual da interpretação jamais deixaram de existir. Até o fim do século XIX, o músico clássico também improvisava. A partir de então, apenas o músico de jazz conservou essa capacidade. E esta teria sido uma das únicas características dessa música que nunca deixou de existir apesar dos mais diversos caminhos pelos quais passou sua evolução. Aliás, em termos de cultura popular, desconhece-se uma outra que tenha evoluído tão rapidamente, praticamente se renovando a cada década. Existem alguns "puristas" ou aficionados que se ligam a determinadas fases dessa música, que tentam apontar este ou aquele estilo como o do "verdadeiro" jazz. Mas, quando se tem uma visão mais distanciada e ampla de sua história, vamos observar que todos os elementos que foram sendo assimilados por sua linguagem construíram uma coerente e dinâmica evolução, *grosso modo*, assim distribuída estilisticamente: 1890-*Ragtime*, 1900-*New Orleans*, 1910-*Dixieland*, 1920-*Chicago*, 1930-*Swing*, 1940-*Bebop*, 1950-*Cool, Hard Bop*, 1960-*Free jazz* e 1970-*Electronic jazz* (*jazz rock*).

Mas, se a partir dos anos 20 o jazz demonstra um amadurecimento de vários componentes de sua linguagem que o identificam com clareza e o distinguem daquele mero "arremedo" de música de salão europeia de suas origens; se, a partir dessa década, ele começa a se expandir geograficamente, deixando de ser apenas uma forma de manifestação musical espontânea das cidades da borda do rio Mississipi (e Louis Armstrong foi talvez o principal responsável pelo desencadeamento desse processo de universalização), já nos anos 30, sem perder o seu vigor, suas características básicas e sendo uma linguagem comum a brancos e negros, o jazz inicia um processo de aprimoramento técnico. Se Louis Armstrong foi um filho de família pobre de Nova Orleans, um arruaceiro que chegou a ser preso por porte ilegal de arma de fogo e encaminhado a um instituto correcional de menores, um judeu, egresso do Conservatório de Chicago – que mais tarde se apresentaria como solista de clarinete das melhores sinfônicas americanas tocando obras de Mozart, Weber, Bartók e Stravinsky – seria considerado o "Rei do Swing" – Benny Goodman. E, se o mais brilhante arranjador da orquestra branca de Goodman foi o crioulo Fletcher Henderson, alguns dos mais destacados sucessos da orquestra do "Rei Negro do Swing", Count Basie, foram escritos pelo branco Neal Hefti. E foi exatamente esse aprimoramento técnico do jazz que lhe permitiu a assimilação de um sem-número de novos recursos, uma grande expansão em suas formas de expressão e a sua abertura a músicos de todo o país e de fora dele. O jazzista deixara de ser apenas um intuitivo para ser um instrumentista "alfabetizado" musicalmente. Tanto este aspecto como a criatividade, o brilho e a irreverência do jazz, motivaram inúmeros compositores da chamada "música erudita" a escrever obras para esses instrumentistas, entre eles Igor Stravinsky, que não apenas escreveu o "Ebony Concert", mas foi pessoalmente reger e gravá-lo com a orquestra de Woody Herman, também solista e a quem a obra foi dedicada.

Mas, se a forte musicalidade, a riqueza de recursos e ideias e o brilhantismo dessa cultura popular motivaram tantos autores da música de concerto a escreverem obras nela inspiradas, podemos afirmar que, na maioria dos caso, a utilização desses elementos jazzísticos se processou de uma maneira superficial e quase decorativa. "Ebony Concert" é uma bela partitura, mas não poderíamos afirmar que ela explora as características específicas da inteligência e da criatividade do músico de jazz, mas apenas a sua elevada técnica instrumental. Se fosse executada por músicos da Filarmônica de Berlim, o resultado seria o mesmo. Gershwin, nas suas obras sinfônicas, lança mão de inúmeros elementos da linguagem jazzística – tipos de fraseado, harmonias, formas de orquestração e execução etc. –, mas o resultado não vai além de uma "estilização" dessa música para salas de concerto, embora de boa qualidade técnica e artística.

Gunther Schuller, ao contrário, soube penetrar nas entranhas dessa música e compreender, em detalhe, o talento específico do artista de jazz. Se as suas composições empregam todos os recursos da música de concerto contemporânea, a parte que cabe ao jazzista interpretar não lhe é estranha, embora contenha propostas que vão além de seu repertório habitual. E essa integração absoluta dos dois tipos de repertório foi possível pelo fato de Schuller ter convivido, desde criança, com os maiores expoentes desses tipos de música. Nascido em Nova York, em 1925, e adquirido desde cedo formação erudita (seu pai era primeiro violino da Filarmônica e sua mãe diretora de um conjunto de música antiga), foi, durante dezesseis anos, 1º trompista do "Metropolitan Opera".

Quando, no fim dos anos 40, Gil Evans começa a dilatar a paleta sonora do jazz, libertando-o das "famílias" instrumentais e formando grupos heterogêneos, Schuller era sempre convidado para tocar trompa, instrumento até então estranho à música jazzística. Através de seu relacionamento com Evans, John Lewis e Miles Davis, Schuller inicia uma atividade mais participante na área do *jazz*, transformando, com o tempo, seus arranjos em verdadeiras composições musicais compactas. Ao mesmo tempo que suas obras faziam sucesso executadas pela Filarmônica de Nova York regidas por Mitropoulos, ele era um dos ativos membros criadores do chamado *"cool jazz"*. Seu "Concertino para quarteto de jazz e orquestra sinfônica" foi um de seus primeiros grandes sucessos, tendo sido executado internacionalmente pelo "Modern Jazz Quartet" – ele foi, inclusive, gravado e lançado no Brasil. Outras obras de Schuller para a chamada *Third Stream* são as seguintes: "Variações sobre um tema de John Lewis" para flautas, sax, vibrafone, quarteto de cordas, dois baixos e percussão; "Variantes" sobre um tema de Thelonius Monk, para flauta, sax, vibrafone, guitarra, piano, quarteto de cordas, dois baixos e percussão; "Fantasia" para três trombones e orquestra; "Tributo sinfônico a Duke Ellington"; "Conversations" para quarteto de cordas e quarteto de jazz; "Third Stream Music" para Miles Davis e orquestra sinfônica; "Progression in Tempo" e a ópera-jazz "Visitation". Sua obra mais famosa para orquestra sinfônica que inclui também elementos jazzísticos, é "Sete estudos sobre motivos de Paul Klee" (gravação da Filarmônica de Nova York sob a regência de Mitropoulos ou Sinfônica de Boston regida por Leinsdorf).

Nos anos 60, Schuller escreveu uma interessante obra para quarteto de cordas em estilo dodecafônico com um saxofone solista. Como se sabe, nesse período, o jazz libertou-se do *beat* e da harmonia tradicional entrando pelo atonalismo a dentro – o chamado *"free jazz"*. Ornette Coleman foi o líder desse estilo que despedaçou todos os códigos convencionais do jazz, partindo para a improvisação pura e aleatória. Dedicado a ele, Schuller escreveu suas "Abstrações". Mais que isso, Schuller o "salvou" para a música. Coleman vinha de uma família paupérrima do sul do Texas que nem sequer dinheiro para a compra de um instrumento possuía. Por fim conseguiu ganhar um velho saxofone todo quebrado e, se identificando com ele, começou a tirar sons que nada tinham a ver com o que se chamava de música, na época. Ele apitava, grunhia, sussurrava ao instrumento, mas ninguém queria ouvi-lo, e muito menos os *band-leaders* engajá-lo em suas orquestras. Aquele som primitivo e anárquico que tinha a ver com sua própria vida nos *slums* do fim do mundo onde nascera, foi detectado e valorizado pela primeira fez quando Coleman, um simples ascensorista de Nova York, cria coragem e apresenta-se para Gunther Schuller, o diretor da Lenox School of Jazz. Schuller o aceita em sua escola e passa a orientá-lo, mostrando-lhe que atrás daquela anarquia e agressividade sonora havia uma grande sensibilidade que motivaria o surgimento de um novo estilo jazzístico. O desempenho de Coleman em sua improvisação sobre o dodecafônico quarteto de cordas escrito por Schuller, daria a impressão, ao ouvinte desinformado, que o solista é um perfeito e hábil instrumentista, formado nos mais conscientes redutos da música de vanguarda daquela época.

A maior importância do trabalho de Schuller reside no fato, talvez, de que ele, ao mesmo tempo que extrai elementos dessa forma de cultura popular para a criação de suas obras, coloca à disposição delas, de seus músicos, um manancial de informações e ideias oriundas das mais diversas e recentes técnicas composicionais "eruditas" de nossa época. O teor de suas criações, o nível de "modernidade",

Ornette Coleman: o jazz sem parâmetros.

digamos, e as espécies de componentes jazzísticos ou "eruditos" por ele utilizados variam a cada obra, dependendo do intérprete ou tipo de músico para o qual a composição foi idealizada. O importante é que seu trabalho significa um verdadeiro canal de ideias entre dois tipos de pensamentos musicais e, através dele, ambos se motivam. Esse trabalho consciente de Schuller não se expressa, porém, apenas através de suas obras musicais. Ele é também um importante teórico cujas análises críticas da criação musical estadunidense, expressas através da edição de vários livros, muito contribuíram para ordenar e apontar os elementos verdadeiramente importantes de sua evolução. Um de seus trabalhos de musicologia de maior importância, por exemplo, foi a restauração da obra de Scott Joplin, o "pai" do jazz, já que era considerado o "rei" do ragtime, o primeiro estilo jazzístico estabelecido. De acordo com pesquisas realizadas a respeito dos moldes de orquestração da época – fim do século XIX – ele instrumentou e restaurou inúmeras obras desse autor, inclusive uma ópera completa, cuja existência, e a própria capacidade desse autor em compô-la, era questionada: "Treemonisha". Essa belíssima obra de Joplin baseia-se e engaja-se no drama social da comunidade negra norte-americana. Ela aponta, inclusive, como única saída para a extinção do conflito étnico daquele país a educação e a evolução cultural do negro e não a odiosa competição entre raças.*

Como regente e também como analista, Gunther Schuller foi um dos principais responsáveis pelo recente "revival" da obra do maior compositor americano de todos os tempos, Charles Ives, cujo trabalho permaneceu, durante quase cinco décadas, no mais profundo e injusto esquecimento.

Como se pode observar, a atuação de Schuller na vida musical americana é muito versátil e praticamente não encontra para-

---

* Algumas obras de Scott Joplin restauradas por Schuller se tornaram muito populares no Brasil quando aqui foram lançadas através da trilha sonora do filme "Golpe de mestre". A ópera "Treemonisha", restaurada e regida por Gunther Schuller, foi lançada em disco pela Deutsche Grammophon: DG 435 709-2.

Delírios free-jazzísticos de Coleman pairando sobre um engenho dodecafônico de Schuller – que rege.

lelo no comportamento artístico europeu de hoje, onde as pessoas se fecham cada vez mais em especializações ou concentram-se em doentias pesquisas dos mais ínfimos detalhes de sua tradição a fim de mantê-la viva o mais possível, já que o processo de renovação cultural daquele continente não demonstra o mesmo vigor de até as primeiras décadas do século XX. Dirigindo o Conservatório de Boston, Schuller imprime à sua orientação pedagógica esse espírito arejado de relacionamento do artista com as mais diversas formas de manifestação musical. Sua atitude assume importância ainda maior pelo fato de as bases da cultura americana serem oriundas de um outro continente. Transformar esse acervo importado e sedimentado em *know-how* para a exploração da invenção original, foi a mais inteligente e positiva contribuição que a sua atuação poderia oferecer à cultura de seus país. Aaron Copland e outros compositores de sua geração agem como se fossem compositores europeus (como Darius Milhaud, por exemplo), que escrevem uma música convencional "modernada" do Ocidente e lançam mão de elementos "nativos" (o jazz), os quais comparecem em suas obras como meras curiosidades exóticas, graças à generosidade dos mandarins da "cultura superior" – como dizia Debussy. No trabalho que Schuller realiza, tanto a vitalidade expressiva do jazz invade e motiva a música de concerto, como esta oferece seus elementos mais vivos e suas técnicas para ampliar e estimular a linguagem daquela cultura popular. Gunther Schuller, na sua vida musical, não se fixa nem de um lado nem de outro. A *Third Stream* não é apenas um estilo musical por ele criado. É a sua própria concepção artística.

Fora de Pauta*

RC – O Programa "Fora de Pauta" traz hoje um convidado muito especial, o maestro Júlio Medaglia. Boa-noite, Júlio, boa--noite, Lúcia Helena. Júlio, você é um músico que sempre esteve ligado aos meios de comunicação de massa. Nós gostaríamos de aproveitá-lo nesta entrevista, debatendo esses dois aspectos: música e comunicação modernas.
LH – Como vai a música brasileira?
JM – Que música? Urbana, rural, de concerto?
LH – Boa ideia. Vamos por partes. Aliás, de há muito que eu gostaria de saber como vão as diversas formas de expressão musical brasileiras, já que o nosso país possui tantas faixas sociais com seus universos culturais próprios. Vamos começar com a música não urbana, a folclórica que, como a gente aprendia na escola, é muito interessante.
JM – Olha, Lúcia, você é jovem ainda, mas esse negócio de cultura folclórica interessante é coisa de um passado já longínquo...
LH – O que é que houve?

---
* Entrevista dada na Rádio Roquete Pinto do Rio de Janeiro para o programa "Fora de Pauta". Entrevistadores: professores Lúcia Helena e Roberto Corrêa. Novembro de 1978.

JM – Pois é. Vocês falaram há pouco em "música & comunicação moderna", não é verdade? É exatamente aí que reside uma das maravilhas da criatividade humana contemporânea, mas também uma de suas mais insolúveis tragédias culturais. O ser humano inventou uma engenhoca deslumbrante, que fica estacionada num determinado ponto do universo a milhões de metros da Terra, que passou a prestar imensos serviços sociais e também alguns desserviços.

LH – Como assim?

JM – É que o satélite tem mão única. Se ele agisse sempre como na área da telefonia, ou seja, na base do vaivém, estaria tudo OK. Mas, culturalmente, ele é tendencioso. Quem é dono do satélite faz passar por ele a informação que quer e, evidentemente, a dele, a de seus interesses. Depois que começou a funcionar o satélite que transformou a humanidade numa "aldeia global," como afirmam alguns, a mesma humanidade não passou a conviver com a música de Bali, da Índia ou de Caruaru. Em compensação, nessas localidades ouve-se diariamente tudo o que é produzido e gravado nos estúdios de som de Nova York ou Los Angeles. Às vezes coisas interessantes, às vezes o lixo cultural daquele país.

RC – Como esse bombardeio do satélite age sobre a nossa cultura?

JM – Devastadoramente. No centro de Caruaru ouve-se mais Cat Stevens do que a viola e os desafios do sinhozinho Peco lá do Alto do Moura, a três quilômetros da cidade.

LH – Como as pessoas reagem ouvindo tocar Cat Stevens no radinho do botequim?

JM – Não reagem, se intimidam. Envergonham-se de sua cultura já que, aparentemente, ela não tem condições de aparecer naquele pirotécnico e bem-acabado espetáculo eletrônico, sem dúvida, atraente. Mas, mesmo em termos puramente brasileiros, o problema se apresenta com características semelhantes. Os motivos que o sistema de rede da TV nacional incute na cabeça de todos nós são os modelitos de Ipanema. Isto é. Não se faz televisão do Brasil para o Brasil, mas de Ipanema para o país. Além da castração, da inibição cultural que o veículo moderno e forte provoca, ele tende à simplificação dos códigos daquela meia dúzia de valores que seleciona, a fim de facilitar a implantação e comercialização, cujo resultado é a padronização.

RC – Quer dizer que o subdesenvolvimento e o isolamento rural era mais excitante, fazia o caipira pensar e criar mais do que agora que ele faz parte de uma "aldeia global", que recebe milhares de informações novas?

JM – Exato. E é aí que reside a tragédia à qual me referi. Seria insensato fazer apologia do subdesenvolvimento só porque ele instigava o espírito humano naquelas regiões a ser mais criativo. Seria ridículo condenar os barcos pesqueiros modernos, computadorizados, com radares eletrônicos que localizam cardumes, que pescam enormes quantidades com facilidade e defender a jangada de um tronco e uma vela só porque ela inspirou Caymmi a escrever aquelas maravilhas...

RC – Mas essa devastação a que você se refere atua também nos centros urbanos, na música popular das cidades, não?

JM – O problema é o mesmo. Aqui no Rio, por exemplo, onde havia uma música popular rica, diversificada, bem-humorada, crítica, criativa, hoje só se ouve esse roquinho linear, pobre, com uma ou outra pitadinha de humor com coisas da geração jovem, mas não muito mais que isso. Agora, no centro urbano o indivíduo teria condições de reagir. De um "repente" a um sintetizador, a distância – inclusive socioeconômica – é muito grande e aí prevalece o mais forte, aquele que é ligado ao veículo eletrônico. Mas as linguagens musicais urbanas poderiam atualizar-se tecnicamente. Entre um ágil chorinho do cavaquinho de Waldir Azevedo e a ágil guitarra de Eric Clapton, excetuando-se as características de fraseado de um e outro, não há grandes diferenças...

LH – E o chorinho urbano, atualizou-se?

JM – Aí é que reside a segunda tragédia: Waldir Azevedo é universal – qualquer botequim de Cingapura toca "Delicado" – e se o músico popular brasileiro urbano atual fosse profissional, estudasse música, se informasse corretamente, ele também seria. Não há termos de comparação entre essas danças pops internacionais fabricadas e coreografadas artificialmente, de época, de moda, como o frevo, o samba, o baião ou o forró. Se essas excitantes formas de música urbana recebessem um tratamento moderno, com os equipamentos usados pelo pessoal do rock – que já não sabe mais o que fazer com ele – mandaríamos na música do mundo. Nenhum outro país possui tanta matéria-prima à espera de industrialização como o nosso. Aliás, se houvesse essa profissionalidade e um mínimo de consciência cultural em nossos músicos urbanos populares, pela proximidade e uma inegável afinidade existente, ele é que seria o canal de desenvolvimento e sobrevivência de nossa música folclórica, rural. Uma geração de músicos "alfabetizados" como a de Pixinguinha, Nazaré, Tia Amélia, Chiquinha, Dilermando, Jacó, Benedito Lacerda, Altamiro, Abel Ferreira, Chiquinho do Acordeão, artistas populares de elevado gabarito técnico, já não existe mais. Pela falta de competentes e sensíveis artistas-técnicos como estes, em condições de realizar uma efetiva prospecção e industrialização de nossa rica matéria--prima que a tornaria resistente e universal, é que ela vai ser devastada pelo bombardeio que vem do satélite – ou pelo roquinho medíocre que adentra o país no bolso do paletó do produtor da multinacional. É por isso que eu escrevi um artigo uma vez no *Pasquim* que se chamava: "O samba é nosso! (que lástima)."

RC – Júlio, eu leio de vez em quando alguns artigos seus no *Pasquim* e vejo como você é impiedoso com a música e os músicos atuais. O que houve com a chamada MPB, que teve momentos tão interessantes em passado não muito remoto e hoje nem tanto?

JM – Voltemos ao assunto "música e comunicação". No século XX tão privilegiado – onde em meia dúzia de anos aconteceram mais transformações em determinadas áreas do que em toda a Idade Média – existiram duas décadas especiais: a de 20 e a de 60. A de

20 os presentes neste estúdio, por sua tenra idade, não vivenciaram, mas a da 60 sim. Todos nós estamos lembrados de uma espécie de provocação constante que havia no espírito daquele momento histórico, assim como uma estranha ansiedade nas pessoas por informações sempre novas. Parece que aquele frenesi social, cultural, excitava corações e mentes, fazendo desabrochar com toda a força talentos existentes, os quais eram absorvidos com incrível rapidez pelo grande público. Seria desnecessário citar nomes, mas todos sabem que essa geração mais recente que ainda domina a MPB é fruto da década de 60. Só que com um detalhe: da década de 60 e da televisão. E essa "janela do mundo" do brasileiro absorvia e veiculava um repertório de alto nível sem maiores problemas. Aliás, lembro-me de que quando eu produzia filmes com música brasileira para a TV alemã com textos de Chico, Gil, Caetano, Capinan, Torquato e outros, os caras lá não acreditavam, nem por decreto, que aquela poesia inteligente, sofisticada, criativa, pudesse ser fruto da cultura popular de um país subdesenvolvido. Que "Domingo no parque", "Construção", "Rosa dos ventos", "Alegria, alegria" e outras eram ouvidas e aplaudidas por 40 milhões de telespectadores. Mas se isso foi verdade – desafiando, inclusive, aqueles que produzem cultura de massa e acham que para fazer sucesso é preciso baixar o nível do repertório – trouxe consigo um dado que as pessoas que faziam aquela música maravilhosa não contavam: a televisão desgasta na mesma proporção que veicula (e paga). Os caras podiam ter muito talento, mas a capacidade de produção e renovação que apresentavam estava bem abaixo da velocidade do consumo apenas brasileiro. A TV Record que possuía sob contrato, milionário, diga--se de passagem, todas essas estrelas – Chico, Gil, Caetano, Elis, Gal, Roberto Carlos etc. – entrou em colapso financeiro, pois o desgaste daqueles artistas e ideias afastava gradativamente a audiência. Seguiu-se a demissão em massa, alguns sairiam do país e "deu um branco" nos domínios da MPB. A culpa por toda essa improdutividade na época foi parar, como não podia deixar de ser, nas costas da ditadura. No início dos anos 70 a Globo iniciava a fase

de efetiva industrialização e fez várias tentativas de tornar a música o forte de sua programação, criando programas como "Som Livre Exportação" ou "Abertura" e mantendo o Festival da Canção. Apesar da produção exemplar, mais rica e profissional, o que havia de música já não seduzia mais multidões. Ela era redundante, um resíduo da década anterior. Assim sendo, a estação voltou-se para valer para o teleteatro – novelas, seriados etc. –, limitando a participação dessa geração-60 a esporádicas aparições no "Fantástico" ou "Trapalhões". A "distensão" chegou, mas as gavetas estavam vazias...

LH – Mas o rock dos anos 70 também não tem o nível do dos anos 60...

JM – Você tem razão. Não tem o mesmo nível. Tem nível muito mais elevado! A falência dos ideais da Nação Woodstock e o desgaste artístico do rock-60 aconteceram sob condições muito mais trágicas do que as nossas movimentações tropicalistas... Ronald Reagan, que era governador da Califórnia, mandou fuzilar estudantes e transformar um campo de artesanato hippie em estacionamento de automóveis; ainda em pleno brilho da "Nação", numa turnê dos Rolling Stones em Altmont, na Califórnia, quatro pessoas foram esfaqueadas e centenas hospitalizadas – essa tragédia, que enlutava aquela nação onde só havia paz e amor, é visível no filme *Gimmie Shelter*, aqui exibido. Os templos do rock dos dois lados dos EUA, o Fillmore East e West foram fechados. A dura carga emocional que pesava sobre os líderes daquela geração em êxtase constante, provocou tragédias ainda maiores: morreram Jimi Hendrix, Janis Joplin, Jim Morrinson, Brian Jones, Duane Allman, Brian Epstein, por outro lado, desfazia os Beatles e estes, apesar de gritarem numa festa da rainha "God save THE CREAM", este outro famoso grupo também se desintegrou. De um lado do oceano, Don McLean celebrava o réquiem da rock age com sua triste e resignada canção "No dia em que a música morreu" e do outro lado John Lennon dizia: "O sonho acabou". Deu-se um hiato criativo naquela virada de década. Os ídolos cansados ou emergentes voltaram às catacumbas para uma repensada ou reciclada geral. Aos poucos, porém, começou a acontecer, aqui e ali, como diz o Macalé, a operação "de tatu a gaivota". Foram surgindo novos e renovados grupos e líderes tais como Emerson, Lake & Palmer, Pink Floyd, Jean-Luc Ponty, Mahavishnu, Rick Wakeman, John McLaughlin e os sempre novos Frank Zappa e Miles Davis, este com uma curiosa fusão jazz-rock. Estes caras chegaram a níveis de sofisticação e desempenho técnico ainda maiores a ponto de, num dado momento, eles estarem fazendo mais rock no Royal Festival Hall com a Filarmônica do que no chão da Ilha Wight... Os nossos ídolos é que, ao voltarem, passaram a viver dos juros da produção anterior, optando pelos showzinhos do Canecão e gracinhas na TV. Se empanturraram de grana e abandonaram a luta...

RC – E na área da música erudita?

JM – Bem, a situação é inversa, mas igualmente desanimadora. O compositor "erudito" – com o perdão da palavra...

LH – Parece que foi Mário de Andrade quem fisgou essa expressão, não?

JM – Exato. Mas esse infeliz – o compositor erudito – tem toda a técnica e *know-how* do mundo, mas não tem mercados à sua disposição. Os meios de comunicação estão tão pouco interessados no seu trabalho como no do sinhozinho Peco, lá de Caruaru. Por outro lado, no circuito restrito da música de concreto dá-se o seguinte: as nossas sinfônicas, apesar de serem subvencionadas com verbas públicas, não prestam um só serviço à criação musical no Brasil. Executam, uma vez ou outra, uma pecinha aqui ou ali apenas para justificar uma antiga lei. Nossos virtuosos solistas, quando começam a ganhar notoriedade, procuram logo oportunidades de abafar com Chopin, em Hamburgo ou Londres, para adentrarem o circuito internacional da música de concerto.

RC – Quer dizer que a gaveta desses autores, ao contrário da de nossos músicos populares, está cheia?

JM – É verdade. Só que esse fato gerou uma anomalia nessa produção. A ausência da rotina criação/execução, ou seja, a exis-

PASQUIM

ANO XIII — Nº 585 — Rio, de 12 a 18/9/1980 — Cr$ 40,00

MAESTRO JÚLIO MEDAGLIA, brandindo a batuta, declara:

A MPB HOJE É UM COCÔ!

IVAN LESSA EM LISBOA: DICAS BESTIAIS

DINES, DUAYER E WOLFE DÃO UMA GERAL NO CASAMENTO DO IBRAHIM

tência de grande quantidade de fetos composicionais que se desenvolveram no útero autoral, mas não conheceram a vida plena que é dada pela luz da execução pública, fez que as ideias da maior parte desses autores entrassem em colapso. A criação nacional erudita, em consequência, não é dinâmica, não desenvolve ideias, projetos ou tendências, não possui características próprias, não se relaciona e não tem presença ativa na vida e nas movimentações culturais do país ou exterior. Além disso, falta aos nossos autores – aliás, não apenas aos nossos – uma visão mais esclarecida, uma compreensão maior do fenômeno musical e de sua função em nossa era, tão diferente das demais – seja do ponto de vista da utilização dos modernos e infindáveis recursos de produção, seja das características da circulação sonora, ambos atuando a todo o vapor na base da informática. Chego a acreditar que quem vai apontar caminhos de uma nova *composição musical* será um *não músico*. Isto já ocorreu uma vez, em 1950, quando um engenheiro-sonoplasta da rádio francesa começou a gravar ruídos, distorcendo-os depois em estúdio, e tendo a petulância de a tudo isso chamar de música – *musique concrète*. Este experimento constituiu-se a mais radical guinada na história da arte. No presente momento, o que posso dizer é que o músico não sabe mais o que fazer com a música.

LH – Vira e mexe a gente assiste a uma trilha sonora sua na TV Globo. Essa experiência composicional que você desenvolve, vem marcada por essas preocupações?

JM – Sem dúvida. A Globo é o mais moderno e popular veículo de comunicação do país e qualquer tentativa de intromissão de ideias em seu organismo implica, como não poderia deixar de ser, muita reflexão e luta. Esse mastodonte tem sua maneira de ser, vai sempre em frente e tem pouco tempo para ouvir o que os outros têm a dizer. Aos poucos, porém, fui compreendendo seus códigos e colocando algumas de minhas ideias, sobretudo na área da trilha sonora, ou *sonoplastia*, como se diz no rádio e na TV. Fiz trilhas só com ruídos, outras com serestas: fiz uma dodecafônica, outra só eletrônica; uma com rock progressivo e uma só com Wagner, Debussy e Satie. Todos os universos sonoros conhecidos estiveram presentes nos 20 "Casos Especiais" e alguns seriados que fiz e jamais alguém ligou para a estação para dizer que o som estaria "moderno" demais, estranho ou incompatível com o que a TV mostrava. Isto é, o público tem antenas sensíveis a qualquer tipo de ideia sonora. Nós, autores, é que temos que aprender a passar a informação nova, no momento, no lugar e na forma adequados.

LH – Você, que morou na Alemanha tantos anos, poderia informar-nos como vai, naquele país, a atuação dessa modernidade – na música, na televisão?

JM – A TV alemã veicula as coisas pretensamente novas que lá se produz, só que ela não é um veículo moderno. A TV europeia veio de organismos culturais mais antigos – do teatro, do livro, por exemplo, e permanece muito ligada a eles. A norte-americana veio do cinema. A brasileira veio da porralouquice do Assis Chateaubriand, mas via rádio, o veículo de comunicação mais recente que havia. E não só pela modernidade do rádio, mas pelo fato de ele ser um veículo que atua diretamente na imaginação do indivíduo, um veículo "quente", como dizia o McLuhan, a TV brasileira saiu por aí delirando, sem compromissos com enquadrações, conteúdos ou códigos de comunicação anteriores. Assim, ela ganhou uma agilidade formal que você não encontra em nenhuma outra televisão no mundo. E se você colocar a mais simples novelinha da Janete Clair na TV alemã, os conterrâneos de Goethe ficarão enfeitiçados diante daquela bola iluminada como nunca ficaram...

RC – Só que nós aqui, que já estamos familiarizados com todo esse talento da TV brasileira, no momento, estamos desejando algo mais para Goethe do que para McLuhan...

JM – Entendo. Se a TV europeia é muito "conteudística", não tendo nenhum charme ou bossa televisiva pra passar ao espectador aquela enxurrada de informações, a nossa é mais "formalista". É claro que novas ideias gerariam interesse maior e mesmo novos artifícios formais, mas a Globo faz o mesmo teleteatro, o mesmo humor e o mesmo show do rádio e do teatro de revista de décadas atrás, tudo com agilidade televisiva sempre maior quando novos recursos e equipamentos chegam.

LH – Mas eu me lembro que o Avancini chegou a criar um laboratório de textos e um estúdio para novos atores e diretores. Eu mesmo fui convidada para fazer um resumo por escrito de uns debates que ele organizava com intelectuais brasileiros, alguns inclusive na tua casa, onde se elocubrava sobre cultura e televisão no Brasil. Por que razão iniciativas dessa natureza não têm sequência?

JM – A Globo é uma das mais bem-sucedidas empresas deste país. Se cada habitante do mundo que vê a Globo tomasse uma xícara de nosso café por dia ou usasse sapato de Franca, nós pagaríamos a dívida externa de toda a América Latina... Em sua estrutura empresarial, porém, ela tem uma deficiência inconcebível. Falta lá dentro um setor que é dos mais considerados em qualquer firma que se preze: uma "gerência de novos produtos". A Globo ainda vai mandar na TV brasileira por muito tempo, mas mais pela incompetência dos outros, já que não há organismo que sobreviva sem se renovar. Lembro-me que, certa vez, já dentro de seu longo período de reinado, com um programa da Tupi, acho que foi uma novela com misticismos, a Globo foi ameaçada, perdendo alguns pontinhos no Ibope. Ela entrou em pânico. Saiu oferecendo salários irreais aos artistas da concorrente e empanturrou os outdoors do Brasil inteiro com fotos dos personagens principais de sua novela daquele horário. Ou seja, não soube fazer uma contraofensiva televisiva – usou o poder da força e não das ideias. O mesmo ocorreu quando o Sílvio Santos colocou sua TV no ar. Ao perceber que aquela TV mais popularesca ganhava um mínimo de audiência, a Globo começou a baixar o nível de sua programação e a contratar aqueles humoristas decadentes que trabalhavam na TVS e em outras emissoras para evitar que o Sílvio Santos montasse a sua TV circense. Foi buscar, inclusive, o Chacrinha de volta que ela própria tinha mandado embora há anos, pois, como me disse o Boni na época, a fase do Velho Guerreiro já se havia encerrado com o fim da loucura dos anos 60. Ou seja, em vez de se preparar com novos brilhos para enfrentar uma TV inferior em todos os sentidos, a Globo foi concorrer com a TVS a nível desta. Mas não é somente a falta de uma "gerência de novos produtos" que faz que ela não saiba enfrentar um concorrente. A verdade é que o repertório de ideias daquele pessoal já se esgotou há bom tempo. À Globo só resta, além de seu poderio econômico, a vivacidade de sua linguagem, seu caráter lúdico, que é decorrente da identidade que o brasileiro tem com o veículo novo – por ser um país jovem, aliás, a mesma que ele havia demonstrado em relação ao rádio, que foi uma das coisas mais criativas da cultura popular deste país.

RC – Júlio, se o dono da TV Bandeirantes te ligasse e dissesse: monte uma programação para concorrer com a Globo. O que você acha que deveria ser feito?

JM – Olha, Roberto, eu não acho coisa alguma. Aliás esse é o grande mal da Bandeirantes. Tem vinte pessoas lá dentro que acham coisas diferentes a respeito do que deveria ser o futuro da empresa. Cheguei a encontrar, certa vez, num dos corredores da casa, um dos donos consultando um velho sonoplasta para saber o que ele "achava" que deveria ser feito com a programação. Televisão é indústria de comunicação e em indústria ninguém "acha" nada; pesquisa-se, conhece-se o mercado e bola-se o produto. Eu ligaria para o gerente da Souza Cruz e pediria emprestado o plano de lançamento do cigarro... Albany, digamos. A Souza Cruz deve ter feito uma pesquisa de mercado, conhecido todas as marcas existentes, analisado a característica de cada uma, conhecido as brechas existentes no mercado, em termos de qualidade ou tipo de produto, em termos de preço; imaginou onde poderia haver alguma fragilidade no mercado com marcas já existentes com as quais ela poderia concorrer taco-a-taco e desbancá-las e em outros pontos sequer atacar, pois o concorrente seria imbatível e assim por diante. Depois de ter todos esses dados à mão, ela certamente fez um "maço-piloto" com invólucro de *design* especial, planejado em função de modelos já existentes – e lançaria o produto numa cidade pequena onde diversas faixas sociais fossem claramente constituídas para posterior consulta. Em função de dados obtidos com a pesquisa de opinião, ou reação pública diante do produto novo, ele teria sido lançado no mercado nacional. Televisão é a mesma coisa. O perfil da Globo é superestratificado. Ela faz as mesmas coisas desde que foi ao ar pela primeira vez – com talento, é claro. Só que não vejo ninguém tentando localizar outras alternativas televisivas. E olha que existem milhares de televisões por este mundo afora oferecendo cada uma seu modelo de programação. É lamentável ver todas as emissoras se transformarem numa sub-Globo e, o que é pior ainda, quando uma estação de qualidade inferior ameaça a líder, esta baixa de seu famoso "padrão de qualidade" para neutralizar a concorrência.

LH – Concordo com você, em relação a essa sua descrição das características de linguagem da TV brasileira, e com essa visão "empresarial" do veículo, mas como se daria essa expansão de repertório?

JM – Por favor, não me peça bulas para o sucesso, pois nos labirintos da criação artística, dois mais dois não são quatro. A única coisa que eu posso afirmar com segurança é que um *slogan* que o brasileiro muito gosta e que é bem coisa de país subdesenvolvido, como "jeitinho" e outras espertezas, aquele que diz que "em time que está ganhando não se mexe", não se aplica em raciocínio artístico ou empresarial. A General Motors é a maior empresa do mundo, nem por isso ela continua fabricando o Chevrolet 62, só porque aquele teria sido o modelo mais vendido. Lançando mão de um outro exemplo norte-americano, esse da área artística, eu poderia citar Hollywood, que é, como a Globo, uma máquina de comunicação de massa. Quando o cinema de Hollywood, aí pelos anos 20 em diante, começou a ganhar definição formal e industrial; quando a máquina ganhou agilidade, aqueles judeus, os Thalbergs, Mayers, Goldwyns, os Irmãos Brothers (...), enfim, que montaram aquilo tudo para ganhar dinheiro com o entretenimento popular, não tiveram dúvida em ir buscar o pessoal mais talentoso, culto, bem equipado de informações, os expoentes de diversas áreas artísticas para que trouxessem ideias, munição para aquela usina em expansão que já tinha uma "linha de montagem" com características próprias. Pagaram esse pessoal a peso de ouro, extraíram deles o máximo – alguns ficaram por lá, outros não se deram bem, como Brecht – e nem por isso Hollywood deixou de fazer um cinema popular e industrial, vivendo vigorosa mais quarenta anos. Isto é, lancar mão da inteligência ou de ideias de fora da máquina é também uma forma de alimentá-la, algo que a TV brasileira, e mais particularmente a Globo, nunca soube tirar proveito, ainda que, acidentalmente, isso tenha ocorrido.

RC – E quanta gente boa se mandou pra Hollywood...

JM – Lubitsch, Wilder – que faziam teatro musicado em Viena –, Hitchcock que já fazia cinema na Inglaterra, Losey, Preminger, Murnau, Max Reinhart, Fred Zinneman, Michael Curtiz, Von Sternberg, Kurt Weil, Pabst, Litvak, Bruno Frank, Capra... Mas Hollywood não lançou mão só da *inteligentzia* fugitiva do comunismo ou do nazismo, não. Intelectuais norte-americanos como Scott Fitzgerald, Faulkner, Raymond Chandler, Dashiell Hammett, Arthur Miller, Tennessee Williams e muitos outros de que nem me lembro, também colaboraram para o enriquecimento daquele "produto".

LH – É que cinema é uma coisa tão norte-americana que, lá, até Kant faria um bom roteiro para Rita Hayworth.

RC – O Godard é quem dizia que, se o europeu faz cinema com a cabeça, o americano tem o cinema no sangue...

JM – E o Godard faz uma coisa que alguém contou pra ele que é cinema...

RC – Você acha que o europeu não faz bom cinema?

JM – Eu acho que não fazem cinema aqueles arrogantes que se colocam atrás das câmaras com a pretensão de fazer uma "obra de arte"! A América já havia sacado no fim do século XIX, que esta seria a era da cultura de massa. Inventou códigos industriais de expressão para o cinema, rádio, disco, TV, edição em cores e desse raciocínio é que foi surgindo uma nova forma, um novo conceito

225

de criatividade – inclusive coletiva – que nada tem a ver com o processo artesanal de elaboração do "objeto único" – o forte da obra de arte clássica. Mas o europeu sempre rejeitou isso, e à medida que novos veículos iam surgindo, eram preteridos pelas formas tradicionais de expressão. E quando um veículo novo – sempre amaldiçoado, como é a televisão hoje – ameaçava ganhar *status* cultural, ele tinha que mostrar se era bom para os clássicos. Sarah Bernhardt filmava Shakespeare, o cinema alemão se ligava ao estilo artístico da época, o Expressionismo, ia buscar textos em Goethe, cenários dos cubistas, famosos atores de teatro etc. Aquilo que Chaplin fazia na América não passava de um brinquedinho de luz e sombra para divertir a ingenuidade infantil... Ledo engano! Aquele palhaço que havia montado um esquema empresarial de produção de um filmeco por dia se transformaria, ao lado de um Einstein ou Stravinsky num símbolo do século XX, ofuscando aqueles que pretendiam trazer valores ou raciocínios artísticos da sólida tradição para dentro de uma era sem precedente na história do homem.

RC – É, parece que o europeu pretende um cinema "de autor" ...

JM – ... semelhante a um poeta romântico que se refugia numa ilha isolada e divaga à vontade, eles pretendem um cinema pleno de subjetividades, maneirismos, distante de códigos de comunicação (que horror!), de padrões, conteudista, com mil simbolismos e mensagens cifradas (para os críticos do *Cahiers du Cinema*, evidentemente...). Só que fui rever outro dia "La Dolce Vita" e achei tudo muito velho, chato, caipira, mau cinema, falso (da história da prostituta ao filósofo que só ouvia música oriental e se suicida por não suportar as agruras do cotidiano moderno – acho que era o Allan Cuny). Lembro-me do Fellini de "I Vitelloni e La Strada", marcado pelo neorrealismo italiano, tão natural e espirituoso, que não extrapolava uma despojada crônica de costumes, que não pretendia com sofisticações forçadas ou filosofismos de algibeira narrar o anarquismo da alma italiana. E revi, recentemente, na TV, o "Blow Up" desse outro chato do Antonioni, filme que na época até me havia interessado. Primeiro lugar: não resistiu à tela pequena. Depois

"Juca e Chico (1865), de Wilhelm Busch, morriam no fim desta história. O leitor fechava o livro e os eternizava na estante.

As aventuras dos "Sobrinhos do Capitão" (1897) eram impressas diariamente num suplemento de jornal. Os personagens não envelheciam, não morriam e ainda hoje o neto de Rudolph Dirks os revivem na imprensa mundial. É a mentalidade industrial da produção norte--americana aplicada à criação artística.

me pareceu tudo muito arrastado, com mil diálogos bobos ou desnecessários, acontecimentos gratuitos, masturbativo e sem ritmo. Antonioni pretendia com esse filme homenagear Hitchcock mas, ao desligar a TV, tive a nítida sensação que "Blow Up" não vale 24 fotogramas de "Um corpo que cai". E Hitch nunca foi badalado em festivais cinematográficos nem ganhou Oscar. Aliás, quanto mais o tempo passa mais eu vejo pessoas se interessarem pelo chamado "cinema classe B" americano e as cinematecas exibirem produções tipo "Casablanca" – um dramalhão comum, *kitsch*, fina-flor do cinema comercial – do que o pretensioso "cinema cultural" ou "artístico" dos Louis Malles da vida. A propósito, vocês viram "Midnight Cowboy" ou "A primeira noite de um homem"? É ou não é que quando o cinema americano quer brincar de *Nouvelle Vague* ele o faz melhor e mais fluentemente que os franceses?

RC – E o cinema no Brasil?

JM – Eu creio que o cinema no Brasil não vai bem, embora haja muito cineasta de talento, porque ele, ao contrário do que ocorreu com a TV, não se industrializou. Com a Vera Cruz perdeu-se uma grande chance de montar em nosso país uma afiada máquina profissional de fazer cinema. A Embrafilme, que deveria trabalhar no sentido de edificar uma infraestrutura sólida para o nosso cinema, fica distribuindo verbinhas aqui e ali para os amiguinhos da patota carioca que a dirige. Vi, recentemente, algumas produções da Vera Cruz e cheguei a ficar arrepiado com a qualidade. Tudo bem iluminado, bem editado, bem roteirizado, bem fotografado e com trilhas sonoras que nada deixavam a dever às mais famosas de Hollywood. Só que depois chegou um baiano por aí e disse que cinema é uma câmara na mão e uma ideia na cabeça, aí danou-se... Ainda no século XIX o Thomas Edson, anos antes de os europeus projetarem uma cena na parede, já havia patenteado a "cruz de malta", já produzia industrialmente o *nikel-odeon*, um aparelhinho de cinema onde você colocava uma moeda e assistia por um visor um *film clip* e tinha no quintal de sua casa um estúdio para a produção em série desses pequenos

Nikel-odeon

"O Corvo" estava pronto. Sobraram dois dias com a equipe paga. Por que não fazer um outro filme? Assim nasceu "Terror", com Boris Karloff e Jack Nicholson, produzido e dirigido por Roger Corman, o papa do cinema classe B norte-americano.

filmes. E quando a imagem foi pra parede, arrebatando multidões, Grifith já tratava de libertar a câmara das tomadas estáticas teatrais, filmando fechadíssimos *closes* ou cenários com quilômetros de extensão e centenas de atores em "Nascimento de uma nação" ou "Intolerância", ao mesmo tempo que, desolado, os irmãos Lumière diziam que aquela engenhoca não tinha o menor futuro...

LH – Mas, voltemos ao patropi. Se a televisão brasileira, de alguma forma teve uma coragem semelhante à desses "desbravadores" do cinema americano; se ela demonstra hoje, sobretudo em alguns "Casos Especiais" ou seriados, o seu enorme talento, que justifica tanta bobagem que ela transmite...

JM – Olha, vamos parando por aí. Nem todos os milhares de compositores barrocos tinham o talento de Bach, Beethoven foi um só, e nem o próprio Igor Stravinsky conseguiu fazer outra "Sagração da Primavera". Isto é, nem toda a produção hollywoodiana tem o nível de "Um corpo que cai" ou "Cantando na chuva" e nem tudo que a Globo produz é "Gabriela". Mas essas máquinas – de longo alcance! – permitiram que essas preciosidades existissem...

LH – Mas eu queria voltar à música. Esse mundo maravilhoso da comunicação moderna e empresarial também não é responsável pelo afunilamento das mentes, já que as multinacionais do disco, por exemplo, sempre procuram caminhos simples para faturar e manter suas máquinas funcionando – rendendo.

JM – Nós, brasileiros, temos um terrível defeito de querer sempre colocar a culpa nos outros quando algo aqui não anda bem. É claro que não havendo nada de especial "no ar" as multis pintam e bordam com os sucessinhos da *Cashbox*. Quando, porém, naqueles idos de 60, fazia-se muita música criativa no Brasil, quem documentou, incentivou e ofereceu condições ideais para que toda aquela avalancha renovadora tivesse um rendimento máximo, foram as multinacionais, mais precisamente a Philips, através de um marroquino, judeu, de nome italiano, formação francesa, naturalizado brasileiro e presidente de uma multinacional holandesa, o André Midani. Naquela época a rock age estava no auge e havia música de alto nível internacional e, mesmo assim, ouvia-se muita música brasileira no rádio e na TV. Só que música daquela qualidade e quantidade há muito não existe mais. Em vez de ficar culpando os outros, o músico urbano brasileiro tem de aprender a ser profissional e a enfrentar as gigantescas máquinas de comunicação montadas – aliás, para o artista –, caso contrário ele vai permanecer eternamente fora de pauta...

Trilha Sonora
A Música como (P)Arte da Narrativa

O texto que se segue é a transcrição integral de uma entrevista dada por mim ao departamento de divulgação da TV Bandeirantes, dirigido por Liba Frydman, por ocasião da exibição da novela "Os Imigrantes" (em sua primeira parte essa novela foi produzida por Álvaro Moya, escrita por Benedito Rui Barbosa, contava com cenários e figurinos de Gianni Ratto, informações históricas e sociológicas de Carlos Queiroz Telles, preparação de atores por Miroel Silveira, trilha sonora de minha autoria, direção de Antonio Abujamra e Attílio Riccó e a supervisão geral de W. Avancini). Um extrato deste texto foi enviado à imprensa e publicado, entre outros veículos, pelo Jornal do Brasil sob o título de "Trilha sonora como parte da narrativa", pela revista Amiga como "Júlio Medaglia revoluciona a trilha musical das novelas" e pela revista TV Contigo como "A música como personagem". J.M.

Repórter – Júlio, a gente tem ouvido e lido muitos comentários a respeito da tua trilha sonora para Os Imigrantes. Isso vem chamando a atenção para um aspecto da televisão, o da sonoplastia, que há muito não vinha despertando maiores interesses, exceto o de transformá-lo, cada vez mais, num meio de divulgação de canções objetivando a venda de discos. Nós gostaríamos de aproveitar este momento para levantar um debate mais amplo sobre o assunto. Comece por esclarecer a função da música, quando ligada a um espetáculo dessa natureza.

Júlio Medaglia – Quando uma composição é feita ou escolhida para integrar um espetáculo audiovisual, seja televisão, teatro ou cinema, ela deixa de ser "música pura" e passa a assumir uma função descritiva. Se usada com sabedoria, a trilha sonora poderá constituir-se um importante veículo de informações, de ideias no desenvolvimento do roteiro da ação. Caso contrário, como acontece na maioria das vezes, ela fica reduzida a um mero "fundo musical" redundante, que nada mais faz do que reforçar aquilo que o texto e a imagem já mostram. A verdade é que a semântica musical é tão rica, clara e expressiva quanto a literária e a visual, sendo que a manipulação da linguagem do som obedece a critérios ainda mais amplos e flexíveis que a do texto e a da imagem, como poderemos discutir aqui. Quando um autor, diretor ou músico tiver plena consciência dos recursos da linguagem do som, poderá usá-la como um terceiro elemento de exposição dramática, como uma terceira e efetiva dimensão da narrativa.

Rep – A sonoplastia no Brasil, em outras épocas ou em outros veículos, já cumpriu essa função? Chegou a ser importante?

JM – Sem citar exemplos isolados, eu gostaria de lembrar dois momentos importantes em termos de uso e feitura de trilhas sonoras no Brasil, ambos fora da televisão. O primeiro deles foi o das trilhas sonoras realizadas para os filmes da Vera Cruz. Como se sabe, o grande incentivador e mecenas das artes cênicas brasileiras, Franco Zampari, ao fundar, em São Paulo, no ano de 1949, a Vera Cruz, pretendia implantar entre nós um processo de produção cinematográfica de base industrial que contasse com os recursos técnicos e artísticos da época. Para tal, ao mesmo tempo que ele criou a infraestrutura empresarial para esse projeto, solicitou a ajuda de Alberto Cavalcanti, que trouxe ao Brasil um grupo de técnicos e artistas de vários países com o suficiente *know-how* nas diversas especialidades cinematográficas. Ainda que se tenha criticado a impostação ou certos tipos de abordagens que se fizeram de elementos da vida brasileira ou de nossos valores culturais, a grande verdade é que a Vera Cruz, em suas mais expressivas produções, chegou a superar o cinema artesanal ou diletante, apresentando resultados do mais elevado nível profissional. Como não poderia deixar de ser, a banda sonora daqueles filmes foi tratada com o mesmo nível de exigências e recursos dispensados aos outros elementos da produção. Em consequência disso atingiu-se o mais sofisticado padrão técnico e artístico jamais visto em nosso país. Eram verdadeiras legiões de músicos que se deslocavam em dois ou três ônibus para os estúdios de São Bernardo, que formavam orquestras sinfônicas de mais de oitenta instrumentistas, para gravar as trilhas originalmente escritas para cada filme. Competentes eram, não apenas os membros da produção, que sabiam o significado e como solicitar uma trilha sonora participante e criativa para aqueles filmes, como os próprios compositores que eram engajados para fazê-la. Nada menos que os mais expressivos compositores nacionais, tais como Radamés Gnattali, Guerra Peixe, Francisco Mignoni, Gabriel Migliori, Souza Lima, Cláudio Santoro e outros desse nível é que foram os responsáveis pelas preciosidades musicais desse sonho encantado e hollywoodiano que foi a Vera Cruz.

Rep – Qual foi o outro momento importante?

JM – Foi o da sonoplastia de rádio dos anos 40/50. No tempo, inclusive, em que a sonorização era feita "ao vivo", direto no ar e com discos. Uma coisa o nosso radialista, este gênio da cultura popular brasileira, deu-se conta: a imaginação vai bem mais longe que a imagem. E, também, que a magia do som seria o elemento ideal e direto para provocar a capacidade imaginativa das pessoas. As ondulações sonoras daquelas radiofonizações arrebatavam o ouvinte do contexto meramente descritivo e linear da articulação do *script* e o conduzia para outro estágio da percepção, para o mundo da fantasia. Excitado por um universo sonoro riquíssimo, que inclusive não fazia parte da música que se consumia popularmente no Brasil – as sonorizações eram feitas com música erudita, sobretudo do século XX. O ouvinte era motivado a participar do espetáculo criativamente, ao contrário do que acontece hoje quando ele assiste a uma novela de televisão. A TV oferece ao espectador uma enxurrada tão grande de informações, prontas, acabadas, mastigadas – é a imagem em movimento, a cor, o som, o texto, a dramaturgia, a edição, enfim – que ele se transforma, quase, num depositário de dados, sem chances de movimentar sua fantasia. Por essa razão, McLuhan a considera um veículo "frio" e o rádio, ao contrário, um veículo "quente".

Rep – Como é que se processava a sonorização de um radioteatro?

JM – É bom colocar logo de início que havia um outro elemento importantíssimo na paleta sonora das radiofonizações, que era o ruído. O ruído ambiente, que era feito pelo "contrarregra", fornecia ao ouvinte a "imagem" da cena. Esse profissional era um verdadeiro "narrador-sem-palavras" das situações. Os ruídos forneciam ao ouvinte os elementos para idealizar, nos mínimos detalhes, o contexto em que se desenvolvia a ação. O contrarregra assistia ao ensaio, fazia suas anotações no *script* e quando a peça ia ao ar, ele se transformava num verdadeiro malabarista, saltando de um lado para outro do seu estúdio, criando os efeitos ininterruptamente. É bom lembrar que no período áureo do rádio, as estações possuíam verdadeiras casas montadas em seus estúdios com todos os utensílios domésticos enfileirados e prontos para entrar em ação no momento em que o texto os solicitasse. Não raro, havia utensílios ou partes de casa duplicados e até triplicados. Cada um com um som ou intensidade diferentes. Na Mairynque Veiga, do Rio, por exemplo, a casa-estúdio possuía três escadas embutidas na parede. Uma era atapetada, outra não e uma terceira era feita de uma madeira frágil para ranger e assim permitir a criação de situações de suspense, por exemplo.

Rep – E os ruídos externos?

JM – É claro que não seria possível reunir dentro de um estúdio todos os sons da natureza. Ninguém ia plantar uma árvore no décimo andar de um edifício, simplesmente para obter o som de folhagens ao vento... Por essa razão, o contrarregra era obrigado a inventar um sem-número de pequenos engenhos que, em operação, sugeriam ao ouvinte qualquer tipo de ruído natural.

Rep – Você conheceu e pode descrever-nos um engenho desses?

JM – Salatiel Coelho, um dos gênios do ilusionismo sonoro, mostrou-me certa vez uma maquininha que havia criado, que, pela simples aparência, jamais me faria adivinhar a sua função. Era um funil preso a uma haste. No bico de saída havia uma madeirinha que controlava o tamanho do orifício. Debaixo do funil havia uma bola de papel amassado. O funil ficava cheio de arroz. Quando ele puxava um araminho e o bico do funil se abria à sua vontade, o arroz caía sobre o bolo de papel. O ruído provocado, captado por um microfone, fornecia ao ouvinte a mais perfeita ilusão de uma chuva caindo no telhado...

Rep – Você se lembra de outra ideia mirabolante desse tipo?

JM – Olha, eu te aconselho bater um papo com o Geraldo José, que foi um dos mais criativos contrarregras e sonoplastas do nosso rádio. Outro dia, sentado com ele à mesa de um bar, comentávamos esses efeitos usados no radioteatro. Ele lançava mão de tudo o que havia em cima da mesa e transformava aqueles objetos em instrumentos de uma curiosa orquestra de ruídos. Fazia rolar uma caneta esferográfica entre as palmas abertas das mãos, que ao passar pela aliança produzia um pequeno ruído. "Este era o nosso relógio de pêndulo", dizia. Tirava o celofane do maço de cigarros, amassava e friccionava-o entre as palmas das mãos. "Este era o fogaréu" – e assim por diante. O anedotário da contrarregragem, aliás, é interminável, pois só a mais fértil imaginação e as soluções mais etapafúrdias é que apresentavam os resultados sonoros solicitados pelos autores.

Certa vez, contou-me Lourival Faissal, outro *expert* dessa arte, que um texto de radioteatro pedia um ruído de submarino emergindo. Após muitas elocubrações da equipe, sem chegar a qualquer solução, alguém vai ao banheiro e volta radiante gritando: "eureca!". Segundos depois havia um microfone instalado na latrina da emissora. No momento em que aquele ruído era solicitado pelo texto, alguém puxava a descarga. Após o impacto inicial, o microfone era aberto e o ruído de sucção da água no vaso fornecia com perfeição o efeito desejado...

Rep – A trilha musical, então, era feita por outro profissional?

JM – Sim. Pelo chamado "sonoplasta". Pra você ter uma ideia da importância e da seriedade com que eram tratados esses artistas da fantasia sonora, basta dizer que o estúdio de sonoplastia da Rádio Nacional era todo atapetado. Ao centro havia quatro toca-discos diante de um painel de controle e as paredes eram cobertas de escaninhos do teto ao chão, cheios de discos os mais variados, sobretudo os de música clássica. Nesse estúdio, que parecia uma central de computação, ou uma cabina de controle de uma usina nuclear, só entrava Lourival Faissal, que, super bem-vestido e de gravata, operava a aparelhagem, comunicando-se com os artistas e comandando a radiofonização apenas por microfones e alto-falantes – como um verdadeiro alquimista encerrado em seu laboratório.

Rep – Nos áureos tempos na Nacional, os ídolos populares eram Marlene, Emilinha, Chico Alves, Orlando Silva etc. A música que eles faziam era o conteúdo da sonoplastia da época como hoje o são os Gonzaguinhas da vida?

JM – Não. Eventualmente, poderia comparecer uma canção desses intérpretes numa novela, mas a sonoplastia era coisa de "alto nível"... Era "cultura superior"! Apenas composições dos grandes mestres da música clássica é que integravam as trilhas sonoras daquele período. Mais que isso, os sonoplastas davam preferência ao repertório de vanguarda da música do século XX. Enquanto o público "consumidor de cultura" torcia o nariz no Municipal ao ouvir as execuções dos mais avançados autores de nossa época, as donas de casa, ao fritar suas abobrinhas, estavam ouvindo no rádio, através da sonoplastia, nada menos que Stravinsky, Schöenberg, Webern, Debussy, Ravel, Bartók, Dukas e outros. E até mesmo música eletrônica. Por isso, costumo afirmar que esses sonoplastas do rádio contribuíram muito mais para a ampliação da cultura musical, para a dilatação do repertório auditivo do grande público, do que qualquer secretaria de cultura ou atividades de orquestras sinfônicas – estas, sobretudo, pois quando fazem "concertos populares" vão logo tocando a abertura do Guarani enquanto na cozinha a dona de casa já estava ouvindo a "Sagração da Primavera", "La Mer" ou "Noite Transfigurada"... Aliás, essas sonorizações jogavam para o alto o texto dramatizado com tal energia, dinâmica e plasticidade que as radiofonizações se transformavam em verdadeiras colagens quase operísticas.

Rep – Essa experiência foi transferida para a televisão?

JM – Aqui seria interessante colocar um aspecto importante desse entrelaçamento cultural tupiniquim. Na Europa, como as tradições culturais são muito fortes e arraigadas no espírito das pessoas, assim como as diversas formas de práticas culturais – teatro, concerto, cabaré literário, literatura e já também cinema – a televisão passou a ser um veículo dessa tradição. Quase como se ela fosse inventada para levar representações teatrais, concertos, recitais de poesia para sua casa. Praticamente, um "veículo de outros veículos". O Brasil, como é um país jovem e sem grandes tradições culturais pra pressionar o criador eletrônico, foi buscar num outro veículo jovem, também eletrônico, o rádio, e não em formas de expressão cultural mais antigas, o material de partida para elaborar a sua cultura televisiva. Todo o brilhantismo que havia e há no rádio foi levado para a televisão – e ninguém mais discute que fazemos uma das melhores do mundo ... – e nesse transporte, como não poderia deixar de ser, lá se foi também aquela experiência da sonoplastia.

Rep – Bem, mas a sonoplastia de hoje na TV, pelo menos para um ouvido leigo, não aparenta ser um dos elementos mais brilhantes de nossas teleteatralizações, ou, pelo menos, não mostra uma evolução semelhante à que aconteceu em outros parâmetros desse veículo. Esse brilho ao qual você se refere das sonorizações radiofônicas parece não existir mais, assim como há muito tempo não ouço mais o famoso tchã-tchã-tchã tchãããã de Beethoven na minha TV. O que é que houve?

JM – De fato. A música clássica, com todo o seu rico e supervariado universo sonoro, que moldou o repertório auditivo do ouvinte ocidental, sumiu da televisão.

Rep – Por quê?

JM – A sonoplastia dos anos 40 e 50 usava o repertório clássico simplesmente porque essa era a única forma de música desenvolvida e sofisticada que existia. E isso os sonoplastas tiveram sensibilidade para perceber. Do fim dos anos 50 para cá, diversas formas de cultura popular, como o jazz e o rock, por exemplo, foram evoluindo tecnicamente e acabaram por criar um vasto e desenvolvido repertório sonoro. A própria explosão dos meios de comunicação, que criou um volume e um ritmo de consumo assombrosos, forçou a criatividade popular urbana a uma renovação mais veloz e, consequentemente, à assimilação de técnicas musicais cada vez mais novas, evoluídas e sofisticadas. Na realidade, todas as conquistas técnicas do repertório clássico, experiências sonoras que até bem pouco permaneciam restritas em nível de um consumo artístico de elite, de salas de concerto, foram diluídas na gigantesca produção dos mais variados tipos de música do final do século. Veja-se o exemplo das trilhas sonoras do cinema norte-americano. Até vinte anos atrás, a banda sonora desses filmes chegava no máximo a Debussy – os nossos sonoplastas de rádio foram muito mais ousados! Hoje em dia, porém, você ouve na música desses filmes absolutamente tudo o que já foi experimentado em termos de música no Ocidente, seja na área da música popular como "erudita". A velocidade do consumo das mais variadas formas de experiências

239

sonoras, na realidade, colocou o mais comum dos ouvintes de hoje em condições de assimilar ou compreender qualquer tipo de música, por mais "avançada" que seja. Pra você ter uma ideia, em 1969 eu fiz uma trilha sonora para um filme do Agnaldo Rayol, seguramente destinado a fazer sucesso na área das domésticas do Brasil, e toda ela foi composta com música eletrônica – *grosso modo*, se você ouvir essa fita, poderá pensar que se trata de uma obra do Stockhausen. Nessa trilha não havia uma única melodia, um único acorde tradicional, um único som de instrumentos conhecidos. Era música abstrata. Não me consta que alguém que tenha assistido ao filme teria dito que a música seria moderna, incompreensível ou que ela seria um objeto estranho dentro daquele dramalhão gênero *Capricho/Grande Hotel*. Isto significa que as mais simples pessoas já possuem em seu repertório auditivo as mais recentes informações da composição musical.

Rep – Espera aí! Eu ligo a televisão hoje e nas novelas só ouço Simone cantando boleros...

JM – De fato. O que aconteceu foi o seguinte. No fim dos anos 60, pelo trabalho realizado na Tupi e na Excelsior de São Paulo pelo Roberto Freire, Walter Avancini, Guarnieri, Bráulio Pedroso e outros, as novelas abandonavam aquela linha do dramalhão méxico-cubano à la "Direito de Nascer" para se voltarem para a realidade nacional. Tornando-se mais "crônica de costumes", elementos daquela atualidade passavam a comparecer mais nas teleteatralizações. Como a música era muito criativa na época e muito diversificada, e um excelente repertório internacional também se ouvia no Brasil – o da rock age – ela passou a integrar a feitura das novelas de uma forma mais ativa. Salatiel Coelho fez a experiência de colocar inclusive música cantada no seu desenvolvimento. Com isso descobriu-se que trilha de novela com canções vendia disco pra burro. Cada uma passou a contar com um LP especialmente montado – inédito ou não – e assim o cancioneirismo passou a agir também na área da sonoplastia, como "fundo" de novela. Com a ascensão da Globo nos anos 70, essa emissora chegou a criar uma empresa paralela para comercializar esses LPs, a Som Livre. Com isso, com o passar do tempo, a sonoplastia deixa de ser composta da chamada "música incidental" para se transformar quase num elemento de *merchandising* da firma de disco. O elevado interesse comercial desse esquema e a ausência de uma música mais viva e criativa no Brasil a partir dos anos 70, transformou a trilha sonora da novela numa interminável sucessão de boleros, como você disse. Isso representou, ao mesmo tempo, uma castração do potencial criador do sonoplasta que, de "ilusionista do som", como eu disse, passou a ser um vendedor de discos...

Rep – Mas, há tempos eu li um interessante artigo do Artur da Távola ("A plástica sonora da telenovela") a respeito da trilha que você fez para o "Sinal de Alerta" do Dias Gomes, onde ele considerava aquele seu trabalho de sonoplastia o mais importante da história da televisão. O que havia de tão interessante ali? Naquele tempo já havia a Som Livre...

JM – Isso é uma história longa que começou em 1975 quando o Avancini dirigiu "O Rebu", a mais arrojada novela que já se fez no Brasil – não sei se você se lembra. Ela começava numa festa onde havia um assassinato e no decorrer de toda a novela não se sabia quem morreu e quem teria sido o assassino. Havia, também, três tempos paralelos correndo no desenvolvimento da história (a festa, a vida de cada um e as investigações do assassinato posteriores à festa). Nessa novela, Avancini fez uma primeira experiência de se criar uma trilha sonora original, sem uso de discos, e para isso me convidou. Bem, eu peguei os temas de cada personagem e fiz, de acordo com o perfil de cada um e das situações, uma dezena de arranjos, que eram variações orquestrais para os diferentes tipos de comportamento que eles assumiam no decorrer da trama. Dessa maneira, o sonoplasta estava sempre municiado. Ora ele colocava o tema de um personagem cantado, ora orquestrado, de acordo com a situação. Com isso, conseguiu-se uma grande unidade musical na trilha. Por ocasião do "Sinal de Alerta", havia sido criado na estação o chamado "diretor musical", ou seja, aquele que cria a trilha sonora e orienta a sua colocação no momento da sonorização. No "Sinal" eu não apenas fiz a música, mas também coloquei pessoalmente todos os efeitos e ruídos no acabamento de cada capítulo. Foi aí que tive oportunidade de colocar em prática uma série de ideias que eu vinha desenvolvendo em termos de sonoplastia, que vão bem além do uso da música como um simples elemento de "lubrificação" daquilo que o texto e a imagem já mostram.

O que pretendi foi utilizar a semântica do som também como elemento de narrativa e como um canal efetivo e independente de informação e comunicação entre a novela e o espectador. Na realidade, a linguagem musical é tão rica e clara que, através dela, você pode passar informações não contidas no texto ou na imagem ou mesmo modificar o sentido de uma cena.

Rep – Esse procedimento você vem adotando nesta 1ª parte d'"Os Imigrantes"?

JM – Sim. Sobretudo porque, tanto Dias Gomes como Benedito Rui Barbosa são autores que sabem muito bem explorar os recursos da dramaturgia televisiva. Quanto mais diversificada for a forma encontrada pelo autor para expor suas intenções narrativas, mais campo terá a música para fuxicar suas entrelinhas e atuar.

Rep – Explique um pouco melhor o que seria essa "atuação" da trilha.

JM – Seria mais interessante, antes, comentar a atuação efetiva da imagem. Faça uma experiência: ligue a sua TV numa novela qualquer, sobretudo numa que esteja em capítulos mais adiantados, e tire a imagem. Você verá, então, que é possível entender tudo que se passa, somente a partir das informações verbais. Ora, se na maioria dos casos, a informação visual se torna "supérflua", que se dirá da informação musical? Assim sendo, é mais raro ainda encontrar-se um autor que jogue com o som (música/ruído) como elemento de informação. Dessa maneira, fica a cargo do autor da trilha a incumbência de criar o roteiro sonoro, assim como à sua capacidade intelectual de compreender o sentido completo da trama e de interpretá-la com sua música. E é assim que acontecem os maiores desastres. O fato de um sujeito ser um grande músico, não significa que ele tenha condições para compreender em sua totalidade um complexo de ideias dramáticas. A música pode ser bem escrita, mas conter signos absolutamente diversos dos propostos pelo texto e pela imagem. Seria o mesmo que, para dar um exemplo de natureza visual, numa cena filmada no Agreste nordestino, aparecesse um casebre de pau-a-pique com um aparelho de ar-condicionado instalado na parede de barro.

Rep – Como seria essa discrepância, musicalmente falando?

JM – Olha, outro dia assisti a um filme brasileiro, em que o personagem central era uma figura feminina extremamente cafona – na maneira de se vestir, de se comportar, de decorar seu quarto, gênero "abajur-lilás", com flores de plástico, pôster de Roberto Carlos na parede e tudo. Acontece que esse personagem, apesar de sua vida "desregrada" e de sua "cafonália", nutria "nobres" sentimentos de amor por um pilantrão – bicheiro e contrabandista. Reconhecendo isso, o autor da trilha – que sabe escrever música, mas não tem a menor ideia do que seja a diversidade do ser humano – usa, na tentativa de "salvar" a boa intenção daquele amor, a música de um sofisticadíssimo quinteto de sopros, digna dos requintes de consumo artístico da alta burguesia que frequenta o Teatro Municipal. Em princípio, à curta leitura, tudo bem: o amor é nobre e as guirlandas douradas do Municipal também são nobres. Acontece, porém, que o mais nobre dos sentimentos também pode ser cantado por Bienvenido Granda e é dentro desse universo que se situavam os sentimentos daquele personagem. Quando ela fervia de amores, na solidão de sua alcova, o retrato sonoro dessa paixão tinha mais a ver com as milongas do Caribe, com os Românticos de Cuba, com boleros em surdina do que com a estabilidade clássica do Quinteto *opus* 452 de Mozart.

Rep – Sim, mas o diretor não percebe essa discrepância? Ele não poderia pedir uma música de acordo com a cena?

JM – Claro que sim. Mas você não chegaria a usar os dedos da mão se quisesse contar o número de diretores que tem a suficiente informação das características e dos recursos da linguagem musical em condições de solicitar o efeito sonoro adequado. A maioria de nossos bons diretores tem um correto senso crítico em relação ao texto e às características visuais – cenários, roupas – mas, quando chega na hora da música, eles querem sempre o "Adagio" de Albinoni ou a "Quinta Bachiana" de Villa-Lobos...

Rep – Tudo bem. Entendi essa relação entre as linguagens. Agora, voltando à pergunta inicial, dê alguns exemplos de atuação da trilha sonora. Cite alguns momentos em que a interferência do som deu um sentido novo, enriquecedor, à narrativa.

JM – O primeiro capítulo d'"Os Imigrantes" mostrava a chegada daqueles europeus a São Paulo. Era gente pobre, vinda do interior de seus países, em geral zonas rurais – eram camponeses. Transportados para o interior do estado em primitivos comboios, quase como animais, não se deixavam abater e, ao contrário, consolavam-se com frases como: "Este é o início de uma nova vida". Bem, a cena nesse vagão de trem a caminho da fazenda era de total promiscuidade. Todos estavam sujos, maltrapilhos, barbudos, empilhados e recostados em suas velhas malas amarradas a barbante; crianças faziam suas necessidades fisiológicas no interior do vagão e coisas assim. Verdadeiros "bichos do mato". Uma "leitura" curta e redundante dessa cena levaria o sonoplasta a duas soluções: uma delas seria a de colocar fragmentos musicais dos países de cada tipo, como se, em sua memória, ainda restassem lembranças das origens, na cena, fortemente contrastadas como a exuberância tropical que percebiam pelas janelas do trem. Outra solução seria a de criar um "clima" sonoro bem brasileiro, rural, que contrastaria com a chegada, com a penetração daqueles tipos europeus, bem diferentes de nossos caboclos, em nossa paisagem. A solução que encontrei foi uma terceira e que nada tinha a ver com os detalhes expostos. A frase pronunciada por um deles, "isto é o início de uma nova vida", que não era só deles, mas deste país, pois a contribuição dada pelos imigrantes foi de fundamental importância para a nossa História, deu-me a dica certa para

transformar, com a música, aquela simples viagem num acontecimento épico. Sobre a imagem de promiscuidade e subgente, eu coloquei a mais linda, sofisticada, brilhante, sinfônica e grandiosa obra que encontrei de Villa-Lobos. A grandeza musical conferiu àquela cena, àquela aventura, uma tal dignidade; àquela epopeia um sentido humano tão profundo, que aqueles seres entraram no trem quase como vermes e de lá saíram como heróis!
Rep – Bacana. Rápido mais um exemplo.
JM – Tá. Um exemplo de sentido contrário. A novela conta a história, entre outras coisas, de duas famílias de fazendeiros ricos e parentes, cujas terras fazem fronteiras. Ambos possuem filhos – uma filha e um filho. Temerosos de que suas terras e fortunas se diluam ou sejam malbaratadas através do casamento dos herdeiros, os dois latifundiários armam uma sofisticada trama para que seus filhos se unam através do matrimônio. Um bom negócio familiar de proteção à fortuna, jogando com o destino e a felicidade de dois seres humanos, enganados pela hábil e sofisticada conversa de seus pais. Numa das cenas, desenvolve-se um papo entre os familiares onde, com educação e charme, a trama é armada, sem deixar transparecer a intenção oculta. Com a música eu forneci ao espectador a interpretação correta daquele diálogo, não permitindo que ele, por ingenuidade, também fosse ludibriado como os jovens herdeiros. Em meio à cena de requinte e extremada cortesia – do texto e da imagem – coloquei, bem baixinho, o mais pilantra, o mais "sem-vergonha" dos maxixes que encontrei. Essa dança, como você sabe, sempre foi considerada "obscena", proibida pela censura da época, e jamais entraria num salão nobre como aquele. A ironia, o bom humor, o sentido "profano", a agilidade sonora contrária à da cena que revelava aquele som de fundo, criava na cabeça do espectador uma tremenda inquietação, levando-o a suspeitar e, em seguida, entender o verdadeiro conteúdo daquele papo. Como se vê, o texto e a imagem se esmeravam em mistificar uma situação e a música a desmistificá-la. Um

verdadeiro "contraponto", como se diz. Duas informações paralelas e opostas sendo dadas numa mesma cena.

Rep – É incrível a força do comentário musical quando bem usado...

JM – Pois é. Assim como a música transformou em heróis aqueles subseres humanos e em pilantras aqueles nobres, ela pode confundir o telespectador e alterar o sentido do roteiro. Outro dia eu vi na Globo uma cena do "Bem-Amado", sem dúvida o mais delicioso programa daquela estação, e senti que o sonoplasta traiu o sentido do argumento do Dias. O Odorico Paraguassu apronta o diabo com os seus semelhantes em Sucupira, arma mil sacanagens com umas pessoas e, por fim, entra pelo cano. No fim do episódio, ele, derrotado, tranca-se em seu escritório e fica curtindo a fossa do insucesso de sua malandragem. Vendo o estado de depressão do cara, o sonoplasta colocou uma música triste. Ora, naquele momento, todo mundo ficou com pena dele e o som transformou um bandido em mocinho. É claro que a música poderia ser triste. Poderia ser também um maxixe que gozaria o pilantra. Mas, se ele quisesse comentar com a música a depressão do Odorico, teria de ser uma música, digamos, excessivamente triste, bem exagerada, supermelosa, até mesmo um tango lacrimejante, que assim haveria o tom de tristeza aliado a um certo deboche, portanto, com um sentido crítico e não de compaixão.

Rep – Você citou uma cena final de um episódio, onde um vigarista se transforma num infeliz, digno de compaixão, pelo efeito da música. Eu já tive a sensação, porém, de ver filmes inteiros em que o tratamento musical me pareceu inadequado.

JM – Bem, neste sentido eu poderia te citar um exemplo bastante expressivo onde isso acontece. Eu vi recentemente o filme "O Iluminado" do Stanley Kubrick e posso afirmar que a música conta o filme às avessas. O argumento narra a história de um sujeito que é envolvido numa trama fantasmagórica. O personagem principal, vivido por Jack Nicholson, se dirige a um hotel, pelo qual foi contratado para assumir a função de guarda no inverno seguinte. Como esse hotel se situava no topo de uma montanha muito alta e isolada, ele não funcionava nessa época do ano, dada à dificuldade de acesso e pela grande quantidade de neve que caía na região, praticamente envolvendo todo o edifício e tornando impraticável o seu funcionamento. O gerente do hotel esclarece ao personagem que, no auge do inverno, o seu isolamento ia ser absoluto e adverte que algumas pessoas chegavam a acreditar que, nesse período, o hotel era possuído por fantasmas. Nicholson não leva a sério essa observação e diz que, muito pelo contrário, esse isolamento iria criar-lhe condições ideais para a conclusão de seu livro. Pois bem. Até a metade do filme, tudo flui normalmente e num absoluto "clima" de descontração. Começa com o cara subindo a montanha extremamente colorida pelos timbres de outono. Mostra-o tomando contato com as pessoas, com as características do hotel, iniciando sua vida familiar naquelas condições, escrevendo seu livro normalmente etc. A partir de um dado momento, Kubrick, genialmente, começa a criar um tom expressionista, seja no comportamento cada vez mais estranho das pessoas, seja na maneira de filmar as dependências do hotel. Existe um momento em que a normalidade e a paranormalidade se confundem e, lá pelas tantas, vê-se que o personagem datilografou centenas de páginas de seu livro, em todas elas constando uma só frase, milhares de vezes. Aí evidencia-se, claramente, que as bruxas haviam tomado conta do recinto e da própria alma do indivíduo. Ora, até esse momento, o filme é sereno e meio chato, pois muito "didático", no afã de mostrar um sem-número de elementos que, na fase final, transformar-se-iam num verdadeiro circo de horrores. Esse clima de bruxaria, porém, que Kubrick guarda muito bem para desencadear num momento especial, já aparece através da música, na primeira cena do filme. Você vê o Volkswagen do cara subindo tranquilamente a montanha, em meio a uma linda paisagem, e a música massacrando a cena, como se uma árvore fosse cair sobre o automóvel e matar a família inteira. Quando um dos funcionários mostra o frigorífico por dentro ao personagem, tem-se a impressão que ele vai fechar a porta por fora e matá-lo, dada a densidade dramática da trilha. Coisa nenhuma. Ambos saem de lá no maior papo, discutindo detalhes do funcionamento da instalação elétrica... Quando se inicia a fase expressionista do enredo, não há nenhuma mudança de impostação da linguagem sonora, que já vinha desde o princípio naquele "tom" de tragédia.

Rep – E um exemplo de aplicação correta?

JM – Hitchcock. Ele é tão correto que a trilha chega a ser uma bula para a compreensão do filme. Aliás, ele é claro não apenas em relação à banda sonora, mas com todos os componentes que integram a mecânica da narrativa. Hitchcock não é apenas o maior diretor de suspense, a meu ver, mas também um dos maiores produtores do cinema. Quando idealiza um roteiro, ele constrói os detalhes com tal riqueza de dados e clareza, que chego a pensar que um diretor medíocre poderia realizar o seu *design* cinematográfico que daria certo... Ele é tão preciso que chega a ser óbvio. Quando se inicia uma cena de suspense num filme seu, não existe um detalhe, seja de música, de cenário, de enquadração, de interpretação ou de edição, que não dê a visão absolutamente concreta do que vai acontecer. Em Hitchcock você acompanha aquilo que espera – como naquela cena do tiro no momento em que o músico da sinfônica bate os pratos em "O homem que sabia demais" – e assim mesmo ele mantém o espectador em estado de expectativa. É o rei da surpresa com o óbvio. Só comparável a Garrincha, que fazia sempre a mesma jogada pela ponta direita e ninguém conseguia tirar a bola dele – era sempre o mesmo, sempre inusitado e sempre belo.

Rep – Mas no início você falou em flexibilidade da ação da trilha. Isso não queria dizer que ela pode deslocar-se dessa amarração íntima com a narrativa?

JM – Sem dúvida nenhuma. A música pode se desligar dos detalhes da cena e ir "papear" com o espectador. Eu já dei um exemplo d'"Os Imigrantes", onde o som do maxixe não tinha nada

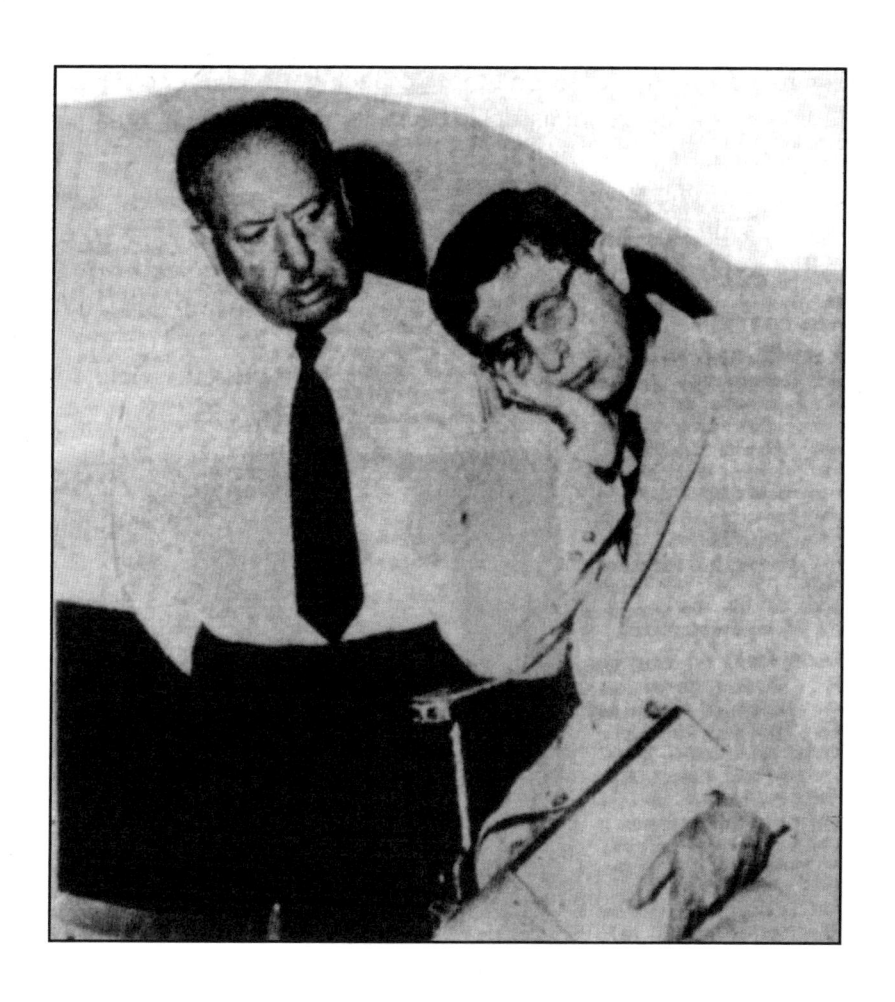

Hitchcock tirando o sono de Bernard Herman, por causa de "Um corpo que cai".

a ver com a cena, mas sim, a função específica de advertir o espectador para as entrelinhas do texto. Esse deslocamento do som pode chegar à mais absoluta liberdade de manuseio dos signos musicais. E com mais facilidade e rapidez do que qualquer outro componente da narrativa. Existem várias maneiras de atuação da trilha desligada do passo a passo do roteiro. Vamos começar por uma delas citando "Os Imigrantes". O italianinho da novela aqui chegou como um simples camponês. Depois de centenas de acontecimentos ele chega a seduzir o coração da sinhazinha, filha do dono da fazenda. Era um amor impossível e a novela conta isso muito bem. O destino, porém, os uniu... É evidente que a primeira vez em que se amaram, embora nas proximidades de um curral, eles "estavam nas nuvens", de tanta felicidade. Pois bem. Imagine o que representaria para o diretor, cenógrafo, figurinista, autor do texto etc., criar essa cena idílica, "extraterrena". Imagine a mão de obra que seria, em termos de imagem e texto, construir uma situação para ambos que mostrasse o casal fora do âmbito dos mortais e daquele dia a dia da fazenda, transportando-os para um mundo de felicidade absoluta – nas nuvens, como eu disse. Com a música, esse clima paradisíaco e etéreo foi atingido com uma simples mudança de repertório. O som da novela, que vinha acompanhando de perto o universo concreto da trama – música folclórica italiana, rural brasileira, modinhas imperiais da casa-grande etc. – dá uma virada de 180 graus, e entra de sola com Debussy. Esse sofisticado som impressionista – leve, lírico, acima do bem e do mal – os envolveu com tal generosidade, delicadeza, com tal isenção de coisas materiais, que o "transporte de mundos" se deu em fração de segundo, plena e exclusivamente através da trilha sonora, ou seja, sem trocar um único elemento do visual ou fazer o italiano recitar um texto poético para mostrar o seu estado de espírito. Quando os "leões de chácara" do fazendeiro descobrem que o casal se havia encontrado às escondidas e vão ao local onde estavam, interrompe-se aquele momento onírico e a música volta a ser "realista".

Rep – Dê um outro exemplo.

JM – Bem. A trilha sonora não está presente numa ação dramática apenas para "servi-la". Vou te dar um exemplo onde ela se distancia da trama, desta vez para satirizá-la. Como se o telespectador estivesse comentando a cena. É comum as pessoas usarem expressões simbólicas, metafóricas, para comentar certos comportamentos humanos. Quando isso acontece – "fulano rastejou anos até conquistar aquele amor" – tem quase sempre um sentido irônico ou humorado e, em geral, amplia um pouco as dimensões do fato, criando uma postura crítica diante dele. Ora, a música pode ser também metafórica e crítica. Quando, no "Sinal de Alerta", o personagem de Paulo Gracindo, um poderoso gângster meio esculhambado, vê chegar à porta de sua residência a mulher que ele, no decorrer da novela, tentou reconquistar, sai em disparada do topo de uma escada, atravessa a enorme sala e atira-se nos braços daquela ingrata. Nessa hora, não tive dúvidas; taquei a "Marcha Triunfal" da "Aída" para comemorar aquele momento de glória. O sentido crítico e o deboche que havia no caso, já que os sentimentos de ambos não eram para serem respeitados, pois não se tratava apenas de um caso de amor, mas também de uma troca de interesses entre ambos, foi dado pela música, que nada tinha a ver com o repertório da novela e muito menos com o romantismo adequado às cenas de dois apaixonados. A grandiloquência da música, o exagero, tornaram ridícula a atitude do velho e desacreditou os sentimentos amorosos da arrependida.

Rep – A coisa vira uma caricatura...

JM – Você disse bem. E foi muito oportuno você ter usado essa palavra. Aqui a caricatura deu-se com a fusão de uma respeitável e grandiosa partitura de um dos maiores mestres do Ocidente musical com o comportamento sempre estrambelhado de um primitivo que se tornou milionário. Aliás, é bom que se diga que o som possui tanta ou mais capacidade de caricaturar personagens ou situações quanto o cartum. Em determinadas situações, o som pode pinçar um elemento ridículo e revelar ao espectador, elemento este, às vezes, muito sutilmente embutido na cena. O Millôr é quem diz que a caricatura revela o verdadeiro perfil do personagem e que o seu comportamento natural é que é representação.

Rep – Dê um exemplo.

JM – Sem sair do "Sinal de Alerta" e dessa cena do reencontro do milionário com sua ex-mulher, posso te mostrar um exemplo de caricatura "explícita" e nada sutil. Após esse encontro com a "Marcha Triunfal", ambos se dirigem ao quarto e vão fazer amor. As mil inibições da situação, as cucas traumatizadas de tantas pilantragens que fizeram com o próximo e consigo mesmos, conduzem ambos a um espetacular insucesso no desempenho sexual. Quando, depois de várias tentativas, vai-se caracterizando a impotência do velho, a situação vai ficando constrangedora e até dramática. Mais uma vez, aqui, eu não iria permitir que o espectador tivesse piedade do pilantra ou compaixão de sua esposa, a bela Yoná Magalhães, já que esta tinha voltado a ele também por motivos não sentimentais. Quando o velho começa a broxar, eu desliguei o motor do toca-discos e o prato foi girando cada vez mais lentamente, distorcendo o som até parar e dando a ideia de rendição absoluta.

Rep – Me dê um último exemplo de música distanciada do contexto de época ou situação sem o sentido crítico – mistificador, desmistificador ou caricato.

JM – Bem, eu poderia citar alguns exemplos meus, mas conheço um que é antológico, dos mais belos de toda a história das artes audiovisuais: "2001", no momento em que a estação espacial desliza no infinito ao som do "Danúbio Azul" de Strauss. Se Kubrick tivesse feito uma *sonoplastia* óbvia, "realista", teria colocado na trilha sons de computadores, de sintetizadores, de efeitos eletrônicos e a coisa ficaria por aí. A grandeza, a eloquência, a transparência, o charme, o otimismo, a beleza eterna e universal, os mil signos que carrega aquela valsa de Strauss, porém, transformaram aquela viagem num balé, em que o palco é o universo e o bailarino um gigantesco objeto mecânico que, envolvido por aquela música, ganha uma leveza e um lirismo coreográfico de fazer inveja a qualquer Nureyev. Veja que curioso. Strauss só conheceu a carruagem, morreu em 1899, mas sua música serviu para embalar a epopeia de um ser eletrônico fora deste mundo e posterior ao século XX. Dá pra entender agora a magnitude da flexibilidade dos signos musicais?

Rep – Júlio, você citou duas vezes o Kubrick. A primeira como o autor de um grande equívoco e a segunda de um momento antológico do cinema. Gostaria que você comentasse um pouco o trabalho dele, pois se trata de um diretor que faz a própria sonoplastia, razão pela qual, em princípio, deveria ser "coerente" na relação texto-imagem/som a que você se referiu.

JM – O Kubrick é um profundo conhecedor de música e instrumentista amador, razão pela qual se dá o direito de fazer a trilha de seus filmes, evidentemente, com obras já existentes, em geral clássicas. O grande "achado" de "2001", porém, é de natureza dramatúrgico-cinematográfica e não musical. Inusitado e genial foi a transformação da viagem daquela nave num balé espacial. A música de Strauss já é, por si só, o mais óbvio símbolo de dança. No mais das vezes, porém, ele é um mau sonoplasta. Suas trilhas são excessivamente carregadas de música e nada fluentes – elas pesam demais sobre a evolução do roteiro. Uma sonoplastia inteligente não desgasta o som e, quando aplicada, deve ter o peso, o espaço dramático que lhe cabe no equilíbrio da cena. Ela deve, sobretudo, buscar os momentos especiais para sua ação, ou seja, aqueles em que a música pode oferecer uma contribuição específica e enriquecedora. Vou dar um exemplo primário, de natureza visual, que esclarece o que chamo de "momento especial" para a atuação de um determinado efeito. Digamos que um diretor filme uma cena numa rua deserta por onde passa um casal se desentendendo. Com o correr da madrugada eles vão superando a crise, surge a compreensão, e, em seguida, o afeto entre ambos. Vamos dizer que o diretor faça coincidir o momento de amor com o surgimento da aurora. Ele nada mais fez que associar o sentimento de compreensão e afeto à generosidade do brilho solar, contrapondo-o às "trevas do desatino"... Ou seja, ele reteve o efeito para aplicá-lo no momento exato, transformando a luz do dia num "comentário visual" do novo estado de espírito de ambos. A oportunidade do uso da música também requer uma sabedoria específica e o momento adequado de aplicação. Aliás, o Kubrick, apesar de suas sacadas geniais, dá-me a impressão de ter "pés de chumbo" também como diretor – mas isso não vou comentar aqui. Um outro aspecto que me parece errôneo em sua sonoplastia é o fato de quase sempre usar música clássica em seus filmes. Sobre isso, eu tive várias discussões com ele. Kubrick é genro de um ex-professor meu na Alemanha e por isso tivemos a oportunidade de alguns contatos e troca de ideias.

Eu lhe disse, inúmeras vezes, que aqueles geniais músicos de Hollywood – compositores e instrumentistas – têm condições de oferecer os mais incríveis efeitos sonoros que a sua imaginação de cineasta jamais poderia conceber, seja qual for o estilo ou modalidade musical. Ele argumentava que, assim como os seus filmes, a música tinha de ser também "original" e que tudo o que se fazia no cinema era uma diluição daquilo que os criadores realizaram ao longo dos anos. Mais ainda. Que as obras dos grandes mestres, quando concebidas, eram fruto da criação, portanto portadoras de uma energia expressiva muito maior. Era difícil fazê-lo entender que a música que se ouve nos dias de hoje nada mais é do que um patrimônio que foi acumulado durante séculos e que faz parte do repertório auditivo do mais comum dos mortais. Que com essa "matéria-prima" um músico sensível pode operar criativamente, tendo em vista, inclusive, as características do veículo novo audiovisual, o cinema. Seu raciocínio revela, evidentemente, uma visão tradicionalista de cultura, de prostração diante de valores artísticos conquistados pela humanidade, como se eles fossem intocáveis. Além desses aspectos, existe um outro ainda que me parece mais comprometedor em sua atitude. Na Europa e nos Estados Unidos, o público comum está absolutamente identificado com o repertório básico dos grandes mestres, portanto, ninguém ouve essas obras clássicas em seus filmes com a devida isenção – sem fazer alguma associação subjetiva com fatos presentes em sua memória. A abertura d'"O Guarani", por exemplo, é uma das músicas mais belas que conheço. Se eu colocá-la, porém, como sonoplastia num filme ou novela, não haverá cristão neste país que não vá ranger os dentes e se lembrar, imediatamente, da "Voz do Brasil". Se Kubrick coloca o romantismo de "Tristão e Isolda" na mais lírica e descontraída cena de amor, não haverá judeu no mundo que não vá sair correndo do cinema, traumatizado com as lembranças nazistas e de campos de concentração que a obra de Wagner lhe traz – aliás, por essa razão, até hoje o Mestre de Bayreuth não é ouvido em Israel. Mesmo sendo eu um profissional e tendo uma visão mais técnica do fenômeno musical, se você tocar para mim o poético 3º movimento da "Terceira Sinfonia" de Brahms, começo a suar imediatamente, lembrando-me dos seis meses que passei trancado num quarto na Alemanha defendendo uma tese que incluía essa obra.

Rep – As tuas abordagens são, de fato, bastante técnicas a respeito de sonoplastia. Voltando ao Patropi, gostaria de saber como o nosso público reage aos efeitos sonoros colocados em cinema ou novela.

JM – A minha experiência fazendo trilha sonora para televisão me ensinou muitas coisas. A principal delas, evidentemente, é a que se relaciona à produção em massa característica do veículo. Sonorizar centenas de capítulos dá uma oportunidade de experimentação e de conferência imediata no ar, que nenhuma outra atividade artística oferece. E uma das coisas mais interessantes desse processo é que, sendo a televisão, no Brasil, uma forma de cultura popular, o espectador se acha no direito de opinar sobre o teu trabalho. E aqui respondo a tua pergunta. Eu costumo sonorizar "Os Imigrantes" no fim da tarde e em seguida subo para a sala da produção para assistir ao capítulo do dia. Pois bem. Sempre que há uma ideia compacta, viva, provocativa ou arrojada no capítulo, mal acaba a transmissão, o telefone toca. O telespectador em geral, nos dias de hoje, está um pouco confuso com a poluição sonora promovida pela falta de critérios das trilhas que ouve. Talvez ele não soubesse criticar uma má sonorização. Mas, quando você coloca no ar um efeito forte e correto, ele reage imediatamente. As cenas que eu citei aqui, como a do trem imundo x Villa-Lobos, ou a do idílio debussyano em pleno fedor do curral, provocaram centenas de telefonemas. É claro que as pessoas pensam que a música é "excessivamente bela" e perguntam o nome, quando, na realidade, estão é sob o impacto do artifício criado.

Rep – Isto quer dizer que o telespectador não está assistindo à novela passivamente?

JM – Isso também não é verdade. O fato de as estações levantarem o volume do som quando entra um intervalo comercial, demonstra que o espectador é chamado a atenção para aquele momento, deixando claro, assim, que ele deve ter dois níveis de percepção. Um deles mais passivo – para não mudar de canal e consumir a longo prazo as centenas de capítulos da novela –, e outro mais ativo – quando se trata de motivá-lo a consumir os produtos anunciados pela emissora. Eu mesmo já vivenciei experiências desagradáveis dentro da própria Globo quando as minhas trilhas chamavam a atenção e provocavam algum comentário na imprensa. E, no dia em que o Artur da Távola, o único crítico que sabe "ouvir" televisão, disse que um trabalho meu era dos mais importantes da TV brasileira, eu fui demitido do cargo de diretor musical do Sistema de Novelas daquela estação. É possível que as pessoas saibam que provocar o espectador com uma grande ideia seja uma forma de captar o seu interesse pela programação, mas o caminho mais fácil é anestesiá-lo, exceto no momento em que um valor mais alto se alevanta – o do horário dos descontos das Casas da Banha... Eu vou dar um exemplo, agora, para você ver como as pessoas estão prontas a despertar, até mesmo sentimentos que elas não pensavam possuir. Este exemplo tem um sentido contrário, em termos de sonoplastia, ou seja, o texto agindo sobre o som e conferindo a ele um novo sentido, neste caso, o seu valor primordial e nobre. Numa reunião com vários personagens da novela, imigrantes de todas as raças, comparece também um "paulista quatrocentão". Este, em tom arrogante, declara ser o único "brasileiro" ali presente, ao que o espanhol responde: "Então você é índio?!". Enfurecido com a provocação, o imigrante desanda a fazer um discurso a respeito do real significado de brasilidade. Diz que ser brasileiro é dedicar sua vida à construção deste país. É abdicar suas raízes e se misturar com outras raças sob este céu. Aponta um árabe casado com uma índia, um português com uma mulata, um italiano com uma sinhazinha e assim por diante. O texto de Rui Barbosa foi, sem dúvida, um dos mais belos que já ouvi na televisão. Quando a poesia daquelas palavras definia com tanta dignidade e beleza o significado de "ser brasileiro", eu coloquei na trilha sonora, nada mais, nada menos, que o próprio Hino Nacional. Ora, esse hino é quase sempre ouvido em paradas militares intermináveis, em pronunciamentos de autoridades, em situações muito formais, coisas a que o brasileiro não é muito chegado – além de ele ser executado, a maioria das vezes, por bandinhas de interior que massacram a beleza da música, muito desgastada, portanto, por todas essas razões. Eu possuía uma versão sinfônica do nosso hino, gravada pela Orquestra de Berlim e arranjada por um norte-americano que aqui viveu no século passado e que, por amor a este país, escreveu um verdadeiro poema--sinfônico sobre o "Euvirundum". Acho que foi a única vez na minha vida em que eu vi pessoas chorarem ouvindo o nosso hino e ligarem a cada minuto para a estação querendo comprá-lo. Até mesmo uma alta patente do II Exército me ligou, dizendo que foi a mais bela homenagem que já tinha visto ao Brasil, pois era inteiramente desprovida de qualquer formalidade, associação a comemorações militares e coisas assim. Foi a poesia do texto que havia restaurado o verdadeiro significado da música, assim como sua beleza.

Rep – Em matéria de "música fora do contexto", acho que não vai haver outro exemplo melhor. Nunca me passou pela cabeça que o Hino Nacional pudesse ser sonoplastia de novela...

JM – Para encerrar esse papo eu gostaria de deixar claro que existem duas maneiras de atuação musical fora da estrita mecânica do roteiro, e de seu contexto físico. A primeira é essa que acabamos de analisar, ou seja, a música desligando-se de sua função narrativa, de roteiro sonoro, propriamente dito, deixando de ser um componente de explicitação, de descrição de época ou situação, a fim de conduzir um fragmento da história, ou a imaginação do espectador, ao terreno da fantasia, do imponderável, portanto, livre de qualquer compromisso estilístico – o som de Debussy possuía um requinte inexistente no contexto da novela e, estilisticamente, características da música de décadas posteriores a aquele acontecimento; a valsa de Strauss em "2001", nada tinha a ver com o som dos cérebros eletrônicos e foi composta mais de um século antes do momento idealizado por Kubrick para a cena do filme. O outro caso, e o mais comum, é aquele em que a música é usada exclusivamente como um elemento de informação da temperatura dramática do desenvolvimento da ação. Ela está constantemente presente para explicitar a intenção da cena, a "psicologia" da situação. Vamos tomar como exemplo um gênero de cinema americano dos tempos áureos de Hollywood, em que esse tipo de atuação da trilha é bem claro e você poderá conferir, ainda hoje, na sua programação de TV de fim de noite: o filme de faroeste. Ocasionalmente, encontra-se nessas produções um violeiro tocando e cantando uma canção do gênero *country-western*, algumas, inclusive, que ficaram famosas, ou um pianeiro num *saloon* animando o ambiente com um ragtime – aliás, o Texas é o estado de origem de Scott Joplin, o "pai" desse tipo de música. Quando isso acontece, a música faz parte de um conjunto de dados que caracterizam o contexto onde se desenrola a trama desse gênero de filmes – tanto quanto os cenários, os figurinos e o próprio argumento, como sempre, baseado na luta do "mocinho" contra o bandido.

Paralelo a isso tudo, ao primarismo daqueles ambientes, à "lei do cão", ou melhor, do gatilho mais rápido, que comanda aquele tipo de sociedade primitiva, corre uma banda sonora sofisticadíssima, baseada no som da orquestra sinfônica clássico-romântica, europeia de origem, que se comunica diretamente com o espectador, fornecendo-lhe, como já disse, a temperatura dramática das situações. Distante da epiderme, das características musicais do contexto onde atua, ela se constitui um canal privado de informação entre o autor do filme e o espectador, agindo diretamente sobre seu raciocínio e "emoção", conduzindo sua expectativa para onde a ideia do filme assim o desejar.

Rep – E por que o som da orquestra clássica?

JM – Eu falei em "período áureo" de Hollywood, portanto, anterior aos anos 60 e à explosão do eletronismo na música. Assim sendo, o som da orquestra clássico-romântica é aquele que inclui todo o instrumental padrão da música erudita e popular do Ocidente, ou seja, violinos, violas, violoncelos, contrabaixos, harpa, piano, flautas, oboés, clarinetas, fagotes, trompas, trompetes, trombones, tuba e tímpanos. Esta era a usina timbrística, o "código sonoro" que aqueles gênios quase anônimos de Hollywood contavam para elaborar suas "provocações" no roteiro. O talentoso, o altíssimo nível profissional desses compositores e o absoluto conhecimento da mecânica e da função da trilha num desenvolvimento audiovisual era tal, que chego a acreditar, pela riqueza de dados, que, se você ouvisse uma dessas partituras executadas por uma sinfônica em concerto, teria condições de entender o que se passa no filme. Eram verdadeiros artistas plásticos do som...

Rep – Você pode citar alguns?

JM – Morris Stoloff, Franz Waxman, Elmer Bernstein, Hugo Friedhofer, Mischa Bakaleinikoff, Lex Baster, Herschel Burk Gilbert, Max Steiner, Roy Webb, Victor Young, Alfred Newman – este diretor musical da Fox – e muitos outros.

Rep – Mas, parece-me que esse som "sinfonicão" está de volta, não? Pelo menos é o que tenho notado nessas grandes produções, tipo "Super-homem", "Guerra nas estrelas" e outros.

JM – Você tem razão. A impressão que tenho a esse respeito é que, com a explosão do eletronismo musical dos anos 60/70, houve uma diluição generalizada do timbre sonoro. Com os recursos atuais, você pode criar artificialmente todos os sons clássicos e mais alguns milhões de efeitos sonoros e de timbres, sem se ater, inclusive, aos padrões formais da composição tradicional. O que acontece é que, ao se usar hoje o tal som "sinfonicão" puro, depois dessa avalancha sonora dos últimos anos, ele dá o sentido da "solidez" clássica. Por isso são usados em filmes como "Guerra nas estrelas", "Super-homem", "Alien", "2001" e outros do gênero, pois todos possuem o espírito de grandes epopeias e o som clássico lhes confere esse sentido épico. As imponentes fanfarras usadas por Miklos Rozsa para exaltar as disputas e conquistas romanas, voltam agora nas competições entre mundos estranhos.

Rep – Aliás, eu tenho notado que a trilha sonora desses filmes grandiosos vêm fazendo grande sucesso. Esses John Williams estão também nas paradas...

JM – É. Mas aqui há que se fazer justiça àqueles nomes que citei há pouco, e uma boa crítica a esse verdadeiro chato que é o senhor John Williams. Os Stoloffs, Newmans e Steiners não eram metidos a estrelismos e suas trilhas serviam com eficiência absoluta a ideia global do filme. Eles possuíam o correto senso de medida da função da música nas diversas situações, sabiam quando ela devia atuar com maior ou menor presença nas cenas, quando assumiam maior ou menor importância no contexto da narrativa, comportamento esse semelhante ao do texto e da imagem no todo do roteiro. A integração musical e sua função dentro desse todo, era tão equiparada aos outros elementos da produção que Alfred Newman chegava a fazer um teste todas as vezes em que um filme com música sua era lançado. Ele dirigia-se aos espectadores e perguntava o que haviam achado de sua trilha. Quando o espectador não tinha nada a declarar ou não se lembrava da música ou não sabia se era boa ou má, Newman dava-se por satisfeito, pois acreditava que ela havia agido no filme em igualdade de condições com o todo da produção sem chamar a atenção para si indevidamente. John Williams, ao contrário, parece que trabalha na Som Livre. Seus temas são sempre bombásticos, ele vende muitos discos e a atuação de sua música nas entranhas da narrativa chega a ser, às vezes, absolutamente inexpressiva.

Rep – Você pode citar algum exemplo?

JM – Você deve ter lido histórias em quadrinhos, não? Quando Jerry Siegel e Joe Shuster, esses dois gênios que inventaram o Super-homem – embora tenham ficado na miséria –, desenhavam suas histórias, eles forneciam também a sonoplastia, graficamente. Quando, de uma hora para outra, o Super-homem alçava voo, ele deixava atrás de si uma espécie de facho que nos dava claramente a ideia de seu movimento. É claro que não seria o caso, no filme, de colocar um jato atrás do Super-homem e muito menos um efeito de ronco de avião, como se ele tivesse aberto turbinas em seu corpo... Mas, no momento em que poderes sobrenaturais o tomam e ele dispara no infinito, a música poderia perfeitamente fornecer esse impulso. Em vez disso não. Ele sai da porta da casa da namorada e voa, como se tivesse tomado um táxi – sendo que o som fica pipocando uns efeitinhos, mais relacionados com o que acabaram de falar – ele e Lois Lane – do que com a sua proeza super-humana. O mesmo acontece quando ele leva a namorada a passear no infinito. Essa é uma das cenas mais bonitas do filme. Existe um momento quando o Super-homem e Lois Lane, depois de certa dificuldade, se equilibram no espaço e flutuam serenamente, dando-nos a ideia de um amor também sobrenatural e puro. A cena é de um lirismo digna dos grandes clássicos de Hollywood. Ali a música deveria envolver a ambos com grande generosidade, com romantismo, com otimismo, com a beleza da nave espacial flutuando no infinito ao som de Strauss do "2001". Nada disso acontece. Aliás, lembro-me também daquela cena de "Roda da fortuna" (*The Band Wagon*), quando Fred Astaire e Cyd Charisse, após vários atritos, passeiam no Central Park e, ao se distanciarem da multidão, pouco a pouco, começam a se entender. A música fornece o quadro completo de toda a evolução do entendimento de ambos, assim como a identidade final. Por fim,

a dança no parque é de um lirismo, de uma beleza idílica, de um fino romantismo, que você fica "nas nuvens". Ali é a música que envolve e emociona. John Williams, não. Parece que deseja ser um segundo e atrasado Richard Strauss – sem o talento deste.
(Faz-se uma pausa para troca de fita no gravador. Alguém da sala desliga um aparelho de TV que permaneceu ligado em baixo volume até então. Os presentes se voltam para o aparelho, como se, naquele momento, tivessem dado conta de sua presença.)

JM – Nós acabamos de vivenciar um artifício de sonoplastia.

Rep – Como assim?

JM – O ruído da televisão já havia passado para o teu inconsciente. Você não o notava mais. Quando ele desapareceu bruscamente, você notou que ele ali estava. Quando, na evolução de um diálogo, eu noto que uma determinada frase possui um peso informativo ou expressivo maior, eu a ressalto com o que se poderia chamar de "antissonoplastia". Ou seja. Desde o início da cena eu coloco uma música em baixo volume que passa a ser subliminar depois de alguns segundos. O espectador habitua-se com a sua presença e não mais a nota. Quando chega a frase ou palavra que me interessa ressaltar, eu crio um "silêncio expressivo". O corte abrupto daquele som constante, daquele "ruído", chama imediatamente a atenção do espectador que, assim, assimila a frase com muito mais gana. O silêncio e não o som deu uma carga expressiva maior àquele fragmento do texto.

Rep – Quer dizer que pausa também é música? Silêncio também é sonoplastia?

JM – Exatamente. Aliás, eu gosto muito de trair os vícios de sonoplastia que o espectador já adquiriu. Em geral, ele está acostumado a ouvir "frase fortes" devidamente enfatizadas por um efeito sonoro. Quando você trai essa expectativa o espectador se sente "no ar" e, como que, aguardando a "confirmação" do som ao conteúdo do texto. Isso é bom de se fazer quando em seguida a essa "frase forte", vem uma segunda, digamos, mais conclusiva, pois assim você coloca o efeito aguardado no final do diálogo, criando dois momentos expressivos diversos: um pela ausência, outro pela presença do som – orgasmo duplo...

Rep – É curiosa essa capacidade da música poder apressar ou reter uma determinada reação das pessoas, de mexer com suas cabeças...

JM – E não só artisticamente, minha cara. Os meus mestres de sonoplastia foram Hitler, a Igreja e a DPZ! Você já viu um evento de caráter doutrinário que não contasse com a música como forte elemento de manipulação de ideias, seja ele político, religioso ou publicitário? Essa aparente "abstração" da linguagem do som é um prato cheio para a veiculação de ideias subrepticiamente, pois sua semântica é clara e tem a vantagem de atingir direto o inconsciente ou o subconsciente das pessoas sem que elas se dêem conta. Por isso que afirmo sempre que o músico, para ser um bom autor de trilha sonora, voltando agora para o terreno artístico, tem que ser um dramaturgo e não apenas um bom conhecedor de harmonia e contraponto. A música, enquanto trilha sonora, é uma *arte conceitual*. Quando, num faroeste qualquer, para encerrar este papo, um *cowboy* adentra uma cidade a passos lentos, sem que se diga uma só palavra ou que ele esboce uma única reação, a trilha sonora pode dar a ficha completa do indivíduo com absoluta clareza – se ele veio em missão de paz ou de briga; se se trata de um cara bonzinho ou de um bom f.d.p....

Rock: AIDS da Música Atual

Foram muito comuns, na história da humanidade, movimentos artísticos fortes, seja por suas ideias ou pelo poder econômico que os sustentava, exercerem influência em outros universos culturais. O longo imperialismo cultural europeu exportou sobejamente seus códigos. A chamada música de salão do fim do século XIX, por exemplo, foi ouvida nos quatro cantos deste planeta, mas, com o passar do tempo, o universo que recebia essa mensagem movimentava-se e aos poucos surgia uma nova realidade. Assim aconteceu no Brasil a geração flauta-cavaquinho-violão dos Pixinguinhas da vida e a saborosa pianomania dos Nazarés e Chiquinhas Gonzagas. Nos EUA, essas ingênuas polquinhas, mazurcas e *schottisches* motivaram nada mais nada menos que a mais norte-americana de todas as criações surgidas naquele país, o jazz. O que não havia, porém, naquela época e que permitia uma certa flexibilidade nessa movimentação de ideias, era a forte indústria cultural de hoje. Essa grande máquina eletrônica que se encarrega da circulação ágil de ideias pode também, com seu poderio, exercer uma ação castradora como ocorreu com o rock em todos os países do mundo.

A Segunda Revolução Industrial, a da eletrônica, é um dos fenômenos mais característicos de nossa época. Se a primeira, a partir de meados do século XVIII, representou uma extensão e expansão dos meios mecânicos, da força do músculo, a atual multiplica ao infinito os recursos da mente. Esse fato, não apenas facilitou ou deu novas dimensões à vida prática do homem, via informática, mas, como não podia deixar de acontecer, estendeu sua influência renovadora à vida espiritual, sobretudo na área da criação artística.

No segundo pós-guerra, uma boa parte dos compositores da chamada música erudita havia-se dado conta de que a eletricidade poderia constituir-se uma forte energia propulsora de novos sons e ideias, de uma nova matéria-prima, enfim, depois de centenas de anos, para a criação musical. Músicos e técnicos das rádios de Paris e Colônia iniciaram um trabalho pioneiro de operação – quase lúdico – do som gravado ou produzido artificialmente, não hesitando em colocar, como sigla dessa atividade, para espanto de muitos, a palavra "música" – concreta ou eletrônica. Em muito pouco tempo, porém, esse trabalho semiartesanal de manipulação do som, que cortava fitas a tesoura, mudava velocidade de máquinas gravadoras, distorcia frequências a muque etc., foi sendo questionado pela expansão rápida e transformadora de sua majestade, o transistor.

Alojado numa caixinha pouco maior que um violino, ele permitiria, a um leve toque em alguns botões, a abertura de um universo sonoro inimaginável. De imediato, curiosamente, o pessoal da chamada "cultura superior" ou "música erudita" não deu muita bola à engenhoca, preferindo, por algum tempo ainda, torcer exageradamente as cravelhas do violino ou passar as unhas diretamente nas cordas do piano na tentativa de conseguir novos efeitos. Quando o trabalho acontecia na área da música gravada, ficavam eles encerrados em estúdios de rádios europeias rodeados de intelectuais, estetas e ensaístas, os quais encenavam um curioso "frenesi revolucionário", ao mesmo tempo que tentavam justificar a pretensão daqueles que se diziam compositores e não usavam mais tambores ou trombetas e sim a eletricidade. A expansão da indústria eletroeletrônica e a explosão dos meios de comunicação

"Ela é minha mestra…"

de massa no correr dos anos 60, porém, em pouco tempo marginalizaram esse esoterismo laboratorial. Após o lançamento do provocador LP "Sargent Pepper's" os próprios Beatles, que iniciaram sua carreira fazendo uma música melódica e dançante oriunda do rock'n roll dos anos 50, liderados naquele momento por John Lennon – que tinha sua cabeça "feita" por Yoko Ono, recém-chegada de experiências ousadas junto a grupos novaiorquinos de vanguarda – motivaram a diluição de códigos e estruturas composicionais de tudo aquilo que poderia ser chamado de "música popular". No fim dos anos 60, o *beat*, as harmonias, os sons "constituídos", qualquer tipo de regularidade musical ou comportamento padrão de espetáculo perdia sentido, ou, pelo menos, a supremacia. Numa era das mais criativas da história, a molecada agarrou a tal caixinha, o sintetizador, e saiu pelo mundo ejaculando frequência por todos os poros. Tão encantada estava aquela adolescência com seu novo mundo sonoro que ela, até mesmo, deixa de dançar – lembre-se que o rock'n roll da década anterior era dança pura! Preferiu deitar-se no chão e curtir aquele livre e colorido universo sonoro que parecia fornecer o combustível ideal para o delírio psicodélico que o jovem buscava.

O Japão, o país do futuro, ativava ainda mais sua indústria eletroeletrônica produzindo centenas de maquininhas infernais, práticas e portáteis, que faziam da manipulação do som eletrônico um brinquedo infantil.

A velocíssima metralhadora giratória sonora que se instalava nos meios de comunicação não deixava um único ser humano deste planeta indiferente àquela fantástica e provocadora poluição sonora que agilizava e expandia a capacidade perceptiva dos sentidos do homem e trucidava conceitos e barreiras entre músicas – erudita × popular, ocidental × oriental, urbana × folclórica.

A versão brasileira desse excitante momento cultural foi representada, e com muito talento, pelo movimento tropicalista.

A absorção pela alma humana daquele excitante universo sonoro amplo, livre e hipersensível, exerceu uma ingerência transformadora – feiticeira mesmo – não apenas nos mais diversos segmentos artísticos internacionais. A aparentemente ingênua e antiagressiva filosofia da paz-e-amor que norteava o comportamento do jovem da época passa a exercer uma lenta e efetiva mudança no perfil da sociedade em geral, humanizando-a e nela despertando um incontido desejo de sinceridade e transparência. Só nos Estados Unidos, um antigo presidente é desmascarado, o vice é deposto, o presidente em exercício renuncia e a sociedade elege um cândido protestante que lidava com amendoins; encerra-se o vergonhoso capítulo da Guerra do Vietnã, os arquivos secretos da CIA e do FBI tornam-se públicos e assim por diante. Num só golpe a pomba da paz nocauteia os partidos políticos, a Wall Street e o Pentágono. Sua poderosa arma é o rock.

A coisa caminhava década de 70 adentro, com outras características mas, sempre mais criativa, inclusive com o surgimento ou sucesso definitivo de novos grupos, técnica e artisticamente, muito bem-dotados: Pink Floyd, The Nice, Emerson, Lake and Palmer, Mahavishnu (depois John McLaughlin sozinho), Jethro Tull, Jean-Luc Ponty, Rick Wakeman, Kraftwerk e outros. Um certo formalismo e artificialismo que começava a se notar nesse rock-70, porém, que substituía a espontaneidade característica da expressão popular, foi levando o pessoal a mudanças. Aí por 75 acabou-se a curtição e a turma se pôs novamente a dançar – surge, então, a *discothèque*.

Nos anos 80, a "nação Woodstock" era um vulto no passado. Havia, porém, uma geração consumindo desbragadamente e não deu outra: para satisfazer o enorme mercado, recuperou-se o rock tradicional pré-Woodstock, pré-"Sargent Pepper's". A ausência de um grupo ou personalidade forte e dinâmica nesse momento, aliada à expansão do mercado, facilitou a padronização dessa música. Destituído de qualquer motivação de natureza cultural, técnica, musical, sociopolítica, comportamental ou seja lá o que for, o rock tornou-se uma manifestação inteiramente "desconteudizada". Ele substituiu a informação nova e a excitação espiritual por uma musicalidade simplória – distante de todo aquele rico universo sonoro e participativo que havia conquistado –, por um histrionismo histérico e narcisista (à la Fred Mercury) ou por um baladismo melodoloroso e verborrágico (à la Phil Collins). Essa grosseira e repetitiva máquina roqueira que impiedosamente martela em todos os meios de comunicação, não só acabou criando uma dependência psicológica – semelhante à do tóxico – como, por ser inteiramente destituída de qualquer motivação, condiciona a um tipo de absorção passiva. Em outras palavras, torna o adolescente atual o mais careta das últimas gerações, já que um de seus mais fortes motos vitais não o leva a nenhuma ação criativa ou reflexiva. Esse rock é, ao contrário, bloqueador, instrumento de imbecilização coletiva. Como a força dos meios de comunicação de hoje é astronômica e penetra em qualquer universo, seja ele ocidental, seja oriental, rico ou pobre, capitalista ou comunista, essa espécie de vírus atua de forma devastadora e castradora, quebrando impiedosamente as resistências regionais urbanas ou não, mandando-as todas, num só golpe, para o museu e legando qualquer atividade criativa à submissa condição de marginalidade.

Basta ver o que ocorre no Brasil atual. Um país que possuía uma das mais ricas e inventivas culturas populares deste planeta, ficou reduzido a um imenso e imundo para-lama de sucessos, através de um rockinho tupiniquim que nada mais é que um subproduto dessa vasto detrito que é o rock internacional de hoje.

Mas, não adianta choramingar, nem culpar a máquina maldita da comunicação. Ela é, em si, rica, encantadora e fruto da inteligência e do talento do homem. No momento, para se dar um exemplo, o segmento mais criativo de toda a cultura brasileira é a publicidade. Um comercial de televisão da C&A se mostra mais inteligente, profissional e criativo do que qualquer fenômeno de nossa movimentação "artística" ou "cultural". E ele nada mais é do que um produto descartável, de rotina de nossa indústria da comunicação.

O artista criador, o músico, enfim, é que deve resolver o problema de como municiar essa gigantesca máquina de consumo com novas e brilhantes ideias e fazê-la trabalhar para si. Essa máquina é amoral. Se o produto é criativo ou não, não interessa. Desde que ele seja profissional e venda, ela veicula. Em todo caso, não deixa de ser curioso (ou triste) se constatar, enquanto nada acontece (e, pelo visto, ainda há muita mediocridade pela frente), um fenômeno musical que foi, em passado não muito remoto, um dos mais brilhantes espasmos criadores do talento humano, o rock, transformar-se no mais reacionário da atualidade.

Janis Joplin e Jimi Hendrix. (Aquele rock valia uma vida e uma morte.)

Da Belle Époque
à Belle Merde

Este livro abordou com relativa abrangência os principais acontecimentos musicais do século XX. Seria ridículo, porém, encerrá-lo, comentando seus surpreendentes valores de natureza espiritual ou material, de maneira nostálgica, já que seus símbolos todos estão por demais presentes em nosso dia a dia. De qualquer modo, não deixa de ser sedutor fazer-se uma reflexão sobre esse que foi o período mais revolucionário da história do homem, mesmo sabendo-se da complexidade de tentar entendê-lo ou explicá-lo por completo. De fato, todas as facilidades dos dias atuais, que tornam nossa vida muito mais prática, confortável e repleta de novos acontecimentos, inclusive o fato de o planeta ter-se transformado, não numa "aldeia global", mas numa simples tecla de computador, têm a ver com as conquistas desse século, mais transformador que todo o restante da história da humanidade junta. Poderíamos filosofar e questionar também se o ser humano, apesar das genialidades surgidas no período, teria melhorado. Parece que não é o caso. Apesar de vivermos relativamente em paz, presenciando-se apenas alguns conflitos localizados e os inevitáveis confrontos tribais africanos, foi nesse século que aconteceram os maiores genocídios. Mas não resta a menor dúvida que foi nele também que o talento humano mostrou do que é capaz.

O fato de, no início do século XX, poucas cidades do mundo terem luz elétrica e, no seu final, ter-se notícia de um *chip* de computador do tamanho de uma aspirina capaz de armazenar em sua memória todas as imagens da história do cinema, nos dá ideia do que ocorreu de surpreendente e efetivamente genial no período.

O SOCIAL, O TECNOLÓGICO E O CULTURAL

Se fizéssemos um rápido balanço da situação social, tecnológica e cultural no desenrolar desse século, iríamos notar que elas possuem desempenhos e evoluções diversas e até contrárias. Não resta a menor dúvida que o início do século XX vivia preponderantemente sob o impacto dos grandes acontecimentos artísticos e culturais. Se Viena saía dos rodopios valsantes e partia para a descaracterização das linguagens estéticas, sobretudo musicais e plásticas, rompendo com o romantismo e enveredando com coragem na investigação da alma humana e na direção do expressionismo vanguardista, fundamental na edificação da arte do século, Paris atraía os olhos do mundo, não apenas por causa da exposição internacional e da olimpíada, mas pelo delírio da *Belle Époque*. Uma enorme quantidade de artistas para lá se dirigia levando suas ideias e provocações, transformando a cidade num multicolorido caleidoscópio de informações novas, praticamente na capital cultural da Europa – tudo devidamente embalado pelo charme e vitalidade da vida boêmia parisiense. Se Debussy atordoava a todos com seu impressionismo cada vez mais questionador dos códigos tradicionais, Stravinsky e o *Balé Russo,* apontando para o futuro, provocavam os maiores escândalos, como que assumindo a responsabilidade de liberar mentes e almas para o que der e vier.

Tudo parecia ser possível depois do balé *Le Sacre du Printemps.*

ROARING TWENTIES

Com a alegria do fim da primeira guerra e a "entrada" da América no mundo, devidamente embalados pela nova música que a todos eletrizava, o jazz, os *roaring twenties*, liberam o comportamento humano e encorajam ainda mais as vanguardas criadoras. Na área da cultura de alto repertório a Alemanha, sobretudo Berlim, passa a ser o epicentro das reformulações, ainda mais radicais e intelectualizadas, lá concentrando as figuras mais expressivas das diversas artes. É o expressionismo alemão na música e no cinema, a construção da *Bauhaus* que transformaria os conceitos de arquitetura e *design* no século, é o deboche crítico do *cabaret* weill-brechtiano, a presença de Schönberg e Hindemith liderando a música nova, inclusive através de festivais que lá ocorriam e ofereciam clara amostragem do novo pensamento musical.

Com o fortalecimento do nazifascismo nos anos 30, parece que um processo inibidor se instaurou na área cultural geral, motivando um *neoclassicismo* que pretendia, numa espécie de "nostalgia renovadora", reler o passado a partir de uma óptica contemporânea. Isto em toda a Europa e mesmo nos EUA, apesar deste país não ter tido o passado "clássico".

Permanecendo na área musical, se poderia dizer que o segundo pós-guerra recuperou o espírito da vanguarda, revitalizando o *dodecafonismo* da década de 20, chegando, em seguida, ao *serialismo* e criando uma nova forma de se fazer música com equipamentos eletrônicos. Com a *música concreta* e *eletrônica*, com a chamada *música aleatória*, conhecemos os últimos fenômenos musicais renovadores e provocadores do século XX. Mesmo na área da música pop, até o início dos anos 70 vimos os derradeiros acontecimentos de efetiva importância cultural, seja no rock, no jazz como na música popular brasileira (via *Tropicalismo*).

CAPITALISMO × SOCIALISMO

Na área social o século XX não foi menos surpreendente. Dentro dele ocorreu também a mais ousada experiência de associação humana. A partir da revolução de outubro de 1917 iniciava-se uma tentativa de criar uma sociedade não baseada na competitividade, no lucro, na vitória do mais esperto – métodos do capitalismo e da burguesia habituais – e sim na solidariedade. E não resta a menor dúvida que a coisa caminhava com algum êxito.

Apesar de tais ideias subverterem aquilo que o animal tem de mais natural e brutal em seu instinto, o desejo do sucesso individual, o do mais forte sobrepujar o mais fraco, o socialismo foi adotado por um sexto da humanidade na primeira metade do século e por um terço no segundo pós-guerra. Bilhões de chineses aprenderam a comer e na Europa Oriental a vida era modesta, mas nada faltava em termos de emprego, moradia, saúde, educação e cultura. E não nos esqueçamos que a União Soviética chegou a ser o segundo polo de poder do planeta...

Em vez de dar flexibilidade, oxigenar o socialismo estabelecendo relacionamento com o resto do mundo, modernizar ideias e métodos à medida que um mínimo ia sendo conquistado, as lideranças da Europa Oriental continuavam impondo o regime fechado, quase escravagista, vociferavam conceitos pseudo-humanísticos aos quatro cantos, postando-se como profetas redentores da humanidade – esquecendo-se que o "inimigo" estava à espreita, com seus hambúrgueres e coca-colas engatilhados, à espera do vacilo. Muito mais que a complexidade da ideia socialista, a incompetência desses líderes é que fez ruir, no fim dos anos 80, na Europa, essa arrojada e humanitária experiência social seculovinteana.

Aliás, se a *inteligentzia* que dirigiu o socialismo na Europa Oriental viesse para o Ocidente comandar nossa política e nossas empresas, o capitalismo iria à bancarrota em muito menos tempo...

A VITÓRIA DA TECNOLOGIA

Um outro vetor na evolução do século XX, o da tecnologia, teve uma trajetória inversa à dos anteriores que comentamos. Nos primeiros anos dessa era, os feitos da *primeira revolução industrial* já tinham 150 anos e estavam devidamente sedimentados. Os visionários, porém, que apontavam no sentido de uma segunda reviravolta, a da eletrônica, da automação, da inteligência artificial, que viria a ocorrer com grande dinâmica, não eram sequer levados a sério. Ainda que Einstein, com sua Teoria da Relatividade, e Max Planck com a Quântica, tivessem vislumbrado, já no início do século, as maiores revoluções científicas de nossa era, um prêmio Nobel de física afirmava, simultaneamente, que "o homem jamais seria capaz de liberar o poder do átomo". Os próprios irmãos Lumière, vivendo no embalo da delirante Paris do *fin-de--siècle*, ao inventarem um aparelho que projetava imagens em movimento na parede, chegaram a declarar que aquela engenhoca não tinha o menor futuro. Talvez alguma utilidade na área jornalística... Meliès, que tentou criar uma linguagem dramatúrgica para o cinema, acabou seus dias vendendo balas numa gare de Paris.

Na América do Norte, país que soube entender o século XX como poucos, em 1895, o diretor do departamento de patentes enviou seu pedido de demissão ao secretário de Estado e Comércio, pois, segundo ele, não havia mais nada a ser inventado. Henry Ford lutou para conseguir financiamento para seus projetos de produção em linha de seu carro e o que ouvia dos banqueiros era que "o automóvel é uma coisa passageira e que a carruagem é que é eterna e insubstituível". Já os irmãos Writgh, após incessantes tentativas no sentido de fazer seu engenho e o homem saírem do chão, três anos antes do bem-sucedido projeto de Santos Dumont, declararam que o ser humano não voaria nos próximos mil anos.

A propósito de Santos Dumont, é bom que se diga que, para ele convencer seus contemporâneos na extasiante *Belle Époque,* que sua máquina voadora era uma realidade, teve de exibi-la, não num campo de provas próximo a um laboratório de pesquisas para uma equipe de cientistas, mas na capital francesa, em forma de *happening,* dando voltas em torno da Torre Eiffel, com toda a cidade a seus pés, sendo em seguida freneticamente aplaudido, como se fosse intérprete de um gigantesco espetáculo artístico.

SENTIDOS CONTRÁRIOS

Se o furor criativo no início do século XX na área cultural foi tal que, em poucos anos, se conhecia mais "ismos" que no restante da história; se no segundo pós-guerra, parecia que esse ímpeto renovador voltara com o reconhecimento do *dodecafonismo*, do *serialismo*, o despertar dos *aleatorismos* e *happenings*, com a implantação da *música concreta* e *eletrônica*, a presença de importantes festivais na Alemanha impulsionando as vanguardas, além de muita criatividade na área das culturas populares, nas últimas décadas, ao contrário, não se teve conhecimento de novas ideias, tendências ou estilos. Muito ao contrário, chegou-se ao fim do enfeitiçado século com projetos ainda mais reacionários que o do *neoclassicismo* do entreguerras. Chegou-se, mesmo, a um *neorromantismo* piegas através de autores como Górecki, Lutoslawasky ou Philip Glass. Os artistas que criaram algo minimamente interessante o fizeram por iniciativa própria, baseados em conceitos estéticos subjetivos. Já na área tecnológica deu-se exatamente o contrário. Se no início do século o cientista ou técnico visionário não era levado a sério, no final, nada foi tão valorizado e cultivado como as conquistas da tecnologia, seja a nível de uma Nasa como no universo dos bens de consumo doméstico, repleto de maquininhas mirabolantes.

CULTURA × INDÚSTRIA

O cruzamento da tecnologia com a cultura, porém, apesar das maravilhas apresentadas, mostrou um saldo mais negativo que positivo. Produção artística virou indústria e como tal teve de ser feita no ritmo dos bens de consumo comuns. Como trabalhar com o talento humano exige outro tipo de sensibilidade e táticas que as de projetar uma nova forma de tênis, os líderes da chamada *indústria cultural*, impacientes em sua ganância mercadológica, preferiram, eles próprios, inventar os monstrengos artísticos a serem produzidos em larga escala, ininterruptamente e a todo vapor. Mesmo na culta Europa, é só ligar o rádio e a TV, hoje privatizados, para se ter uma ideia do lixo produzido e veiculado sob o pretexto de "é isso que o povo gosta". Aí pelos anos 60, quando do início da explosão dos meios de massa, pela enorme quantidade de ideias inspiradas que circulavam em todo mundo, inclusive no universo da cultura popular, imaginava-se que essa ágil rede de comunicação iria facilitar a veiculação de informações de boa qualidade e inteligentes. Deu-se exatamente o contrário.

Com o tempo, a ordem foi simplificar o repertório, carregar na pirotecnia, caprichar na embalagem, passar como um trator sobre as manifestações regionais, padronizando os gostos nivelados por baixo – iniciando-se, praticamente, um processo de imbecilização coletiva que facilita e impulsiona o mercado, o *consuma & descarte*. A criação saiu das mãos dos criadores e passou a ser feita por produtores, trancafiados em alguns poucos escritórios com ar-condicionado, os quais sequer vislumbram o que seja a capacidade da alma humana de inventar beleza, a única coisa que difere o homem dos outros animais. Quem quiser saborear o caviar cultural que é produzido em nichos específicos e privilegiados, deverá descobri-los por si próprio – caviar esse cada vez menos servido às gerações seguintes, vítimas desse massacre via satélite.

E O FUTURO?

A *Rádio Nacional do Rio de Janeiro,* que foi a emissora de maior audiência que se conheceu, era uma indústria de cultura de massa e, no entanto, abrigava Pixinguinha, Dilermando Reis, Altamiro Carrilho, Radamés Gnattali, Guerra Peixe, Cláudio Santoro, orquestra sinfônica, Orlando Silva – uma espécie de Dietrich Fischer-Diskau do canto popular – e tantos outros artistas finíssimos. Hollywood foi uma gigantesca máquina de produção de entretenimento popular barato, que produzia filmes em forma de linha de montagem e nem por isso deixou de respeitar o público e de contar com a inteligência e a sensibilidade humanas em suas produções. Muitos filmes lá produzidos a toque de caixa são hoje cultivados em cinematecas e venerados por especialistas. A partir dos anos 60 descobriu-se também que muitas manifestações artísticas populares, folclóricas ou urbanas tinham grande importância cultural. Ou seja, o coletivo, hoje tratado como gado, como débil mental pela *indústria cultural*, já mostrou que pode ter sensibilidade, que gosta de consumir o "biscoito fino" a que se referia Oswald de Andrade.

Só nos resta esperar que a produção da atual *indústria cultural* sature a todos e logo com suas imbecilidades e que aos poucos os produtores tenham necessidade de impregnar a ciranda do consumo com ideias e produtos novos de melhor qualidade, oriundos, não do maneirismo oportunista e mercantilista, mas do talento humano.

Quem sabe assim chegaremos a uma nova *Belle Époque*...

JÚLIO MEDAGLIA
medaglia-maestro@uol.com.br

GRÁFICA PAYM
Tel. (011) 4392-3344
paym@terra.com.br